福建省第二届小学名师培养丛书

林秀芳 著

"三韵"音乐教学

海峡出版发行集团
THE STRAITS PUBLISHING & DISTRIBUTING GROUP
福建教育出版社

图书在版编目（CIP）数据

"三韵"音乐教学/林秀芳著．－福州：福建教育出版社，2020.8
（福建省第二届小学名师培养丛书）
ISBN 978-7-5334-8831-4

Ⅰ．①三… Ⅱ．①林… Ⅲ．①音乐教育－教学研究－小学 Ⅳ．①G623.712

中国版本图书馆 CIP 数据核字（2020）第 134503 号

福建省第二届小学名师培养丛书
"San Yun" Yinyue Jiaoxue

"三韵"音乐教学

林秀芳 著

出版发行	福建教育出版社
	（福州市梦山路 27 号　邮编：350025　网址：www.fep.com.cn）
	编辑部电话：0591-83726908　83727542
	发行部电话：0591-83721876　87115073　010-62027745）
出 版 人	江金辉
印　　刷	福州报业鸿升印刷有限责任公司
	（福州市仓山区建新镇建新北路 151 号　邮编：350082）
开　　本	710 毫米×1000 毫米　1/16
印　　张	17.25
字　　数	273 千字
插　　页	2
版　　次	2020 年 8 月第 1 版　2020 年 8 月第 1 次印刷
书　　号	ISBN 978-7-5334-8831-4
定　　价	45.00 元

如发现本书印装质量问题，请向本社出版科（电话：0591-83726019）调换。

总 序

教学主张：教师从优秀走向卓越的专业生长点

教学主张是名师教学的内核和品牌，缺乏教学主张，或者教学主张不鲜明、不坚定，就称不上是真正意义上的名师。无论是名师个体的自我成长还是名师工程的定向培养，主张的提出是关键（前提），主张的研究是核心（中心）。

教学主张是名师的教学思想、教学信念。思想来自于思考，优秀教师在教学实践活动中都会自觉不自觉、有意无意地对相关问题进行思考，并在此基础上产生或形成对教学的一些看法、想法、念头、观点，我们将其统称为教学思考。这些思考不乏是有价值的见解，但总体而言，是相对零散，不够系统的；是相对浅层，不够深度的；是相对模糊，不够清晰的。只有经过理性加工和自我孵化，教学思考才能提升和发展成为教学思想。教学思想是教师对教学问题的系统的、深刻的、清晰的思考和见解，它具有稳定性和统领性。稳定性意味着思想一旦形成，不容易改变；统领性指的是对教学行为的影响力，行为是由思想而生的。

教学主张是名师的"个人理论"，它来自实践又高于实践。理论来自实践，优秀教师在教学实践活动中都会形成和积累一些行之有效的做法、招数、策略、特点、亮点，我们将其统称为教学经验，这是真正原生态、原发性的东西。我们认为，相应的实践经验无疑是促进理论滋生的最有价值的资源，教师的个人理论一定是来自教师个人的实践和经验，但是，由实践到理论，由个人经验到个人理论，这个过程不是自发产生和实现的。名师不仅要有实践意识，而且需要有理论自觉，一方面把自己的经验，把自己的所行、所见、所闻、所得加工、提炼、升华为理论；另一方面，用先进科学的理论反思、批判、充实、引领自己的实践和经验。通过这样的双向互动，把自己的经验要素转化为充满思维和智慧含量、可资借鉴（更具有普适性和启发性）的"理论因子"，从而不断形成和完善自己关于教学的"个人理论"，这就是教学主张的内核。

总之，教学主张引领教师从教学思考走向教学思想，从教学经验走向教学理论，这是教师从优秀走向卓越从而实现自我超越的根本支点。对名师个人而言，提出教学主张就是给自己树立一面旗帜！打造一只"天眼"！大凡成功的、有影响的教学名师和流派均有自己鲜明的、独特的、坚定的教学主张，教学主张是教师走向教育家的必经之路。因此，提出教学主张不仅是名师个人成长的关键环节，也是名师工程培养名师的核心抓手。

名师不仅要敢于、善于提出教学主张，而且还要围绕教学主张系统开展研究，它主要包括以下两个方面：

一、教学主张的理论研究

这一研究类似于学者、专家的学术研究，它使名师研究区别于普通教师的所谓校本研究。理论研究的过程是理论思维的过程，是一种形而上的研究。恩格斯曾经精辟地指出："一个民族想要站在科学的最高峰，就一刻也不能没有理论思维。"中小学名师的教学理论研究就是对自己教学主张的理论论证，它要求教师暂时搁置自己的实践和经验，在理论的高度和轨迹上进行系统和抽象的论证和阐明，从而把自己的教学主张阐明得深刻、清楚、丰富，有逻辑性、有思想性。这个过程对一线的教师是个巨大的挑战，但是名师必须接受这个挑战，并在这个挑战中实现自我突破、自我超越、自我提升，这样才能从普通教师走向教育家。

理论研究的内容和要点主要有：

1. 教学主张的概念和内涵界定。提出一个主张意味着提出一个或若干个概念，理论研究都必须从概念界定开始，概念界定也就是界定概念的内涵和外延。关于概念的界定，有必要强调两点：第一，要基于概念的本意，任何概念都有自己的本质内涵，它是在历史的过程中形成的人类共识，名师的概念解读要以此为出发点和起点。第二，要有自己的新意，名师对教学主张及其概念要是没有自己独特的见解、看法和感悟，那么这个主张及其研究就没有多大的价值和意义。名师一定要善于从不同角度和方面去挖掘、揭示和阐述概念的内涵，这是把教学主张写得丰满和厚实的逻辑前提。

2. 教学主张的理论基础和依据。理论基础是某种主张、某种观点立论的理论依据。任何新主张、新观点都不可能是凭空产生的。名师的教学主张、观点，它的提出和发展同样有其理论基础。教师在提出教学主张的同时，一定要从哲学、认识论、心理学、教育学等学科去寻找其立论的依据。关于理论基础与教学主张的关系，我们要特别强调"有机性"三个字。有机性指两者之间的关系是内在的，不是外加的，就像地基与房屋的联系是一体的而不是拼凑的一样。名师一定要把教学主张的最直接的最核心的理论基础找出来、挖出来，务求准确、简洁、到位，并把两者的内在的逻辑联系揭示清楚，使其成为一个有机的理论体系。

3. 教学主张的具体观点和内容。这是名师研究的中心任务。概念界定和理论基础的寻找只是研究的前奏和起点，教学主张的观点和内容的展开才是研究的重头戏。教师一定要根据教学主张研究的主题、概念内涵和理论基础，从学科教育教学的不同方面和角度去挖掘、构建、提炼教学主张的核心要点，并加以系统阐述，使其成为一个结构和体系。所谓"横看成岭侧成峰，远近高低各不同"，对一个问题要从尽可能多的角度去思考，才能认识更全面、更透彻、更有新意。

二、教学主张的实践研究

这一研究本质上就是中小学教师的行动研究，它使名师研究区别于专家、学者的所谓学术研究。实践研究就是行动研究，是一种形而下的研究。

名师的实践研究的主要内容包括：

1. 教学主张的教材化研究——使教学主张有根有源。教学主张作为名师思想和智慧的结晶，是名师钻研和解读教材的独特视角，是名师发现、挖掘教材新意的探测器。正如尼采所说：有各式各样的"眼睛"，因而有各式各样的"真理"。名师要用主张来统领、解读教材，这是给教材注入、渗透主张、思想、智慧的过程，使教材个性化、生命化；与此同时，不断从教材中挖掘和提炼出体现和反映教学主张的内容和意义出来，使主张变得厚重、丰富，有根有源。

2. 教学主张的教学化研究——使教学主张看得见、摸得着。教学主张不仅要进入教材，还要进入教学。教学主张的教学化研究，简单的说就是要用教学主张作为教学的导向，并将其融入教学实践的每一个"毛孔"，使名师的教学活动"烙上"自己的思想和个性，进而形成自己的风格。著名特级教师于漪说的好："教出自己个性的时候，才是学生收获最大的时候。"而教出风格的时候，才是名师成熟的时候。

3. 教学主张的人格化研究——使教学主张名师化、精神化。教学主张不但要进入教材、进入教学，还要进入教师本人，成为教师人格的一部分和特征。名师的主张不仅通过教材、教学表现出来，还要通过名师自己的生活和为人表现出来，这样才更令人信服。

三年来，我们坚定地要求和不遗余力地指导名师培养人选提炼教学主张并围绕教学主张开展深度的研究，这是我们名师培养工程的主题、主线索、主工作。现在摆在我们面前的一本本专著就是这一研究的代表性成果。三年之前，不仅学员，就连我们名师工程的专家委员，都觉得，这是一项不可能完成的任务。名师就是要做"不可能实现的事情"。我们欣慰地看到，不少名师培养人选通过三年的刻苦努力，实现了专业发展的自我蜕变和自我超越，成为真正意义上的名师了。

作为名师培养工程的一名导师，笔者深深地感到：名师是可以培养的，而培养的法宝就是教学主张。

福建省中小学名师培养工程专家工作委员会　余文森

序

余文森

欣阅林秀芳老师寄来的《"三韵"音乐教学》一书文稿，一股艺术氤氲扑面而来。"韵"为何物？一时难以言喻释义，但我却时常能感悟到她的存在与美好。销魂蚀魄的"自然韵"，镂骨铭心的"抒情韵"，拟物写人的"传神韵"，或风致，或情趣，或和谐，或蕴藏，或发现，或顿悟……总之，现实生活中的"韵"无处不有，而作为艺术之"韵"在音乐教学中生发与发展的研究当下国内尚不多见。林秀芳带领她的团队进行积极的探索，成效显著，所研发的"'三韵'教学促升音乐素养的研究与实践"荣获2018年基础教育教学成果福建省特等奖暨国家二等奖，这一成果对于当前音乐教育的改革具有指导性作用。

"三韵"教学倡导以"声韵"为基础，强调音乐聆听、表达、表现的基本技能，建构音乐基本能力；以"意韵"为核心，突出理解音乐作品的内涵与韵律，培养音乐形象思维；以"情韵"为灵魂，侧重感受、体验、表现音乐所蕴含的情感、韵味，享受音乐的乐趣与幸福感。这对当前国内音乐教学片面追求音乐知识和技巧的教授、忽视音乐活动及实践体验的现象无疑是个极大的挑战。我认为，这一挑战具有十分重要的意义。

音乐教育任务在于觉音、悟乐、抒情。首先是"觉音"。从上古时代至今的进化中，人们听到的野兽声、鸟虫声、草木声、风声、雨声乃至人声等声音，和我们能否吃饱饭、能否有亲朋、生命是否安全等都密切相关。音乐是以声音来表达内心情感的艺术，人世间的喜怒哀乐都可以找到相应的音乐来表达。关键在于引发共鸣，这就需要有一定的方法、具备相应的知识，需要经历反复聆听和体验的过程。马克思说："对于不辨音律的耳朵说来，最美的音乐也毫无意义。"德国音乐评论家舒曼也说过："发展听觉是最重要的事情，要早点学会辨别调性和个别的音。""声韵"教学以声弥漫，刺激感官，将独特音色深深地镌刻在听觉记忆里，充分体现了人本观念，极大地提高了"觉音"效果。

其次是"悟乐"。沈括认为："不善歌者，声无抑扬，谓之念曲；声无含韫，谓之叫曲。"由此可见，从古代开始人们对音乐的要求已经不局限于声响，好的音乐需要表现音乐的韵味和意境，这就是"悟乐"。"悟乐"在于充分认识并挖掘音乐渗透出来的事物内容或含义的理性内涵，以及所折射出来的风骨、精义、主旨。"意韵"教学以乐显境，通过一些形象直观的体验活动来感悟和表现音乐意象的韵味，用音乐艺术表达意象情境，从而较准确把握好歌曲的意境、提升音乐形象思维能力运用的表现，是实现"悟乐"的理想途径。

此外是"抒情"。艺术的真正意义在于使人幸福，使人得到鼓舞和力量。而音乐作为艺术必不可少的一部分，是我们生活和心情的清心剂，也是我们心灵的栖泊，精神的皈依。"抒情"是要调动最有感染力的意象，让意象能充分承载所要抒发的情感，使意象与情感合一，每一个意象与情感都能水乳交融。《黄河大合唱》的雄浑激越，《二泉映月》的哀婉之叹，《大浪淘沙》的不平之问，《静夜思》的月夜乡愁……无不诠释着音乐抒情的神奇功能。而"情韵"教学以乐抒情，以声韵、意韵中所蕴含的引发人们共鸣的愉悦感为基础，升华情感，享受音乐，创造音乐，这一过程能产生心灵震撼，有效提升精神力量。

在现实音乐课堂上如何构建基于音乐素养的课堂教学，如何克服学生喜欢音乐却厌倦上音乐课的现象，如何关注音乐的人文性、审美性与实践性，这些问题困扰着音乐教师，制约了音乐教育质量的提升。针对这一情况，林秀芳老师以自己多年研究成果为依托，总结《"三韵"音乐教学》一书。全书科学链接专业理论，以经验提炼概念，让概念照亮经验；教育思想先进，改革观点鲜明，改进策略明晰，教学模式易行；语言功底扎实，文风朴实，广接"地气"；既有一定的教学理论研修价值，又深赋教学实践指导意义。"三韵"浑成一体，螺旋上升，相得益彰。声韵、意韵、情韵构成音乐这一流动艺术的三要素，反映音乐的本性。这对于涵养学生音乐核心素养这一顶层设计具有十分重要的引领作用。

透过"三韵"音乐教学成果色彩斑斓的背后,看到的是林秀芳校长掌门的闽侯县实验小学"樟韵飘香"的场景。《论语》说,"兴于诗,立于礼,成于乐"。音乐属于艺术,艺术之美在于养育人格。习惯积淀文化,文化作用在于凝聚正气、促发灵气、激扬书卷气。"三韵"音乐教学成果诠释了闽侯县实验小学"艺术点亮心灯,文化成就品行"的办学定位。我坚信,随着本书的出版,校园文化神韵将在更大范围内弥漫!

　　是以为序。

前　言

　　"三韵"音乐教学是指音乐学科教学中以音响的声韵及其所表达情境的意韵来进行思想情感的情韵表现与交流的一种教学方式。引导学生以声韵为基础,掌握好聆听、表达、表现音乐的基本技能,奠定好音乐学习的关键能力;以意韵为核心,在体验中学习音乐,理解音乐作品,把握作品内涵与韵律,习得音乐知识,了解音乐相关文化;以情韵为灵魂,启迪学生在感受、体验、表现音乐所蕴含的情感韵味中享受音乐的美好与学习的乐趣,进而拓展音乐视野,提升审美体验,培养综合审美能力,形成独特生命感悟,实现音乐大课程观。《尚书·尧典》中写道:"诗言志,歌永言,声依永,律和声。八音克谐,无相夺伦,神人以和。""三韵"合璧,相得益彰,因此,"三韵"相辅相成,不可割裂。

　　音乐是听觉审美艺术,小学音乐课程性质具有"人文性、审美性、实践性"三大特征,其价值重在以美育人,因此审美性是核心,涵盖声韵美、意韵美和情韵美。小学音乐教学中必须始终贯穿音乐的审美语言,突出音乐艺术本体,提供听觉审美体验。不过,当前小学音乐课堂教学,时常存在"有'音'无'乐'、有'声'无'赏'、'声'多'情'寡、'乐'浓'韵'淡"的现象。不少教师在教学中过多追求枯燥的音乐知识和技巧的教授,忽视淡化听、唱、动、奏、想、画等音乐实践体验活动,导致学生喜欢音乐,却厌倦上音乐课,从而丧失课程的人文性。这样的教学又使音乐教师难免产生困惑:怎样的音乐课堂才是学生真正喜爱的音乐课堂?怎样的音乐教学模式能够有效提升小学生的音乐素养?困惑悬而未决,久而久之音乐教师对自己的课堂主阵地缺乏自信。

　　美国著名音乐教育家贝内特·雷默认为:"音乐教育最深刻的价值就是通

过丰富人的感觉体验来丰富他们的生活质量。"热爱音乐是人类的本性，原始人类或民族对音乐的热爱更为热烈、真切、本能，音乐教育的任务，就是要发挥这种本性的作用，将点点星光发展为熊熊烈火，而不是将这火花浇灭在点燃阶段。随着素质教育向纵深拓展，尤其是培养核心素养这一顶层设计的强势推出，研究音乐教育如何从本质上彰显审美性和人文性，促使学生对音乐发自本性的热爱，并将热爱音乐之情融入音乐课堂学习之中，引导学生在感受音乐声韵美的实践中体验声韵所表现的意韵美和蕴含的情韵美，进而产生情感共鸣，享受音乐学习的乐趣，这是音乐教师深化音乐课程改革应有的思路。

为此，我在自身的音乐课堂教学中就"三韵"教学，进行深入探索，并带领团队历经学情调研、理论学习、试点尝试、创立模式、广泛实践等五个阶段，历时十余载，将提炼出的"三韵"教学基本模式付诸实践，并在实践中不断探索，积累经验，搜集实践案例，形成"三韵"教学理论体系。因时间仓促，字里行间难免粗糙疏漏，希望抛砖引玉，引发广大一线教师对音乐课堂教学的思考，同时希望更多的专家、学者和教师参与指导交流"三韵"话题，为进一步完善"三韵"教学体系提出宝贵意见。

目 录

第一章　何谓"三韵" ……………………………………………………… 1
第一节　韵 ……………………………………………………………… 1
第二节　声韵 …………………………………………………………… 4
第三节　意韵 …………………………………………………………… 7
第四节　情韵 …………………………………………………………… 11
第五节　"三韵"音乐教学 …………………………………………… 14

第二章　"三韵"学理 …………………………………………………… 17
第一节　"三韵"教学理论依据 ……………………………………… 17
第二节　"三韵"教学基本模式 ……………………………………… 22
第三节　"三韵"教学实施原则 ……………………………………… 26

第三章　"三韵"教学主张孵化 ………………………………………… 31
第一节　且行且思　生发课"韵" …………………………………… 31
第二节　改进教法　初探"三韵" …………………………………… 43
第三节　拓展视野　"三韵"成型 …………………………………… 55
第四节　研发提炼　形成主张 ………………………………………… 68

第四章　"读思达"教学法照亮"三韵"教学实践 …………………… 87
第一节　"三韵"教学实践中的思想碰撞 …………………………… 87
第二节　"三韵"教学与"读思达"的相遇相知 …………………… 92
第三节　基于"读思达"教学法深度思考的"三韵"教学 ………… 94

第五章　"三韵"教学案例举隅 ………………………………………… 102
《杜鹃圆舞曲》教学案例 ………………………………………………… 102
《瑶族舞曲》教学案例 …………………………………………………… 110

《喜洋洋》教学案例 …………………………………………… 119

《北京喜讯到边寨》教学案例 ………………………………… 128

《乡间的小路》教学案例 ……………………………………… 138

《鳟鱼》教学案例 ……………………………………………… 146

《可爱的家》教学案例 ………………………………………… 155

《春晓》教学案例 ……………………………………………… 167

《农家乐》教学案例（三课时） ……………………………… 176

《我是小小音乐家》教学案例 ………………………………… 194

《梅花》教学案例 ……………………………………………… 202

《渔舟唱晚》教学案例 ………………………………………… 209

《杨柳青》教学案例 …………………………………………… 219

《森林与小鸟》教学案例 ……………………………………… 228

《小雨沙沙沙》教学案例 ……………………………………… 236

《爱唱歌的小杜鹃》教学案例 ………………………………… 244

《小蜻蜓》教学案例 …………………………………………… 252

附录　遇见守望者/林琴 ………………………………………… 260

第一章 何谓"三韵"

第一节 韵

"韵"者,情趣、风度也。《诗经》首篇《国风·周南·关雎》有云:"窈窕淑女,君子好逑",说的便是一种女子窈窕之风度。其样子文静而美好,可能无需细看,仅远观便可感受,这种美好其实超越了美貌,是透露出来的一种气质,一种气象。因其风度,方显"韵味"十足,这"韵味"才是"好逑"的根本。所以说,仅人而言,"颜"露其外,"韵"藏其间,"颜"可观赏,"韵"却需用心观照。白居易在《题遗爱寺前溪松》中题道:"笔写形难似,琴偷韵易迷",由此可见"韵"非人之专利,万事万物皆有韵致。但其韵形难以捕捉,韵味更难以言表,唯穷其想象,尽其风雅,方可领会一二。

那么,如何把抽象的"韵"进行具象的表述呢?不如抽丝剥茧,找出"韵"的内核,在看似美好的外表之下找到那看似虚无缥缈实则有趣的灵魂,正是"韵"之所在。它依附于华美的文学篇章中,常常因为作者丰富的人生阅历而成就有韵味的诗篇,乍看平淡无奇,细品却满是酸甜苦辣的人生况味。正如你卸下一身的疲惫,天色向晚,独步黄昏,醉看夕阳,想起那句"夕阳无限好,只是近黄昏"。本有的一丝惆怅,只因为心境悠然,了无挂碍,而心生美好,"近黄昏"的慨叹便悄然逝去,只有"无限好"的憧憬。此情此景,面对夕阳,便是一种韵致,唯美好而已。再如,若是深秋,只身荒郊野岭,本已孤寂,再闻以一两声鸦鸣,自是寒凉。但相信即使身处此境地,让你细细聆听马致远的"枯藤老树昏鸦,小桥流水人家",想必涌上心头的依然是古韵悠长,余音缭绕,与那绵长的愁思相得益彰,而欲罢不能,此为"韵"也。

文学有韵，丹青亦有韵。中国之特有的国画更是以其独特的艺术魅力和丰富的文化底蕴，成为书画界中带有东方神秘色彩的一朵奇葩。之所以神秘，在于其韵悠远，其神宛真。它以墨为形，以气为神，以神达意，追求形神合一的精神最高境界，有别于西方油画的写实画派。因其在内容和创作上特别强调创造意境，要求意在笔先，达到以形写神，形神兼备，气韵生动。作品高深的意境，传递给观赏者的深邃思想，都要通过艺术技巧表现出来。国画画面之上，常常是寥寥数笔，讲究留白，却尽展极简之风，留给观者无尽的想象空间，其韵之悠远可谓深矣。以至书画界流传着一种说法：会不会欣赏中国画，是衡量国人是否具备艺术鉴赏力的标准之一。而其意境与意趣则成为鉴赏国画的标准，任何好的笔墨技巧都是为了表达意境与意趣服务的。而任何一幅画中的意境与意趣则是一种以观赏者角度体察的似有似无的"韵"，所谓"画韵"。对画韵的欣赏则因人而异，见仁见智，有人看出其形美，有人赏其神似，所谓象由心生，美亦由心生，韵更由心生。

　　丹青韵清雅，戏曲韵隽永。戏曲源远流长，是中国之国粹，因其包含文学、音乐、舞蹈、美术、武术、杂技以及表演艺术等各种因素，所以在众多的传统文化中，戏曲无疑是最能体现中华民族传统、精神和特色的文化之一。不同地方的戏曲有不同的风格和特色，皆含意蕴之美。有人如此赞京剧："念白抑扬含顿挫，唱腔委婉透激昂"；更有人这样说昆曲："一动戏之祖，一静古诗词"。言语之间无不透露着国人对传统戏曲文化的高度赞美。中国戏曲术语中有"唱腔"或"腔调"一词，不仅指西皮、二黄等，更意指其旋律的格调与风格奥秘……这旋律不仅是曲调，也是腔调，具有一定的音调起伏、抑扬顿挫，从而形成一定的格调和风格。[①] 正是在这起承转合之间，韵味顿生。再如"百戏之祖"昆曲，原名"昆山腔"或简称"昆腔"，发源于14世纪中国苏州太仓南码头，是中国古老的戏曲声腔、剧种，现又被称为"昆剧"。昆曲糅合了唱念做打、舞蹈及武术等，以曲词典雅、行腔婉转、表演细腻著称。昆曲以鼓、板控制演唱节奏，以曲笛、三弦等为主要伴奏乐器，其唱念语音为"中州韵"，这些特点成就了昆曲的韵之"三美"：无词不曲，意蕴醇厚（文学之美）；无声不歌，声腔婉转（声韵之美）；无动不舞，神形兼备（神韵

---

① 廖乃雄：《论音乐教育》，中央音乐学院出版社2010年3月，第48页。

之美)。故有"园林是可以看的昆曲,昆曲是可以听的园林"之说。

戏曲唱腔韵味十足,古典舞在表现手法上讲究集中、洗练、夸张、虚拟。虚拟是无实物的表演,但却充满形韵。表演者一招一式既有舞蹈之美,又有现实生活之态,比如一根马鞭,就能时而表现战马飞奔、四蹄腾空,时而表现信马由缰、闲庭信步。虚拟把生活中有特征性、代表性的动作夸张地表现出来,引发观众艺术想象和生活联想,并在脑海中进行二度艺术加工,形成每个观众独特的艺术形象,从而产生无穷的意蕴,这正是戏曲艺术的魅力所在。

戏曲有韵,乐音更有韵。早有"士无故不撤琴瑟"之言,俞伯牙与钟子期"高山流水遇知音"的千古故事,更有魏晋时期嵇康在临刑前要求弹完《广陵散》再赴死之动人传说。此皆爱极乐音之韵,无时无刻不梦寐思之,人萦绕其间,方人乐共存。古人弹奏古琴时是要沐浴、焚香的,以示庄重,弹奏时凝神静气,人琴共通,琴便成了一种有灵性的器具。琴弦在弹奏过程中如果突然断裂,则意味着有不祥之事发生抑或是有人偷听,此所谓"琴通人意"。那令世人津津乐道的"高山流水遇知音"的佳话就是雨夜舟中,俞伯牙在抚琴时突然琴弦断裂,才引出了岸上披着蓑衣戴着斗笠、雨中听琴的钟子期。历代的琴人大多崇尚自然,寄情山水,抚琴亦强调环境的幽雅,注重心境的淡泊,从而氤氲在天人合一的琴韵幽幽中。因此,才有"孔子闻韶乐,竟三月不知肉味",足见其对古琴曲之痴爱,以至日日操练,夜夜揣摩。这时的古琴更像是一位隐逸的智者、饱学的长者,不只是在引领着孔子操琴度曲,更是在这位儒家思想文化的奠基者身上,注入了中庸平和的人生韵调,其情可表,其韵长存。

"昔者舜作五弦之琴,以歌南风"。一架古琴,早已超越一种乐器的本身,承载着悠悠千古的情怀与韵致,代表着古代文人雅士的风骨,成为了人之性灵承载之物。也因被赋予了人之灵性,所以琴音幽幽,方有了韵味,从此充满书香和诗意的古老文化也被美妙的音符慢慢浸润。听听那琴韵,有泉的色彩,花的声音,月的皎洁,风的长吟。琴韵让一切都有了水的灵动,草的芬芳,有了对酒当歌的优雅、履险若夷的沉稳。此韵绵绵无绝期,正是古琴音穿越数千年的历史时空,浸润着无数古代风雅人士竭精殚虑,只为后人留下的一脉琴韵,其间有宫、商、角、徵、羽,更有仁、义、礼、智、信。所以,乐音之韵不仅仅是有曲调之婉转，更有其文化之传承。

因此，对于"韵"的理解，我想除了是《辞海》中"情趣、风度"的解释，更是一种心境与外物自然融合、和谐共生的感觉。好乐者听来，大自然处处有韵音，所谓"好鸟相鸣，嘤嘤成韵"；善画者看来，万事万物皆有韵，故"中国之画以气韵胜"；喜文赋者更是出口成章，韵文纵横天下，而言"一言均赋，四韵俱成"……诸物有"韵"而成其美好，因"韵"而相和相谐。亚里士多德认为和谐是美的特性，因此古希腊美学家毕达哥拉斯提出了"美在和谐"说，而这也正契合富有中国式审美的"韵"字。基于以上认识，再深度挖掘"乐音之美"，把"韵"的含义做了多重的延伸，可以是和谐，可以是蕴藏，可以是发现，也可以是顿悟……

第二节　声韵

既然"韵"有乐音和谐之意，就意味着"韵"与声音是紧密联系的。孩提时，"卖蚬子——啊———"的叫卖声经常萦绕耳际，从天刚破晓的小巷深处传出。那是童年最深的记忆，母亲走街串巷的叫卖声：

卖蚬 | 子 — | 子 — | 啊 0 ‖

婉转且极富音韵变化的吆喝声，唤醒睡眼蒙眬的我。20世纪70年代的农村，没有鳞次栉比的高楼，各种声音的传播尤为清晰，没有文化却有音乐天赋的母亲，激起了我探索乐音的兴趣，以至于数十年过去我依然清晰地记着这种"天籁"：

1=G
2/4 2 2 | 2 — | 2 — | ⁺6 0 ‖

还有当时无人告诉我答案的问题："为什么卖蚬子的叫卖声这么好听呢？"后来知道了这就是叫卖调的生活原型，这种由拖腔、滑音、倚音等突出特点所形成的叫卖调特有的韵味深深吸引着我，让我产生愉悦的情感共鸣。也许，这就是我记忆中最早的让我产生震撼与共鸣的音响刺激吧。今日回首，我将之称为"声韵刺激"。

声韵，通俗地说是声音的韵，但并非所有的声音都有韵。那么，什么样的声音有韵呢?"韵",原指好听的声音,延伸为风度、风致、情趣。[①] 音乐是声音的艺术,换句话说,有艺术的声音才有韵。声音是由物体振动产生的声波,是通过介质(空气或固体、液体)传播并能被人或动物听觉器官所感知的波动现象。最初发出振动(震动)的物体叫声源,声音以波的形式振动(震动)传播。在现代汉语中,声和音是密不可分的,声即音,音即声。基于这样的理解,笔者认为,声音可以分为四种。一是能带给听者美好感受的、悦耳动听的声音——音乐。音乐是音乐要素有组织的乐音系统,是能给人们带来情感共鸣且可以用来传授的声音系统,因而音乐有韵,简称声韵。二是自然界各种动物的叫声以及风声、雨声、笑声、瀑布声……如百鸟争鸣,委婉动听、清脆悦耳,让人浮想鸟语花香的情境,嘤嘤成韵。因此,热爱生活的音乐家常把生活中的声音素材作为创作音乐的灵感,如挪威作曲家约纳森的《杜鹃圆舞曲》,以模仿杜鹃鸣叫的下行三度所构成的动机为核心,运用重复、变奏、模进等方法发展而成为家喻户晓的经典作品;再如《跳圆舞曲的小猫》《羊肠小道》《小狗圆舞曲》《森林狂想曲》……自然界的声音素材让音乐作品更加形象生动,来源于生活又高于生活。三是一般的提示音,即现实中为提示人们正常工作生活而设置的各种声响,如喇叭声、闹钟声、医疗提示音等等。这种声音不管有韵与否,都为生活所必需,但在特定环境下可能转变,如汽车喇叭声,虽是行车安全中的必备之需,却难以让人产生愉悦感,

小 司 机

苏 勇曲

[①] 李行健主编:《现代汉语规范词典》,外语教学与研究出版社 2004 年 1 月,第 1624 页。

特别是在居家环境中听到此起彼伏的喇叭声，令人甚是烦躁。可是，这种声音作为音乐创作的动机，却别有一番韵味！如手风琴独奏曲《小司机》就以模仿喇叭声的音色、节奏为创作灵感，描述了小司机乐观向上、责任担当的形象；再如管弦乐曲《调皮的小闹钟》，以双响筒模拟小闹钟的滴答声以及三角铁滚奏声模拟闹铃，再现生活场景，成就了一首脍炙人口的经典音乐作品。四是噪音。关于噪音，美国格雷珍·希尔尼穆斯·比尔这样著述："为了区别音乐与噪音的性质，人们常说音乐是'音调悦耳的'或'有组织有系统的'，噪音则是'令人不愉快的''胡乱的'或'未加组织的'……音乐的背后隐藏着意图，音乐的意图在于把声音组织起来或通过声音来表现某种东西。"[①] 以上四类声音有的从本质上存在着声音特有的韵，有的在特定环境中体现韵的价值，有的还根据听者的心境而变化韵的存在，喜欢安静的人听到鸟鸣声更加心烦意乱，神经衰弱的人听到蛙鸣声彻夜难眠，因此，声音的韵有与否、浓与淡并非绝对的。本节所阐述的声韵围绕音乐作品而展开。

　　要想弄清楚声韵到底是什么，我们得先了解音乐的特性。"在音乐的形式中有四种特性。第一种是有音高或没有音高，有音高的声音常被说成是高音或低音。第二种是音的色彩或称音色，这是产生出声音的中介物——乐器或人声的特质，音色的区别可大可小，低音鼓的音色和小提琴的音色有较大悬殊。你与同伴在唱同一首歌曲时音高可能相近，但各有自己鲜明的音色。穆格（Moog）合成器能发出几乎与所有乐器和人声相似的声音，但它仍然保留它独特的、可以识别的音色。第三种是音的振幅，或称音量。音的强或弱对节奏的组织、乐曲的表现力、音色甚至对音高，都会产生影响。单音或休止符持续时间的长短是音乐的第四种特性。音可能很长也可能很短，音与音之间的休止亦可能如此。这是节奏构成的主要方面。"[②] 这高低、长短、强弱、色彩由旋律、节奏、速度、力度、音色等音乐要素组织决定，形成了富有表现力的音响，形成了音乐的风格，音响的声韵直接作用于听者的感官，看不到、摸不着，却能让人真真切切地感受到这种韵的力量。这种音响就像诗歌

---

① ［美］格雷珍·希尔尼穆斯·比尔著：《体验音乐——美国音乐教育理念和教学案例》，杨力译，人民音乐出版社 2009 年 9 月，第 21 页。
② ［美］格雷珍·希尔尼穆斯·比尔著：《体验音乐——美国音乐教育理念和教学案例》，杨力译，人民音乐出版社 2009 年 9 月，第 21 页。

中的遣词造句，绘画中的点线色彩，是作品的原材料，因此，音乐被誉为"运动的诗，流动的画"。家喻户晓的《运动员进行曲》音乐响起，运动员们都会和着四二拍子的节拍以高昂饱满的姿态走向运动场，这种音响的声韵带给运动员的是热血沸腾、催人奋进的鼓舞与力量。那么，是哪些音乐要素汇集成这样富有号召力的音乐音响声韵呢？歌曲为C大调，铜管乐器演奏，回旋曲式，四二拍子，中速，力度雄壮有力；主题A明快坚定，节奏铿锵有力，表现运动场上运动员的精神面貌；主题B旋律流畅婉转，富有歌唱性；主题C由主题B发展而来，转到下属调，乐曲色彩更加丰富。整首乐曲热情欢快、朝气蓬勃，充满信心与激情。作品就是由这样的速度、力度、节奏、旋律走向以及乐器音色等要素组合而成音乐音响特有的声韵。柏辽兹说得好："音乐是通过有安排的许多音的组合，激起有洞察力的人们感受的艺术。"[1] 声韵不具有语义的确定性，无需借助歌词语言就能表现出丰富而深刻的意境，让人产生富有画面感的情趣，从感觉、感受到感知，引发不同经历、不同心境的人产生情感共鸣，感同身受，笔者把这种现象称为"以音生乐"，诚如《礼记·乐记》所言："乐者，音之所生也，其本在人心之感于物也……"音乐表现情感，音乐的动人力量来自它所表现的情感，儒家学者的这一看法，抓住了音乐的本质特点。这种"音"与"乐"相联产生的声韵，带给人们的是摇曳多姿的音乐美感。

第三节　意韵

意韵是什么？《现代汉语规范词典》对"意"字作如下解："意味和情趣，也指文艺作品中客观景物和主观情思融合一致而形成的艺术境界。"本书所阐述的意韵是指音乐作品中蕴含的意境美，这种美直接取决于作品音乐要素的组织形式，不同作品因其音乐要素组织的形式不同，形成的意韵美也风格各异，绚丽多姿。

音乐不具有语义的确定性和事物形态的具象性，但是音乐又真实反映了社会生活和人的内心世界，只是把这种所反映的表现转换成音响形象而已。

---

[1]　廖乃雄：《论音乐教育》，中央音乐学院出版社2010年3月，第291页。

德国音乐家贝多芬是人类艺术史上最伟大的创造者之一,被称为"乐圣",他之所以能创作出像珍珠一样永远闪光的交响曲,固然与他有着卓越的音乐天赋、炽热的叛逆气质和巨人般的坚强性格分不开,另一方面也与他所处的年代以及家庭境遇、个人命运有着千丝万缕的关系。如贝多芬的《第七钢琴奏鸣曲》(献给冯·布朗伯爵夫人,D大调 Op. 10 No. 3)极富情趣,甚至比之前任何作品都更为成熟、更富有艺术表现力。据考证,此时贝多芬丰富的创作思想暂时还未找到完善的形式,而听觉的日渐衰弱又给他带来了人生的巨大苦闷、烦忧和压抑。在这一时期(约1796—1798),作为钢琴家的贝多芬在布朗伯爵夫人家演奏,这首奏鸣曲就是他献给伯爵夫人的三首奏鸣曲之一。[①]它反映了耳聋这一残疾给贝多芬带来的痛苦与心灵上的摧残。由此可见,作曲家首先要有自己的生活体验,然后把自己感受或体验到的意象转化为能够刺激大众听觉的声音形态。也就是说,任何一首音乐作品都隐藏着作曲家的思想感情,笔者认为这就是音乐作品的意韵。

拉赫玛尼诺夫曾经这样表述:"回忆不久前看过的书、美妙的绘画或诗歌,在创作过程中对我很有帮助,有助于我力图把铭刻在我记忆中的某个具体事件化为声音。"[②]"事件化为声音",这种说法足以让我们明白每一首音乐作品的意韵存在。换言之,音乐中的意韵其实就是"以乐显境",故而有"音乐是运动的诗,流动的画"之说。当然,作曲家所处的年代已经一去不复返,生活在不同年代的人们因为没有感同身受,无法理解作曲家创作背景及其当时的心理体验,但是音乐诉诸人的听觉,作品的速度、力度、节奏、音色、旋律、结构等音乐要素可以让听者产生乐音背后的情境意象,即我们常说的画面感。这种意象不具有确定性,往往因人而异,因此要尊重听者的不同理解和不同感受,而作者创作的动机与思想情感可以作为音乐文化予以了解。美国当代音乐教育哲学家戴维·埃里奥特认为:"音乐素养等同于音乐理解,而音乐素养是多维的有效理解或实践,是指在艺术性的音乐制作和专业的音乐聆听中产生多维的、相关的、连贯的、生产的、开放的和可教育的认识。"[③]

[①] 郑兴三编著:《贝多芬钢琴奏鸣曲研究》,厦门大学出版社1994年9月,第103页。
[②] 程建平:《音乐与创造性思维》,上海音乐出版社2007年8月,第89页。
[③] [美]戴维·埃里奥特著:《关注音乐实践——新音乐教育哲学》,齐雪、赖达富译,谢嘉幸、刘沛主编,上海音乐出版社2009年2月,第67页。

音乐理解是什么？一千多年前一个叫俞伯牙的人在山中弹琴，心中想着表现高山，一个叫钟子期的打柴人听到后就说："巍巍乎若泰山！"伯牙想着表现流水，钟子期马上领悟说："汤汤乎若流水！"后来钟子期故去，再也没人听出伯牙弹琴表现的内容了。伯牙痛失知音，伤心至极，摔琴发誓从此不再弹琴。这千古流传的"知音"典故看似指向音乐理解，其实是扭曲了音乐审美。音乐是流动的艺术，音乐审美不是科学论断，不是视觉形象的捕捉和思想概念的把握，而是听觉的感受与心灵的体验，音乐意象的韵无需听者用语言描述，而需听者在各种形式的音乐实践体验活动中感悟和表现，唯有如此，方能准确把握歌曲的意韵。试想以下情景：

> 同一个夜晚稍迟时间，在欧洲东南部的一个小城市。一个著名的保加利亚风笛师坐在火炉旁他钟爱的椅子上。他仔细地倾听他的年轻学生演奏 ruchenitsa（一种流行的民间 7 字舞）。在一个很难的中间段落，男孩犹豫不决吹不下去了。他停下来，一言不发。
>
> 风笛师站起来，操起他的风笛。他的手指开始在激情中迅速运转，他的脚开始打节拍，奔流的音符从他的乐器中飞出。突然，他停了下来。接着是一阵短暂的安静。
>
> 男孩操起他的风笛。他的手指开始运转，脚开始打节拍；在奔流的音符中他征服了困难的段落。[1]

面对男孩的困难，如果风笛师耐心解释作品，以抽象的语言告诉男孩应该怎样把握节拍的强弱规律、旋律的抒情流畅、气息的自如控制……如果风笛师用抽象的语言告诉男孩作品的意韵，且分析得深刻入理，男孩的指尖能够流淌出奔流的音符吗？男孩的艰难不仅仅是演奏技巧的困难，也可能是对作品的理解困难，抑或是对作品的排斥。但是，风笛师深情的范奏是男孩自信吹奏的心理动员，男孩在聆听、模仿这个实践过程中开启了音乐思维，在发挥视听连觉作用的过程中，从感知作品的声韵到认知作品的意韵，丰富情

---

[1] ［美］戴维·埃里奥特著：《关注音乐实践——新音乐教育哲学》，齐雪、赖达富译，谢嘉幸，刘沛主编，上海音乐出版社 2009 年 2 月，第 4 页。

感体验，继而大胆自信表现作品。可见，音乐作品的意韵仅靠简单的说教是难以唤醒听者情感体验的。

对于小学生来说，音乐艺术的审美体验和文化认知，更需要在生动、多样的音乐实践活动中，通过学生的亲身参与来实现。以《静夜思》教学为例，作曲家黎英海根据李白所作的五言古诗《静夜思》谱曲而成，是音乐与诗歌的完美结合。歌曲四四拍子，音乐以轻柔的力度、舒缓的节奏、稍慢的速度、暗淡的音色来表达深深的思乡情感，那种乡愁之韵含蓄无穷，意犹未尽。

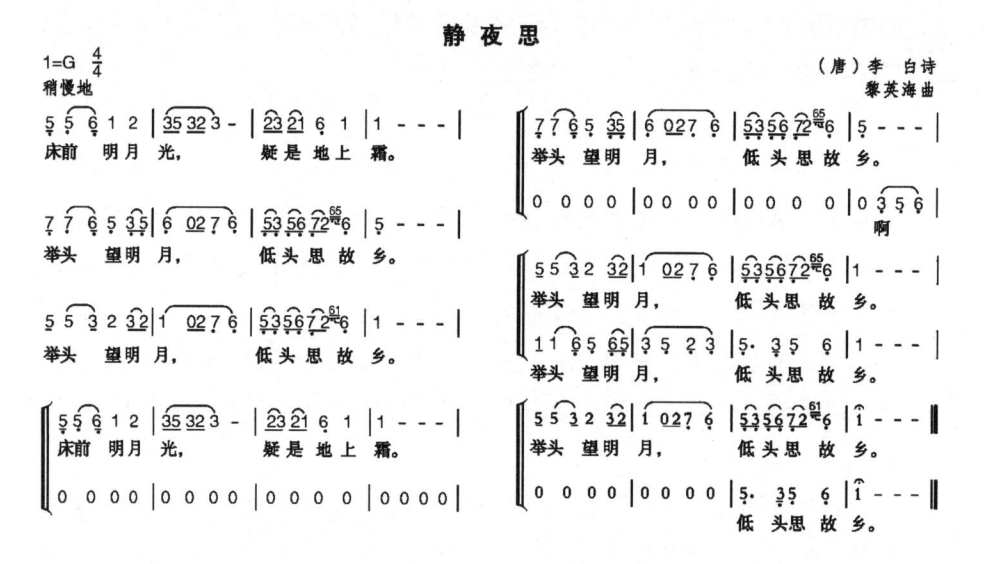

对生长在交通便捷、通讯发达环境下的当代小学生来说，乡愁可谓是"为赋新词强说愁"。教学时，笔者用一张月夜图创设思乡的情境，辅以煽情的语言，当音乐响起时，学生沉浸在这样的情境中感同身受，再加上音乐音响声韵的弥漫与熏染，无需教师过多的教授，学生就能唱得动情投入、声情并茂！可以说，这种引发学生音乐思维并能动情演唱，看不见、摸不着却扑面而来、穿过身体的东西就是音乐作品的意韵。即便聆听伴奏版音乐，不呈现歌词，学生依然能感受到忧伤的情愫。

科学家爱因斯坦说："这个世界可以由音乐的音符组成，也可以由数学公式组成。"还说："在科学思维中，永远存在着音乐的因素，真正的科学和真正的音乐要求同样的思维过程……"① 随着"互联网＋教育"的深入发展，作曲家的音乐创作思维也迈上多彩多姿的新纪元。同样以《静夜思》为主题的歌曲版本林林总总，笔者曾让学生听赏如下版本的歌曲《静夜思》：

静 夜 思

1=♭B 2/4　　　　　　　　　　　（唐）李　白词
　　　　　　　　　　　　　　　　　　佚名曲

3 23 | 21 2 | 56 32 | 1 — |

1 5 | 33 5 | 61 13 | 5 — |
床 前　　明 月　光，疑是 地上　霜。

6 56 | 53 3 | 51 25 | 2 — |
举 头　　望明　月，低头 思故　乡。

1 5 | 33 5 | 61 13 | 5 — |
床 前　　明 月　光，疑是 地上　霜。

3 23 | 21 2 | 56 32 | 1 — ‖
举 头　　望明　月，低头 思故　乡。

　　四二拍子、中速、跳进的旋律以及电声乐器伴奏形成欢快活泼的音乐情绪，这就是歌曲的意韵，让学生聆听伴奏音乐，没有一个学生说出与《静夜思》有关的画面感。但当笔者告诉学生音乐是表现《静夜思》主题时，学生这样说："作曲家在美好的月夜思念着远方的妻儿，想着天亮就可以回到妻儿的身边了，心情顿感轻松，于是就哼起这么轻快的歌儿……"不同的音乐作品有着不同的意韵，不同的人对意韵的理解与表达同样存在着差异。

第四节　情韵

　　360 百科对"情"的释义是：外界事物所引起的喜、怒、爱、憎、哀、惧等心理状态。"情韵"出自宋朝秦观的《五百罗汉图记》："世传吴僧法能之所作也，笔画虽不甚精绝，而情韵风趣各有所得，其绵密委曲可谓至矣。"情韵是一种精神韵致，也是看不见、摸不着却能感受到的在内心涌动着的一种情感状态，或者是愉悦，或者是伤感，或者是力量，或者是……本文阐述的情韵，专指音乐学科范畴。

---

① 程建平：《音乐与创造性思维》，上海音乐出版社 2007 年 8 月，第 10—11 页。

笔者认为，情韵即"以情导乐"。音乐不仅仅蕴含声韵、意韵，还有情韵，正如《义务教育音乐课程标准（2011年版）》（以下简称"新课标"）所述："音乐是人类最古老、最具普遍性和感染力的艺术形式之一，是人类通过有组织的音响实现思想和感情的表现与交流必不可少的听觉艺术，是人类精神生活的有机组成部分。"音乐中的情感表现与交流是为学生提供审美体验、陶冶情操、启迪智慧的内核。当声韵刺激感官，意韵直抵音乐要素时，情韵产生情感共鸣，外化表达情感，实现情感升华。电影《泰坦尼克号》中的提琴手从容操琴面对死亡的片段是对情韵的最佳诠释：船上的每一个人都知道船身即将沉没，当船身倾斜到提琴手们难以保持平衡的时候，哈特利对其他的提琴手鞠了一个躬，说："今晚我有幸与你们一起演奏，现在，让我们各去各的吧！"然而，就在他手下的提琴手转身的时候，他又拿起提琴，从容地奏起那最能让他预备见主面之心的歌——《更近我主（Near my God to Thee）》。听到如号令般的乐音，那几个刚刚转身的提琴手又回过头来，加入了生命中的最后一次演奏……

生命诚可贵，当人人都在生死别离中挣扎，音乐让他们淡定，音乐让他们把生的机会让给别人，音乐让他们勇敢地面对死亡！这种情感升华绝非简单的语言教育与制度约束所能达到。小提琴曲《更近我主（Near my God to Thee）》因其音乐要素组织特点本就给人以忧伤空灵之感，当成为这几个提琴手生命中最后一曲演奏作品时，情境、心境以及对作品曾经的认知，油然而生的另一种情感倾注于琴弦，寄托于速度、力度、音色等音乐要素，流泻出悲壮、慷慨、令人荡气回肠的音乐，达到心灵与情感在声音上固化的同时实现二度创作。音之起，由人心生也；人心之动，物使之然也；感于物而动，故形于声。情韵表达发自内心，无需任何语言与外力干预便可实现以情导乐。

聆听音乐，感知音乐，表现音乐，再用音乐表达情感，或唱或奏或演仅仅是以情导乐的一种表现形式，而更为广泛的表现形式是达到一种审美的境界，心灵的净化，气氛的熏染，正气的鼓舞等。比如家喻户晓的《义勇军进行曲》，以其高昂激越、铿锵有力的旋律和鼓舞人心的歌词，表达了中国人民对帝国主义侵略的强烈愤恨和反抗精神，体现了伟大的中华民族在外侮面前勇敢、坚强、团结一心、共赴国难的英雄气概，被称为"中华民族解放的号角"。自1935年聂耳完成谱曲创作以来，在民族危亡的关键时刻，歌曲激励中国人民的革命热情和战斗意志，一切爱国的人们，都唱着这首歌抛头颅、洒热血，投入到民族的生存之战中……这就是人们对歌曲意韵的理解，情韵的表达。歌曲由六个长短不等的乐句组成，乐句与乐句之间衔接紧密，发展自然，唱起来起伏跌宕、浑然一体，后半拍起句的节奏给人以紧迫感，四度上行跳进显得庄严雄伟又富有推动力。早在公元前 4 世纪，古希腊哲人柏拉图就已认识到："乐教具有极其重要的意义，因为节奏与和声能完全注入心灵深处，它们威力无穷，本身已具有美的形式，并将美传递给心灵，如果真正的教育中包括有它的话——否则会适得其反。"① 现如今，我们也常常看到在重大场合或者我国运动员在国际体育赛事中获得冠军时，当《义勇军进行曲》奏响，人们便会热泪盈眶。柏拉图所言"乐教的威力"与"乐以载道，美以达人"殊途同归，笔者归结为情韵。再如李白的《春夜洛城闻笛》就道出了聆听笛声后的感受与情感变化："谁家玉笛暗飞声？散入春风满洛城。此夜曲中闻折柳，何人不起故园情。"诗中并没直接写笛声的哀怨婉转，而是通过听众的反映、情感的变化来写乐曲声。听着这隐隐飘来的《折杨柳》的玉笛声，谁能不触动怀念故乡之情呢？这种烘云托月、以情喻声的诗词比比皆是，均为表达音乐中的情韵所在。希腊神话讲述了被赋予神奇音乐天赋的大神们的美妙故事，有以里拉琴（西方最早的拨弦乐器）的威力征服死亡的奥菲斯，他在失去妻子后，用他的音乐感动了诸神，诸神许他下到冥府，从那里带回他心爱的欧莉狄克。② 虽然这只是一个神话故事，只讲述诸神听到里拉琴演奏的音乐后备受感动，改变决定，让欧莉狄克复生。但它却出现在西方音乐史的著作中，可见情韵的存在与力量。希腊人认为，音乐在政治体制和对年轻人的教育中起着重要的作用，因为美好的音乐无疑有助于形成良好的品质。柏拉图也在其主要著作《理想国》中，把"音乐和体育"考虑作为教育的基本要素。他主张把音乐排在第一位，因为音乐有助于形成完美的灵魂，这样的灵魂才能促使健美体魄的形成。③ 这种观点强调了音乐的重要性，而音乐的

---

① 廖乃雄：《论音乐教育》，中央音乐学院出版社 2010 年 3 月，第 166 页。
② 约瑟夫·韦克斯贝格著：《西方音乐史》，王嘉陵译，西南师范大学出版社 2011 年 11 月，第 6—7 页。
③ 约瑟夫·韦克斯贝格著：《西方音乐史》，王嘉陵译，西南师范大学出版社 2011 年 11 月，第 8 页。

重要性取决于对音乐的审美教育，即意韵的理解，通过聆听、演唱、演奏、综合性艺术表演和音乐编创等多种实践形式获得对音乐的直接经验和丰富的情感体验，感受音乐的美，继而以各自不同的方式表现音乐，表达情感。

第五节　"三韵"音乐教学

"三韵"音乐教学（以下简称"三韵"教学）是指音乐学科教学中以音响的声韵及其所表达情境的意韵来进行思想情感的情韵表现与交流的一种教学方式。教学中引导学生以声韵为基础，掌握好聆听、表达、表现音乐的基本技能，奠定好音乐学习的关键能力；以意韵为核心，学习相应知识，理解音乐作品，把握作品内涵与韵律；以情韵为灵魂，启迪小学生在感受、体验、表现音乐所蕴含的情感韵味中享受学习乐趣，拓展音乐视野，提升审美体验，培养综合审美能力，实现音乐大课程观。这就是"三韵"教学的基本思想及其实施过程。

"三韵"教学本质属性主要指向于一个"韵"字的传递，教师在课堂上要充分应用蕴涵在音乐中的"声韵、意韵、情韵"这三要素，解决现行音乐课堂时常存在的"有音无乐、有声无赏、声多情寡、乐浓韵淡"等现象。即教学中自始至终将音乐的聆听置于教学的中心位置，以音乐实践活动为主要形式，引导学生积极参与亲身体验与感受，让学生在良好的音乐环境中实现情感升华与音乐创造。同时，"三韵"教学指向于音乐大课程观，致力于通过音乐课程改革对学生进行审美艺术教育，提升学生的音乐素养，让学生真正享受音乐乃至所有美好事物所带来的美，真正成为美好生活的缔造者。诚如日本音乐教育家铃木镇所言："音乐教育的目的不是刻意地培养一些少数伟大、杰出的'天才'，而是希望通过音乐教育，把每一个孩子都提升到拥有一颗高贵的心灵与完美的人格的极优秀的程度，而事实上这也是每一个人所应追求的目标。"

"三韵"教学的主体部分是音乐教学实践。"三韵"概念的理解是为了促进教学实践的实施。因此，教师要全面系统了解"三韵"教学的理论体系，方能有的放矢，顺利实践。"三韵"教学有着完整的课堂教学基本模式，即"感知→体验→认知→表现→创造"。这种基本教学模式是"三韵"教学的主要标志，是构建"三韵"教学课堂的重要保证，它既可让教师在教学实践中有章可循，又可带领学生在音乐学习活动中完成每一次的情感体验。当然，基本教学模式也不是一成不变的，不同类型的音乐课可以在"三韵"教学基本模式下采取不同的教学流程。但万变不离其宗，基本教学模式就像那长长的风筝线，既牵制又放手，这也是"三韵"教学中"互生性"属性的具体表现。一线教师可以遵循"立足聆听，'声韵'激发感知觉活力；依托实践，'意韵'直抵音乐内涵；张扬个性，'情韵'实现以美育人；拓展综合，'三韵'教学促升音乐素养"四个原则，根据自己的课堂实际和校情、学情进行合理的整合调整，以确保"三韵"教学模式的落地实施，做到让音乐课堂声韵悠扬、意韵顿生、情韵缭远。

从音乐课堂的实施策略而言，践行"三韵"教学的教师还必须更新观念，充分理解"三韵"的内涵，明确声韵即"以音生乐"，音乐的音响结构是按一定规则组织的，音高、音强、音色及音长四个基本要素组成了音乐，形成了美的乐音，这样的乐音刺激感官，产生富有画面感的情趣，从感觉、感受到感知，引发不同经历、不同心境的人产生情感共鸣，感同身受，实现以音生乐，韵味横生。意韵即"以乐显境"，就是音乐艺术所表达、表现的情境意象，要通过一系列的音乐实践活动，从浅层的音乐画面感知到音乐作品的理解、感悟，促进学生"形象思维能力"的发展。情韵则是"以情导乐"，指声韵、意韵中所蕴含的引发人们的共鸣和愉悦感，是情感升华的高级表现，是学生享受音乐、创造音乐的终极目标。只有深刻了解这三个基本概念，授课教师才能理解"声韵、意韵、情韵"是音乐的本性展示，是构成音乐这一听觉艺术的三要素。而且"三韵"并非一个简单的过程，而是循环往复，呈螺旋上升之势发展，"三韵"合璧，才能相得益彰。

从课程改革的宏观角度上来看，"三韵"教学的意义更为广阔。原本"三韵"教学的外延就是宽广的，它激发教育工作者心中对音乐的鉴赏，对大自然美妙音源的欣赏，乃至于对所有美好事物产生的赏识。从这个意义上说，它可以扩大为致力于植入一种美的生活观，既可以改变一线音乐教育工作者的教学理念，提升自身的鉴赏力和审美力，也可以提升学生对身边一切美的事物的发现与欣赏。教育的本质不仅仅是传授知识，形成技能，更重要的是带给人一种美好的生活理念，培养适应未来生活的人。"学校音乐教育是指通过有组织、有计划、有目标的学校教育所实施的以音乐为媒介的教育活动。学校音乐教育是音乐文化的组成部分，其目的在于培养人。"① 因此，"三韵"教学在于挖掘音乐学科教育中更深层次的美学观，不停留于只发挥音乐浅表的功能，让学生学唱一首歌，欣赏一首乐曲，学会一样乐器，学跳一段舞蹈等，而应该把能力素养转化为生活态度与生活理念，这才是让学生受益终身的，也是"三韵"教学所预期的最终目标。

音乐课程改革任重而道远，它与其他学科的课程改革有着千丝万缕的关系，需要系统性的整合，才能共同促进学生的全面发展。"三韵"教学主张的落地推广给予教师反观课堂的依据与方向，为一线教师积累经验、形成风格提供了借鉴，在一定程度上助力教师专业成长；同时还形成弥漫"三韵"课堂文化、提升音乐课堂教学有效性的推手。虽然"三韵"教学在课堂模式上比较成熟，但对于推动音乐课程改革还只是迈出了一小步，希望"三韵"教学能给更多音乐教育工作者带来关于自身音乐理念与实践的启发与思考，共同促进基础教育音乐学科向前发展。

---

① 尹爱青：《学校音乐教育导论与教材教法》，人民音乐出版社 2015 年 9 月，第 2 页。

第二章 "三韵"学理

第一节 "三韵"教学理论依据

怎样的音乐课堂才更切近音乐学科的本真，成为学生更喜欢的课堂？怎样的音乐教学模式才能指向于促升小学生的音乐素养？广大音乐教师的教学困惑其实在我教学实践之初也经常盘旋脑中，无力解决。一次偶然的机会，我在对黎英海创作的《静夜思》进行导入教学时，出示幽静的月夜情境图后设问："1. 画面表达了什么样的情感？2. 你能用音乐的方式表现画面的情感吗？"这两个问题激起了学生的兴趣，他们纷纷大胆尝试。有一位学生绘声绘色地诵读了李白的《静夜思》，我顺势启发式追问："谁能从音乐的角度来评价这位同学的朗读？可以尝试从速度、力度、音色等方面对他的朗读加以评价。"根据我的提示，学生不难说出速度稍慢、力度轻柔、音色暗淡等评价语。这时，又有一位学生缓缓举起右手，在空中划了一道优美的弧线。我趁机追问："大家觉得他的动作节奏、力度如何呢？"从这两位学生的表现中不难看出，虽然他们选择了不同的音乐方式表达画面的情感，但提炼出的音乐要素基本是相同的，即乐曲是以轻柔的力度、舒缓的节奏、稍慢的速度、暗淡的音色来表达深深的思乡情感。这样的情境创设和设问，为接下来的作品聆听和理解音乐表达的情感奠定了心理基础。由此，我似乎兴会神到，不由心有所动：在这节课上我并没有单纯地教学演唱技巧，也不做过多的示范教唱，学生却能唱得动情投入，声情并茂，可见情境感染的力量。音乐原是可以通过情感带动声音，动情远比用技重要得多！教学情境可调动学生多种感官活动，促使学生从中获得鲜活的情感体验和音乐表现，引发思维，产生情绪记忆。我开始思索声音、意境、情感三者之间的关系，希望由此打破音乐教学的某些窠臼，在困惑中有所突破，开启音乐教学的破冰之旅。触摸到了"三韵"教学琴弦，我随即带领团队开始进行"三韵"教学的探索实践，查阅资料，了解音乐教育的历史变革；请教专家，上下求索，为"三韵"教学的提出找到了强大的理论依据支撑。

一是人类社会进化发展过程的启迪。人类从远古到现代进化过程中，听到的野兽声、鸟虫声、草木声、风声、雨声乃至人声等诸多声音，都和我们的生活息息相关。因此，我们仅仅是听到，就会心旷神怡，就会心潮澎湃，就会悲伤与快乐。比如，听到松涛阵阵，感到酣畅淋漓；听到泉水叮咚，感到神清气爽；听到雨打芭蕉，感到惆怅满怀；听到大雁哀鸣，顿感悲戚，等等，还有许多由"声"生情、声情并茂的类似"子规啼，不如归，道是春归人未归"的诗词。古今中外，不少作曲家都把这些声音素材融入音乐，成就了一首又一首经典作品。不少人听到无歌词的音乐却被感动得热泪盈眶。每一种音乐，都是生动的，它大约比别的艺术更贴近我们的心灵。一首情歌不需要歌词，在乐声里就可以表现情感。在无声电影时代，某种基本的情感——爱、憎恨、妒忌、痛苦和恐惧等都有音乐伴随。[①] 这就是音乐神奇的魅力。这种"心由音生""语无心有"的神奇现象是研究倡导"三韵"教学的原始启发。

二是中国传统音乐文化的意蕴。孔子说："移风易俗，莫善于乐；安上治民，莫善于礼。"强调音乐不但具有陶冶性格、淳化民风的作用，而且比空洞的说教更具说服力，可以深入地对人的灵魂产生有益的作用。[②] 可见，孔子教育思想体系中重视音乐教育的育人功能。他还提出："兴于诗、立于礼、成于乐。"指出人的修养，开始于学诗，自立于学礼，完成于学乐。诗、礼、乐三者是教化民众的基础或者说三种载体与手段，必须恰当利用。三者既是儒家的教育思想概括，又是审美教育思想归结。《诗大序》曰："诗者，志之所之也。在心为志，发言为诗，情动于中而形于言。言之不足，故嗟叹之。嗟叹

[①] 约瑟夫·韦克斯贝格著：《西方音乐史》，王嘉陵译，西南师范大学出版社2011年11月，第2—3页。

[②] 中国教育学会音乐教育专业委员会组编；杨和平、王家祥分册主编：《音乐艺术概论》，上海音乐出版社2018年1月，第55页。

之不足，故咏歌之。咏歌之不足，不知手之舞之足之蹈之也。"中国传统文化的意蕴与音乐密不可分。音乐，是一门特殊的艺术，一方面它无形，一方面它却又能最深刻、最细腻、最准确地反映人的情感。听之，不仅可以缓解疲劳，消除压力，还可以从这门特殊的艺术中感受丰富的音乐情感和思想内涵，从中获取精神力量，使思想得到升华。音乐作为教育学科中不可缺少的艺术科目，具有"浸润心灵"与"改进德行"的功能，不但是美育的重要组成部分，也是音乐艺术与各学科教育相结合的综合性育人教育学科，更是一种情感教育——以审美为核心，充分利用音乐的审美特征，作用于人的情感，培养感受美、表现美、鉴赏美、创造美的能力。对这些音乐特有功能的解读，为研究"三韵"融通的音乐教育奠定了基础。

三是西方音乐教育的哲学观。审美主体在音乐的审美活动中通过感受优秀音乐作品的音响，接触到作曲家高尚的心灵、深刻的思想，获得有益的教育和启迪，从而使思想境界得到某种程度的升华，受到真、善、美的熏陶和感染。优秀的艺术作品给予审美主体的教育，往往具有积极向上的感化作用，即音乐的教育功能。[1] 谁发明了音乐，我们永远不会知道。可是我们相信，最早的音乐是人类唱出的一支歌。人们一直用他们的声音表现自己的感觉——他们的欢乐和悲哀。[2] 在古希腊，毕达哥拉斯提出从音乐上治通人们的心情，并开始关注它的疗效。亚里士多德则认为音乐并不只是为着某一目的，而是同时为着几个目的，那就是教育、净化、精神享受，也就是紧张劳动后的安静和休息。柏拉图十分重视音乐教育在人才培养中的作用，他认为音乐对人的教育具有潜移默化的作用，音乐教育要比其他教育重要得多。他甚至认为音乐节奏和曲调会渗透到灵魂里去，音乐性格的善与恶会使听者的灵魂变得优美与丑恶。音乐在古希腊人的战斗中起着很重要的作用。希罗多德、普卢塔克、修昔底德和格利乌斯都有关于军乐的记载。我们知道阿利亚特（吕底亚的国王）伴随着阿夫洛斯管的乐声占领了米利都人的领土。普卢塔克记载，斯巴达人在进攻前用阿夫洛斯管吹响了"卡斯托尔歌"。色诺芬（公元前 531

---

[1] 中国教育学会音乐教育专业委员会组编；杨和平、王家祥分册主编：《音乐艺术概论》，上海音乐出版社 2018 年 1 月，第 55 页。

[2] 约瑟夫·韦克斯贝格著：《西方音乐史》，王嘉陵译，西南师范大学出版社 2011 年 11 月，第 1 页。

—前455年）描写了用作军号的阿夫洛斯管。战斗中，士兵们伴随着阿夫洛斯管的声音向前推进，"保持着秩序井然的横队"。希腊人做任何事都有一个深刻的理由（和口号）。阿夫洛斯管的吹奏者被置于不同地点，他们吹奏的序曲旨在激发士兵的斗志。[①] 德国古典哲学音乐是以声音为表现媒介的艺术形式。贝多芬如是说："音乐是比一切智慧和哲学更崇高的启示。"文艺复兴时期德国著名宗教改革家马丁·路德说："音乐是道德胚胎的源泉。"这些观点为"三韵"教学主张提供了哲学理论依据。

　　四是课程改革的精神实质。"新课标"在教学建议中提出，要"积极引导学生参与聆听、演唱……等实践活动，多听音乐……"因此，音乐课程是通过促进学生对音乐这一有组织的音响形式的感受、理解、表现和创造，来帮助他们学习用音乐作为载体进行情绪和情感的抒发与交流，同时体验和理解人类丰富的文化和历史内涵，了解音乐文化传承的内容和形式。这门课程需要通过大量的实践与审美体验，通过各种有效的途径和方式创设聆听的各种情境，引导学生走进音乐，掌握音乐的基础知识和基本技能，逐步养成欣赏音乐的良好习惯，在"声韵"达成的同时形成学生的审美能力，进而产生相应的审美情趣和审美情感，为终生喜爱音乐奠定基础。音乐艺术的情感性是极其强烈的，是胜过其他一切学科和艺术的，在音乐表达人的情绪情感的深度和广度上，也是其他载体不可匹敌的。具体表现为对音乐艺术美感的体验、感悟、沟通、交流以及对不同音乐文化语境和人文内涵的认知，在情感上得到艺术审美的满足。音乐课程目标中也明确指出，要"丰富情感体验，培养学生对生活的积极乐观态度""提高音乐审美能力，陶冶高尚情操""培养爱国主义情感、增强集体主义精神"，均从情感体验角度诠释了音乐学科的"情韵"特点。音乐所表现的抽象性情感类型需要借助有形的艺术加以显现，而具象性的艺术也需要音乐将其所表现的各种错综纷繁的情感和情绪加以概括。因此，音乐教育应该要把音乐与舞蹈、戏剧、影视、美术等姊妹艺术整合，把音乐与艺术之外的其他学科综合，紧扣音乐艺术的特点，通过具体的音乐材料构建起不同艺术门类及其他学科的有机联系，在综合过程中对不同艺术

---

　　① 约瑟夫·韦克斯贝格著：《西方音乐史》，王嘉陵译，西南师范大学出版社2011年11月，第9—10页。

门类表现形式进行比较，拓展学生艺术视野，深化学生对音乐艺术的理解。因此，"三韵"教学真正培养了学生综合审美能力，实现了音乐大课程观，有效促进了学生音乐素养的提升。应该说，"新课标"为"三韵"教学理念的提出点燃了思维火花。

五是多元文化音乐教育观。世界上有各种不同种类的音乐，每种音乐都有自己独特的风格及其产生的社会背景，不同民族、不同区域间丰富多样的音乐为我们提供了跨文化的学习，增强彼此之间的理解、和睦与合作等，这是多元文化音乐教育观的基本理念。

任何一个音乐作品都有其文化内涵与历史意蕴，诚如杨燕迪在《何谓懂音乐》一书中写道："音乐虽是一种具有鲜明独立个性的艺术语言表达方式，但它从来都没有、也不可能在真空中运行——任何音乐都是历史文化的产物，它的鸣响和运动一定承载着时代的脉搏、民族的基因、地域的风俗、历史的遗存和个人的创意。"[①] 可见，音乐是文化的重要组成部分。人的生物属性和文化一致性决定了音乐能够产生共鸣，不管人所处的文化背景相同还是不同，都可以通过文化的交流达到文化的相互理解，产生对音乐的共鸣，从而理解自己和他者的音乐文化。当然，每个人又因其所处年代、思想背景、学养程度的不同对音乐的感受与理解也不尽相同。因此，音乐教育的研究应当将音乐置于其所处的文化大背景下，以人文学科为基础，而非以西方古典美学，对人与人、主体与主体、文化与文化之间的交流和融合给予更多的关注和重视，音乐教育的人文价值才会得以彰显，音乐教育作为承载人类文化的教育才更有意义。对于小学生来说，或许对音乐的聆听、体验、认知与理解都难以涉及上述复杂的维度，但是并不代表孩子终身只能把音乐当作简单的愉悦身心的产物，这就要求音乐教育工作者要为学生理解音乐作品的内涵意蕴"铺路搭桥"，选择适切的教学手段或教学模式让学生去感知、去体验、去认知、去表现，循序渐进，最终实现与不同音乐"同频共振"，升华生命体验。因此，多元音乐文化教育观为"三韵"教学主张的形成提供了坚实的理论支撑。

---

① 杨燕迪：《何谓懂音乐》，广西师范大学出版社 2014 年 6 月，第 2 页。

第二节 "三韵"教学基本模式

在实践尝试中，我逐步清晰了"三韵"教学的方法步骤——即引导学生在直接而充分感受音响、感知乐曲的总体情绪或风格特点中积极参与哼唱、律动、游戏、图谱等一系列音乐实践活动，体验作品的速度、力度、节拍、旋律、结构等音乐要素在情感表达中的作用，从而自信大胆表现音乐，创造音乐。这样从简单到丰富，从整体到局部，从模糊到清晰，再从局部到整体，促升学生音乐素养的同时，让学生获得情感体验和生命感悟。这个过程实际上经历了感觉、感受、感知、感情、感悟的"五感"体验，层层递进，又相辅相成，达到声韵、意韵、情韵的完美融合。

例如，在欣赏人音版小学音乐教材第十册《北京喜讯传边寨》时，笔者这样引导学生：先请大家一起完整聆听作品，要求闭眼聆听，听完告诉教师整首作品的音乐情绪是怎样的。不少学生边听边自然而然地用不同的体态表现乐曲的情绪变化，这就是初听作品带来的感觉。而后分段对比聆听，进一步感知力度、速度、音色等音乐要素的变化而产生的音乐情绪变化等，做到真正理解音乐要素在情感表达中的作用。最后再次完整聆听，升华情感，享受音乐，用自己喜欢的方式表现音乐，实现二度创作。这样的情感体验，让学生很快融入乐曲所营造的情境，从而入情入境地感受、体验、表现，课堂效果令人满意。

学生的健康成长既包括其基本音乐素养的形成，也包括他们对音乐的兴趣和相应的情感陶冶、人格发展。基于对音乐教育终极目标的深度思考，经过长期教学实践和经验总结，"三韵"教学主张终于孕育成熟，并探索出基于该主张下的课堂教学基本模式——"感知→体验→认知→表现→创造"。这种教学基本模式可带领学生在音乐学习中完成每一次音乐情感体验。

感知是客观事物的表面特征通过感觉器官在人脑中的直接反映。简单地说，感知是"感觉＋知觉"。对音乐的感知是建立在听觉的基础上，或者说感知的途径是聆听，感知是音乐音响的声韵刺激。哲学的三个终极问题："我是谁？我从哪里来？我要到哪里去？"在音乐中的回答就是："音乐会告诉你我是谁，我从哪里来，要到哪里去。"音乐聆听既直接又自然地让听者获取所需要的信息。对于小学生来说，感知音乐是音乐学习的第一步，感觉知道的只是音乐学习内容的初级知识，是对音乐的个性化反应。如感知音乐总体样貌，感知音乐的情绪，感知音的高低、色彩、强弱、长短等。值得一提的是，感知总伴随着体验。

体验指亲身经历，实地领会，也指通过亲身实践所获得的经验。教育部基础教育质量监测中心首席专家、著名音乐教育家吴斌教授对"体验"做了落地性极强的诠释："体验会让学生从心理上得到认同，是发现领悟音乐价值的重要过程。体验学习要注意始终伴随着对音乐的关注和理解、思考、想象……听、唱、动、奏、想、画是体验的基本方式。如听音乐做体态律动、听音乐做游戏、听音乐感受音乐的表现手段、用乐器和乐运动、听音乐画图式、听音乐编创歌词及音乐或为音乐命名等。体验的基本规律是音乐感受。"体验是音乐学习的方法，是意韵理解的重要途径。什么是方法？洛伊丝·乔克希等如此阐述："在音乐教育上，方法（method）的真正含义也许有比较令人满意的界定……一种音乐教育所特有的综合性教学方法（更确切地说，其核心部分就是实践）……"[1]

认知，心理学上指人类认识客观事物，获得知识的活动。认知是在感知与体验的基础上经过加工消化（即对听觉事件理解）后习得的知识。认知是理性的，"我们对于听觉事件的理解依赖于我们在一个连续的信息流的'移动中'能抓住什么。我们所听到的东西不是像一排整洁的鸡蛋那样，而是像炒蛋那样出现在我们面前。"[2] 因此，听觉信息达到认知水平必须经历足够的感知与体验。

表现就是显现出来，也做表示出来的行为、作风或言论等。"新课标"提出："表现是学习音乐的基础性内容，是培养学生音乐审美能力的重要途径。教学中应注意培养学生自信的演唱、演奏能力、综合性艺术表演能力，以及在发展音乐听觉基础上的读谱能力。通过音乐实践活动促进学生能够用音乐的形式表达个人的情感并与他人沟通、融洽感情。"表现是在认知的基础上把

---

[1] ［加］洛伊丝·乔克希等著：《二十一世纪的音乐教学》，许洪帅译，中央音乐学院出版社 2006 年 9 月，第 1 页。

[2] ［美］戴维·埃里奥特著：《关注音乐实践——新音乐教育哲学》，齐雪、赖达富译，谢嘉幸、刘沛主编，上海音乐出版社 2009 年 2 月，第 78 页。

对音乐的理解用自己的方式显示出来。认知习得知识与技能，具有普遍性；表现则彰显音乐素养，丰富情感体验，具有独特性，是情韵表达的一种形式。个性化的表现融入了表现者的情感与文化背景，可以说表现也是一种初级的创造。

创造是指造出未曾有过的，亦指首次做出或首次建立。"新课标"这样描述："创造是发挥学生想象力和思维潜能的音乐学习疆域，是学生进行音乐创作实践和发掘创造性思维能力的过程和手段，对于培养创新人才具有十分重要的意义。音乐创造包括两类学习内容：一是以开发学生潜能为目的的即兴音乐编创活动；二是运用音乐材料进行音乐创作尝试与练习。"音乐是一门极富创造性的艺术，学生对音乐的感知、感受、感悟常常通过音乐创造来表达感情，继而享受音乐的情韵之美，升华情感。在这个过程中，要尊重学生的个性，鼓励学生以自己的方式表达情智。

"三韵"教学模式不可生搬硬套，割裂实施，它可以贯穿一节完整课堂，也可以在某一个教学环节中呈现，它是层层递进、循环反复、相辅相成的。不同类型的音乐课可以在"三韵"教学基本模式下采取不同的教学流程，下面以唱歌课、欣赏课、器乐课为例加以阐述。

唱歌课教学基本环节：1. 整体感知（声韵刺激）；2. 审美体验（意韵理解）；3. 表现音乐（情韵升华）；4. 能力形成（促升素养）。一首歌唱作品的风格特点并不等于形成作品各音乐要素的机械之和，而是由各音乐要素互相作用决定的，因此整体感知作品，获得对音乐的直接经验是不可少的。音响带来的直接经验会使学生产生一系列对音乐艺术美感的体验、感悟和认知等，这就是审美体验。审美体验是唱歌教学中的"命门"所在，教师无须过多说教，更不宜脱离音乐本体单纯直接以枯燥概念来解读音乐，而应通过聆听、哼唱、演奏、综合性艺术表演或编创等多种形式让学生参与体验，丰富情感。当学生接纳了这个音乐，然后运用通感能力，表达另外一种感受的时候，才能达到音乐塑造审美能力的目的。例如，湖南文艺出版社音乐教材二年级下册《小乐手》的教学，笔者以第二乐段相同节奏、模进旋律（05 | 11 11 | 1 05 | 33 33 | 3 01 | 55 55 | 5 01 | 66 66 | 6 0 | ）为切入点，用摩擦手掌、敲击凳子分别模仿小雨"沙沙"声和铃鼓"嘭嘭"声，让学生在体验中感知第二乐段的节奏、旋律；紧接着完整聆听作品，以声势律动让

学生感知情绪、节拍和乐段；继而以对比聆听、选择乐句的形式进行第一乐段的乐句划分……整个过程都在追求美好的音乐感动，引发学生的情感共鸣，学生在愉悦的环境中不知不觉接纳音乐，纷纷用自己喜欢的方式表达对音乐的感受，经历了"唱会歌、唱好歌、会唱歌"的过程，有效达成教学目标。

欣赏课教学基本环节：1. 情境导入，激趣启思；2. 整体欣赏，感知形象；3. 分段听赏，体验情感；4. 整体听赏，升华情感；5. 艺术拓展，表现创新。以《瑶族舞曲》教学片断为例，当学生整体感知第一部分主题Ⅰ旋律时，笔者用纸杯当长鼓进行× ××的节奏敲击，且辅以不同力度、体态动作表现三次主题音乐，让学生在整体感知音乐中感受瑶族特有乐器——长鼓的节奏和力度以及韵律感。在音源刺激学生感官，体现"声韵"之导的同时，把声音幻化成脑海中的画面，让学生感受"意韵"之美。最后，学生在充分感知乐曲基础上，通过各自的表现形式（拍打节奏、演唱、演奏等）表达对这首乐曲的情感，再现"情韵"之乐。这样"声、意、情"三韵合一，水乳交融地贯穿于整个课堂，其宗旨在于紧扣三维目标，发展听记和听辨能力，有效培养和提高学生感受美、表现美、鉴赏美、创造美的情趣和能力，全面提升学生的音乐核心素养。

在小学音乐教学中，常见的乐器可分为两大类：节奏打击乐器和有固定音高的简易乐器。器乐教学不是简单地学习演奏方法和技巧，而是通过演奏辅助音乐课堂教学，提高课堂教学有效性，通过演奏来表达音乐的情感，"演奏是最基本的进入音乐内部的方式"。[①] 因此，小学阶段的器乐教学要尽快与演奏简单乐曲、为歌曲伴奏或以奏代唱等结合起来。其教学基本环节（不适用于器乐教学初始课）：1. 复习旧知，熟悉技巧；2. 教师范奏，整体感知；3. 自主练习，个性指导；4. 视听交汇，感知感受；5. 学生练习，个别展示；6. 以奏体验，升华情感。以葫芦丝教学《听妈妈的话》为例，教师先复习葫芦丝吹奏要领，邀请两个学生吹奏上一节课学过的乐曲，在师生共同评价过程中明确葫芦丝吹奏时"气""指""舌"的技巧，进而背诵指法口诀，再集体复习吹奏。在充分复习旧知的基础上导出新课，教师范奏，学生感觉

---

① [美]格雷珍·希尔尼穆斯·比尔著：《体验音乐——美国音乐教育理念和教学案例》，杨力译，人民音乐出版社 2009 年 9 月，第 15 页。

感知乐曲结构、乐句特点，然后自主练习，小组讨论，提出问题。俄国车尔尼雪夫斯基在《美在生活中》强调："美感是和听觉、视觉不可分离地结合在一起的，离开听觉、视觉，是不能设想的。"教师为解决问题再次范奏，以葫芦丝的声韵刺激学生听觉，以正确的演奏姿势引导学生学习，视觉与听觉的交汇融合促进学生对葫芦丝吹奏的进一步认知。接下来再让学生自主练习，有目的地选择几个学生吹奏，互相评价，解决难点。最后拓展演奏，引导学生用同头换尾的方式为给出的音乐材料续写两小节旋律，然后用葫芦丝试着进行吹奏，看看是否通顺、好听。以奏体验，以奏拓展，这个过程是表现创造的过程，更是升华情感的过程，情韵表达淋漓尽致。

教学有法，教无定法，"三韵"教学模式可借鉴、可落地、可推广，但并非唯一，执教者应根据实际需要灵活应用。

第三节 "三韵"教学实施原则

"三韵"教学基本模式，在不同区域不同学校实践多年，并在实践中不断探索，形成"三韵"教学理论体系。"三韵"音乐教学以优质音源为媒介，引导学生积极参与丰富的音乐实践活动，探究、发现、领略音乐的艺术魅力，习得知识技能、掌握音乐语言、促升音乐素养，达到"发展音乐听觉与欣赏能力、表现能力和创造能力"的目标，实现音乐学科发展音乐思维、陶冶情操、启迪智慧、涵养美感的育人功能。那么，"三韵"教学实施原则是什么呢？

首先，立足聆听，"声韵"激发感知感觉活力。作家用不同的文字塑造形象，画家用不同的色彩表达生活，音乐家用不同的声音表达情感。不同的声音其实就是音乐要素不同的组织形式，学生只有对音乐产生敏锐的感觉感知，才能理解作品表达的情感，而这些要素不是靠语言介绍、视觉刺激，而是需要获得对音乐的直接经验，即通过以体验为前提的音乐聆听，才能感知情绪，激发审美，升华情感。

"世界各地的儿童都在很早的时候便开始在没有正规教育的情况下理解了他们所属文化的乐音。即使很小的儿童也学会了如何区分他们的乐音和其他声音、如何识别和记忆熟悉的音乐模式，如何准确说出他们的音乐何时开始、何时结束、何时重复。换言之，多数儿童似乎通过反复的和随意的接触音乐声音模式获得初级水平的聆听素养（或音乐聆听的实际知识）。"[①] 音乐具有弥漫性特点，不受地域与时空限制；但是音乐只有通过聆听才能体现审美价值，所以才有"音乐是听觉的艺术"之说。"一支歌、一段钢琴曲，只'存在'于我们听到，我们听到它们的时候，随后它们就消逝了，而一座雕像可以被人们的眼光注目几千年。仅仅在 100 年前，世界上还没有留声机、录音机、收音机和自动唱机。从前的人无法像今天的人那样，按一下按钮或转动一下旋钮，就能听到音乐。"[②] 即便如此，以审美为中心的音乐，不同国家、不同地域、不同民族、不同时代的音乐，均能靠着听觉传承、发展与创新。可以说，音乐只为听觉而存在。因此，"三韵"教学首先要立足聆听，广泛聆听不同体裁作品，积累听觉经验；带着问题聆听，教师的讲解、提示力求简明生动，富有启发性。要尊重学生的独立感受与见解，鼓励学生勇于表达自己的审美体验，以利于激发学生听赏音乐的兴趣，逐步养成聆听音乐的良好习惯，积累感受与欣赏音乐的经验。贝多芬失聪后能够继续创作的原因众说纷纭，但是公认的一点就是，贝多芬的创作天赋表现在他丰富的内心听觉和音感，他并非天生耳聋，所以他在创作前期积累了大量的听觉经验。需要强调的是，所有的听觉客体——音乐，必须是优质上乘的。

其次，依托实践，"意韵"直抵音乐内涵。学生音乐学习的本质其实就是音乐艺术的实践过程，音乐教学的各个领域都应强调学生的艺术实践，从而让学生从音响感受、文化认知和情感教育三个方面获得审美体验。因此，"三韵"教学只能在音乐实践中开展和深化。教师要因地制宜、视学情积极提供聆听、演唱、演奏等不同形式的实践活动让学生参与体验，并从"三韵"的目标出发，设计循序渐进的活动要求，引导学生在不知不觉中接受音乐的洗礼，获得审美体验的同时陶冶情操。音乐是用来听的，音乐何须教？达尔克罗兹的体态律动充分说明了音乐实践活动是学生感知音乐、理解音乐、表现音乐的金钥匙。在达尔克罗兹这个教学体系中有这么一种体验方式："当在音

---

① ［美］戴维·埃里奥特著：《关注音乐实践——新音乐教育哲学》，齐雪、赖达富译，谢嘉幸、刘沛主编，上海音乐出版社 2009 年 2 月，第 90 页。

② 约瑟夫·韦克斯贝格著：《西方音乐史》，王嘉陵译，西南师范大学出版社 2011 年 11 月，第 1 页。

乐进行中不规律地出现一个不和谐的音程时，学生听到后必须马上改变原有动作的方向、力度或速度。这就要求学生必须充分地注意倾听音乐，并立即做出反应。这种反应既包括心理反应，也包括肌肉的动作，可以是节拍变化，也可以是音调变化。当一个特殊信号出现时，学生必须停止原来的动作，并默数拍子（从一拍到四拍或更多），然后重新开始动作。这是一种内心听觉和内心节奏的训练（默默数拍子的时候，常常会越数越快）。"① 这种体验方式丰富了学生的情感世界，摆脱了速度、力度、节拍、音调等音乐要素与音响分离的窠臼，让学生在本能的身体反应中感受音乐的意韵美。"这样使音乐音响刺激听觉，产生印象，再以动作充分表现出音乐，即从印象产生概念，最后再通过音乐符号把概念具体化为理性的知识。"②

　　当然，体验音乐的方式很多，这里不再细述。《逻辑思维》栏目里有这么一段话："有一位搞音乐教育的老师讲，培养小孩子听音乐，千万不能用大人那一套，讲解什么音乐的主题、创作背景、思想内涵，什么贝多芬的《第五交响曲》就是命运在敲门……这些东西都是概念，小孩子很难有接受概念的能力。那怎么办？你可以给孩子放一段音乐，然后问他，这段音乐是什么颜色的？是蓝色的，还是白色的？是什么味道的？是咸的，还是甜的？当孩子接纳了这个音乐，然后运用通感能力，表达成另外一种感受的时候，这段音乐就真的在塑造他的审美能力，这对他将来写作、表达，都有巨大的帮助。你看，学习有两种模式，一种是从信息到概念，然后储存。另一种是从一种感受到另一种感受，然后输出。后一种学习方式，就是我们经常说的，让知识穿过身体，它也会成为你的财富。学习艺术，是通过表达感受提升审美的方式。"

　　第三，张扬个性，"情韵"实现以美育人。音乐是一种高级的、社会性的审美艺术，必须以相应的声韵感知能力和意韵想象能力为基础来理解音乐作品的声韵美、意韵美和情韵美，才能学会欣赏，引起相应的情感共鸣。教师在"三韵"教学中要引导学生通过把握作品的内涵，在"接受优质音源—内

---

　　① 雷嘉：《国外音乐教育体系及其在我国的本土化探索》，中国水利水电出版社2017年10月，第7—8页。
　　② 雷嘉：《国外音乐教育体系及其在我国的本土化探索》，中国水利水电出版社2017年10月，第12页。

化产生意象—外化表达情感"这样一个过程中来感受音乐、理解音乐，在欣赏和表现中感受和激发情韵表达，实现以美育人。但是，因为个体性格、思想内涵及文化修养等多方面的因素，每个人对音乐的感受理解、表现形式不尽相同，就像一千个读者眼中有一千个哈姆雷特一样。因此，要升华学生情感，丰富学生审美体验，促发情韵表达与熏陶，教师应该尊重学生的审美感受，并鼓励学生积极、大胆、自信地用自己喜欢的形式表达自己对音乐的感受与见解，在情感共鸣中完成作品的"二度创作"，实现音乐创造，彰显音乐课程在潜移默化中培育学生美好情操、健全人格和以美育人的功能。

最后，拓展综合，"三韵"教学促升音乐素养。音乐与人类的社会生活、各种文化艺术有着密切的联系，而学生对音乐的感悟很大程度上取决于姊妹艺术甚至其他学科的积累。因此，"三韵"教学应与其他艺术实践紧密联系，有机融合。一节音乐课，不能只满足于教唱一首歌曲或者欣赏一个作品，教师应该优化整合课程资源，关注学科资源综合，利用音乐素材建构起与其他门类艺术甚至其他学科之间的有机联系，拓宽学生艺术视野，为学生理解音乐、表现音乐提供广阔而自由的空间，真正实现涵养音乐品格，促升音乐素养。

"三韵"课堂是笔者的教育追求，在音乐教学的道路上，笔者将不断实践探索，留下清晰的足迹。"三韵"教学基本模式"感知→体验→认知→表现→创造"在一定范围上影响着致力于教学改革的广大教师们。这些成果对于教师树立正确的教育观、学生观与课程观有着深远的意义。在实践中，笔者越来越感受到具有"三韵"教学风格的课堂深深吸引着孩子们，他们在课堂中通过初步感知，情感体验，提升认知，从而表现出的对艺术的鉴赏力与创造力让人欣喜与惊叹！当然，日益成熟的实践经验也引发了笔者的反思：

1. "三韵"之间应相辅相成，不可割裂。教师要真正理解"三韵"内涵特点，切忌教学中生搬硬套，盲目割裂。

2. 不同地域的"三韵"教学侧重点应有所不同。不同地域因文化不同，校情、学情以及师资配备等情况不同，学生的学业水平也不尽相同，教师在融合"三韵"的同时应有所侧重。

3. "三韵"教学应立足情感体验，让学生对音乐产生更加浓厚的兴趣。随着互联网、人工智能的迅猛发展，我们将积极探索"三韵"教学与信息技术的深度融合，进一步充实完善"三韵"教学理论体系，特别是优化"三韵"教学模式的具体落实，让"三韵"教学成果影响社会，成为社会先进文化的助推力。

第三章 "三韵"教学主张孵化

20世纪90年代以来,素质教育成为教育改革的实践目标。所谓素质教育,是指以全面提高人的基本素质为根本目的,以尊重人的主体性和主动精神,接纳不同人的性格为基础,注重开发人的智慧潜能,注重形成人的健全个性为根本特征的教育。这种教育需要全新的教育理念。教育理念往往是教育主体在教学实践及教育思维活动中形成的对"教育应然"的理性认识和主观要求,它是教育主体"相信"的而未必是清楚地"意识到"的东西,因此具有"根深蒂固"的特点。我曾热衷于自己的一点小成绩,而不屑于教育观念的更新与教育理论的学习。我也曾为自己在课堂上教会学生唱一首首儿歌而欢欣鼓舞,以为达成了所有的教学目标,却不知道一场深度教育教学革命已悄然在身边兴起。伴随着这场伤筋动骨的革命,我如梦初醒,音乐教育"韵"味乍起。

第一节 且行且思 生发课"韵"

随着素质教育的不断推进,修得一门艺术特长被认为是提高素质的必经之路,学校开设各种兴趣小组,各种艺术类培训机构更如雨后春笋,艺术类赛事盛况空前。我似乎是一夜被春雷惊醒,也投入了这滚滚浪潮中,兼职任教校本课程——古筝兴趣小组,算是利用自己的特长指导培养了一批又一批的艺术特长生,积累了一定的器乐教学经验。素质教育的春风唤醒了我沉睡的教育神经,彻底点燃了我的教育激情,而正是这种激情触发了音乐课堂教学"韵"的生成。

一、古筝艺术弥漫"韵"之氤氲

古筝，作为中华民族的艺术瑰宝，由于其音色优美、典雅，音韵委婉、流畅，表现力丰富，雅俗共赏，正越来越受到国人重视，成为弘扬民族文化和开发少年儿童智力首选的民族乐器。这对弘扬民族文化、推动传统文化起了很好的作用。同时，它使音乐艺术净化心灵、陶冶情操、启迪智慧、情智互补的作用和功能得到有效的发挥，有利于学生养成健康、高尚的审美情趣和积极乐观的生活态度，为其终身热爱音乐、热爱艺术、热爱生活打下了良好的基础。那几年，我奔波于赛场，沉浸于音乐会，对如何进行古筝集体教学和培养学生的乐感（即表现作品的意韵，表达自己的情感）开始有了试探性的思考：音乐学科的本质到底是什么？应该教会学生什么技能，又该给予学生什么样的审美熏陶？于是，我以古筝教学为实验田，和学生一起徜徉在古筝艺术的殿堂里。

古筝因其制作原理和技法机制形成了独具特色的悠悠古韵之声响，筝音的韵律与韵味是古筝的灵魂，这种半明半昧、回味悠长的"韵"如何在演奏者手下生发流淌，是古筝教学中的一大课题。几年来，我力改传统重"技能"轻"乐感"的指导方法，在夯实基本功的基础上注重体验音乐美，提高学生对音乐的感知能力，即以内心的音乐带动技能技巧，当学生具备了过硬的基本功，就好比拥有了一粒粒圆润、饱满的珍珠，用一根细线串起来便成了一条光彩夺目的项链。这条细线就是作品的灵魂，串结的过程就是引导学生感知表现古筝的古朴、典雅和唯美以及表现音乐的过程。为了让学生淋漓尽致地表现乐曲，可以从以下几方面入手。

1. 明确作品的音乐情绪

每一个作品都有自己的艺术风格、音乐形象，如果学生不明白作品所体现的思想感情，那么，演奏出的声音是没有生命的。俄国文学家托尔斯泰说："在自己心里唤起曾经一度体验过的感情，在唤起这种感情之后，用动作、线条、色彩、声音以及言辞表达的形象来传达出这种感情，使别人也能体验到同样的感情——这就是艺术活动。"要体会古筝的独特韵味，要演奏好一首乐曲，不但要有演奏乐曲所具备的高超的演奏技巧，还要在心理和审美意识上具有很好的音乐想象力。音乐想象力也多种多样，如意象的、抽象的、具象的、图像化的、事件性的、过程性的、场面性的、结构化的等等，因人而异。任何想象都是无可非议的，想象越丰实，发掘音乐内涵深度的可能性就越大。而要培养学生的想象力和审美意识就应该营造一种审美的情境，把抽象转向具象。

以教学人教版五年级下册《渔舟唱晚》为例。教学过程中，我先放了一段演奏录音让学生听音乐想象，并讨论想象的情景。在教师的启发下，学生描述道：这是一幅夕阳西下时，渔翁在如画景致中荡桨归舟而悠然低吟，满含丰收喜悦、百舟竞归的画面。更有优秀的学生引经据典，引用了唐代王勃《滕王阁序》中的经典名句"落霞与孤鹜齐飞，秋水共长天一色。渔舟唱晚，响穷彭蠡之滨"来描述，这正与娄树华创作本曲的意境不谋而合！此时学生已然入境，情感带动音乐也水到渠成。

2. 养成正确读谱的习惯

很多学生学习新曲时，喜欢聆听范奏，其有利也有弊。利在熟悉旋律，避免产生节奏上的错误；弊在动手练习时有相见如故的感觉，看谱就像走马观花，对表情记号、指法等视而不见，甚至产生音区上的错误，所以要让学生认真看谱，一个符号都不能忽略。可以表扬读谱认真的同学，以树立榜样，也可采取背写乐句的办法培养学生认真看谱的习惯。当一个学生能根据乐曲谱面上的提示演奏时，说明音乐符号不再是学生机械掌握的知识，而是已经形成学生的音乐素养，学生的演奏也已接近作曲家所要表达情感的边缘了。

3. 看谱与背谱相结合

弹奏乐曲时，要通过"看谱—背谱—再看谱—再背谱"这样的过程反复练习，以达到完美表现音乐的目的。看谱演奏能注意乐曲的各个方面，在把乐曲弹奏熟练的基础上，为了表现音乐的更高境界，还需要背谱演奏。一味地看谱，不容易做到音乐的融会贯通；一味地背谱，随着时间的推移，更不容易把音乐表现完美。要反复多次地看谱练习和背谱练习，做到技巧上的准确无误和更好地再现作曲家真实的艺术情感，引导学生主动去接受去构建自己对音乐的感知体系。

4. 提倡个性的融入

如果一个学生只一味模仿他人的演奏，充其量只是前人的再版，不可能在音乐路上走得更远。托尔斯泰说："如果学生在学校学习的结果是使自己什么也不会创造，那他的人生永远是模仿和抄袭。"所以培养学生的创新精神，让学生在演奏中融入自己个性化的东西，是至关重要的，是激活音乐的源泉。我在教学中时常这样提问："你觉得她弹得怎样？你想怎样表现音乐？"因为有了这样让学生大胆想象、自由处理的氛围，所以一些乐句的处理常常存在着争议。如《孔雀东南飞》的教学，其中两句典型的句子：句头强，表示主人公奋起抗争，句尾弱，表现封建社会下的妇女缺乏顽强的、持之以恒的抗争精神，即使怒而奋起，也是虎头蛇尾。有学生提出不同意见，这两句处理成一句强一句弱，同样可以表现主题。毋庸置疑，这个学生的建议合乎音乐。就在这样的争议中，学生的演奏日趋完美。

5. 恰到好处的范奏

儿童是善于学习与模仿的。音乐的学习正好需要学生通过鉴赏音乐的优劣和模仿优秀的声音控制及音色变化来培养感知音乐和想象音乐的能力。根据前苏联教育家维果茨基提出的"最近发展区"理论，对于优秀学生来讲，教师的演奏甚至名家的演奏可以成为他们的最近发展区。而对于感悟能力相对比较薄弱的学生来讲，优秀学生的演奏，对于他们来说不是那么遥不可及，也成为了他们的最近发展区。因此，教师在指导学生弹奏时要根据学生演奏的程度采取不同形式的范奏，但要注意度的把握，切忌让学生产生依赖。可以视奏和范奏相结合，以培养学生的视奏能力。当学生的演奏技巧达到一定水平时，教师可以利用语言、体态渲染一种气氛，引领学生"走"进音乐的情境，从而更准确地表现音乐。这样在师生间、生生间分层次树立榜样，从而促进每一个学生的发展。

多年的古筝教学让我积累了一定的器乐教学经验，特别是为探究技巧与乐感的关系，重新审视音乐课堂中知识与技能的学习提供了思考的方向。技能技巧是支撑，只有掌握技巧才能发出正确的音响，因此，音响是基础，而只有体验音乐美并融入个性表现的演奏才能呈现音乐的生命力。"音乐是一扇通向人们创造和形象思维的窗口，孩子从小受到良好的音乐教育，尤其是通过学习各种乐器，就会使他们较快地找到打开这扇窗户的钥匙。"[①] 古筝是雅俗共赏的乐器，可作为音乐课堂教学的补充与延伸让学生学习。

---

① 但昭义：《钢琴教学与辅导》，人民音乐出版社 2004 年 1 月，第 1 页。

筝声筝韵，自有筝情。"拖、劈、抹、挑、勾、剔、摇、滑、扫、颤、撮"，旖旎的技法使古筝奏出富有魅力的音色，形成古筝这个乐器特有的"韵"，这是古筝最为吸引人之处。熟练掌握古筝的演奏技巧才能表现音乐，而行云流水般的音乐又能起到带动技巧的作用，二者相辅相成，缺一不可，可以说技巧与乐感的相互融合形成"韵"的潜能。

二、把脉有"音"无"乐"课堂

古筝教学虽然形式内容有别于音乐课堂教学，但是针对音乐本体性的教学理念是相同的，这种理念潜移默化着我的音乐课堂教学，只是在教学行为上还未找到明晰的方向。那一段时间，我特别喜欢赛事或音乐会后的专家点评，因为每一次的点评不仅促发我思考，更鞭策我对标自评古筝教学效果，其间两个案例引发我从"音"延伸至"乐"的思考，初次将研究"韵"的触角指向音乐课堂教学。

案例一：某赛场，一个学生在尽力演奏着一首高难度的协奏曲，评委和听众都为他捏着一把汗。一曲终了，评委在意见栏里写道："两个黄鹂鸣翠柳，一行白鹭上青天。"短短一句诗评令人初看之，面露喜色，再看之，晴转多云，细品之，乌云密布。"两个黄鹂鸣翠柳"，知其所云？不知也！"一行白鹭上青天"，飞向何方？不知也！该参赛选手十指飞动，音如磐石，按业内人士所言，技巧娴熟，却是十足的弹琴匠，只有声音，没有音乐，即有"音"无"乐"，有"声"无"魂"，所以难以扣人心弦，难以激动人心。

案例二：某音乐会，小提琴演奏正在进行，弓走声起，小提琴协奏曲《梁祝》从演奏家的指间缓缓而泻，如诉如泣，流淌出沉重、苦涩、哀怨、悲恸的乐声，那一刻，一切复杂的情绪得以融释，任曲调搓揉心胸，任音律冲撞心灵……"草桥结拜""三载同窗""十八相送""楼台相会""化蝶永伴"，几个场景随声入画，让人身临其境，欲罢不能。曲终，全场宁静，片刻后便是雷鸣般的掌声。再看那演奏者，意犹未尽，依然张弓挺立着……

两个案例给我的反思是深刻的。音，是物体通过振动而发出的声响；乐，是音的灵魂。有音无乐，琴匠也，而非艺术家，如同那两只黄鹂，叽叽喳喳，叫个不停，人们却不知其所云。内心有乐者也需努力练习，并讲究方法，方可音、乐并存。音、乐并存，方为艺术。所幸，我在古筝教学中已经注意到学生乐感的培养，并特别重视以体验音乐带动技巧，力求呈现出古筝艺术的魅力，即达成音与乐的并存。

可是，我的课堂教学是否做到"音""乐"交融呢？我开始反思，同时查阅材料，学习理论，深入一线，广泛听课，对当时的音乐教学现状进行了扫描与分析，发现许许多多的课堂依然延续口口教唱，教师唱一句，学生跟一句，还有填鸭式的讲解知识，整齐划一的打击乐器伴奏等。看似热热闹闹，实际上学生除了会喊唱几首歌、记住几个音符，能够随着音乐拍拍手、跺跺脚，还掌握了什么？我请教专家剖析现状成因，存在问题归纳如下：

1. 功能异化

音乐教育的主要目的是为了提高受教育者的艺术审美修养，为学生提供审美体验，陶冶情操，启迪智慧，开发创造性发展潜能，提升创造力，而非通过音乐教育实现理性的、针对行为规范或道德观念层面的德育功能。音乐是感性的，是从内心情感入手，获得精神层面的愉悦感。纵观广大一线教学，音乐教育往往丧失了自身的本质特征，音乐教育没有艺术性，存在着一种异化现象，即音乐教育的德育化、智育化问题。有的教师在课堂教学中"借助"音乐艺术的形式进行大量的思想政治教育，更有甚者，在教案检查过程中明确要求教案必须体现思想品德教育内容。于是，"假大空"的教学目标出现了。一曲《我是少年阿凡提》成了保护花鸟树木的教育载体，围绕如何培养学生的环境保护意识成了这一节音乐课的重点，教师反复强调"谁要打鸟儿，谁要捉青蛙，谁要折断花和树，我可对他不客气"这一句要带着果断的情感，用渐强的力度来唱，特别是切分节奏，要加重语气……呜呼！这种重德育、轻体验的现象完全异化了音乐的功能。音乐具有一定的辅德功能是音乐的审美功能所派生出来的，音乐教育的智育功能也不是音乐能直接开发学生智力的，它是通过音乐审美这一中间环节来实现的。音乐教育必须是独立存在的，它以其独特的艺术魅力伴随着人的发展。

2. 课程窄化

音乐课程内容包含四个领域：感受与欣赏、表现、创造、音乐与相关文化。据观察，一部分教师除了勉强完成"表现"这一领域的内容外，其他领域几乎忽略，音乐课就停留在教唱几首歌曲，兼职教师则把音乐课做为劳逸结合的手段之一，完成语文或数学学科作业后，播放教学光盘让学生自我欣赏。许多教师坦诚告知，欣赏课不会上，不敢上，或者忽略，或者走过场式地播放光盘。至于教材上的创造活动等其他领域，几乎是一种摆设，这就造成了音乐课程内容的窄化现象。

除了课程内容窄化，还存在教学目标窄化。许多音乐课把唱歌教学当成了教唱歌。一堂课一首歌，教师教学生唱、个人唱、小组唱、集体唱，男生唱、女生唱，铃声没响接着唱。这样的教学方式虽然也让学生唱会了歌，但没有唱好歌，唱歌教学中所应进行的音乐教育没有了，审美体验也没有了。音乐课上有了响亮的声音，却没有了好听的音乐，学生成了喊歌的工具，也就永远做不到"会唱歌"。

3. 过程淡化

"为茧破蝶"的故事给了我们极大启示。一只破茧而出的蝴蝶，必将经历一番黑暗中的痛苦历程，这是一曲绚丽蝶舞的哀鸣前奏，同时也是成长成熟的必然征途。没有任何外界的力量可以助她超脱，一切只能凭借自己。如果你心存怜悯帮她破茧而出，蝶很快就会死去。这个故事告诉我们经历过程的重要性。音乐教学同样需要经历过程，这个过程就是音乐体验的过程。而在课堂教学中，我们时常发现这种体验的缺乏，讲授的累赘。

以四三拍子学习为例。有的教师一出示课题就直接告诉学生这首歌曲是三拍子的，它的强弱规律是"强弱弱"，然后用身体动作表示"强弱弱"，接着就用这样的动作表现音乐……音乐是听觉的艺术，所有概念的形成是从音响上得来，而非文字描述。只有从音响上形成的感知感觉才是音乐体验，即审美体验。当然有些概念需要文字描述与音响相结合，但终归离不开音响。所以，音乐基本知识的教学应立足于聆听，让学生获得对音乐的直接经验和情感体验后才能习得知识技能。

4. 内容泛化

一是片面创编教材。创造性使用教材的前提本应基于对教材的科学理解和灵活把握，但不少教师却盲目冷落教材、超越教材，海阔天空创编教学内容。二是在课堂教学中忽视了学生对教材的理解，偏离文本而大谈从网上查阅到的资料，教学活动失去了体验与认知的支撑，教材只是文本，不是音乐。三是重点抓而不准、难点突而不破。课堂教学中把握重点、突破难点，是提高教学效果、实现有效教学的基本保证，否则往往会事倍功半，难以有效达成教学目标。但有些教师尤其是新手教师在教材钻研上浮于表面，整堂课眉毛胡子一把抓。如某教师对人音版二年级上册《金孔雀轻轻跳》的导入教学就可见一斑：教师先出示一幅舞蹈图片，问舞蹈中表现的是哪种动物？然后出示孔雀图，讲解傣族吉祥鸟孔雀的形态特征，由此导出"欢迎来到美丽的孔雀之乡——傣族"！紧接着先后出示图片介绍热带雨林植物、傣族竹楼、泼水节、大象、象脚鼓……可谓色彩斑斓，学生较为兴奋，甚至有学生举手介绍傣族旅游的经历。至此，上课时间已过25分钟，未闻音乐之声，此为过程泛化而重点不清。四是在课堂教学中教师过于注重表面形式，忽视了音乐本体价值和审美功能，音乐教育出现了非音乐性的倾向。五是机械枯燥的训练与学习，逐渐使学生丧失了音乐学习的兴趣，没有了创造与表现音乐的想象力与愿望，其危害是显而易见的。内容的泛化导致音乐教学难以达成预设要求。

5. 效益低化

许多教师片面理解甚至歪曲课改精神实质，认为热闹、活泼、使用精彩的课件以及创设生动的情境就是一节好课的标志。在音乐课堂中，情境教学法是通过创设一种与教学相似或相应的情境进行教学的方法，确实可以深化学生对音乐的体验，适当运用媒体课件也可激发学生学习的兴趣，为达成教学目标铺设捷径。但是，盲目创设情境，为利用多媒体而制作课件，无疑是追求形式，忽略实质，画蛇添足而导致课堂效益被低化。如某教师在人教版四年级下册《木瓜恰恰恰》的导入教学情境创设时这样说："同学们，印度尼西亚的水果可多啦！走，跟老师一起去那儿的水果市场看看都有些什么样的水果。"教师富有煽动性的语言把学生"带"进了印度尼西亚的水果市场，随即课件出示琳琅满目的水果，学生垂涎欲滴。教师继续说："谁能模仿卖水果的商贩吆喝几声以招揽客人呢？"学生各自根据自己的生活经验"卖"起了水果，如："我家的葡萄世界一流，快来尝尝吧！""免费免费！免费品尝番石榴！"……学生的创设五花八门，现场气氛异常热烈，可是这样的情境创设对歌曲学习无疑是低效的，因为它偏离了音乐课的本质属性，课堂再热闹也无声韵之美。

综上所述，功能异化、课程窄化、过程淡化、内容泛化、效益低化直接导致有"音"无"乐"、重"声"淡"赏"、"声"多"情"寡现象的出现，这些现象让音乐失"韵",遏制学生音乐审美能力的形成,制约学生音乐素养的生长。

三、应"韵"而生的"体态律动法"

仔细分析有"音"无"乐"课堂的原因,主要还是因为许多教师的教学多沿袭以教师为中心的单调跟唱、听唱、机械模仿等传统教学模式。虽然音乐具有弥漫性的特点,但是这种被动倾听的教学割裂了三维目标,使得音乐课堂枯燥乏味、沉闷,学生喜欢音乐却厌烦上音乐课。如何改变这种现状呢?我认为,音乐教学需要学生参与音乐实践活动,方可获得对音乐的直接经验和情感体验。时逢我任教低年级音乐,于是低年级"体态律动法"走进了我的教学视界。

1. "体态律动法"的内涵

"体态律动法"是瑞士著名作曲家、音乐教育家爱弥尔·雅克·达尔克罗兹首创。他认为,音乐本身是以听觉经验为基础的,音乐教育应完全立足于听,要注重训练学生时刻敏锐地、有效地利用听觉,把身体各部分作为表达音乐的乐器,把所听到的音乐的各种表现要素及内心感受用各种动作表现出来。"体态律动"从狭义来说,是指人随着音乐的旋律和节奏做有规律的肢体动作,如拍手、摇头、跺脚、摆动身躯等。对于中低年级的学生来说,随着音乐舞动身体是一种天生的自然反应,意味着对节奏、旋律的感同身受,比透过语言传达后所产生的动作更细腻、贴切。教师要因势利导,在音乐教学中有效利用学生的律动本能,以激发学生的学习兴趣,充分调动学生的学习积极性,培养其音乐节奏感和动作协调性,逐步提高学生对音乐作品的理解和感受力。

2. "体态律动法"的实施策略

首先,体态律动能感受音乐,唤醒本能。由于学生有跟随音乐律动的本能,让学生初次聆听乐曲时,教师只要进行简单的律动示范(点头、拍手、跺脚等),再辅以能表达相应音乐情绪的面部表情(微笑、悲伤、愤怒等),大部分学生就能自发律动,一小部分节奏感稍差的学生也能在集体律动氛围的影响下融入其中。

如某教师教学人音版第一册《摇篮曲》,在学生初听音乐时,教师轻柔地抚摸倾听中的学生，面呈安详幸福，随着节奏轻轻摇晃上身……流畅舒缓的旋律，恰如其分的身体语言，轻轻地拨动着学生的心弦。在此情境下，有的学生情不自禁自主模仿参与，跟着教师按节奏摇摆身体，一脸陶醉，甚至不由自主地发出感叹"真好听呀"……让学生随着音乐律动，诱发其潜在音乐素质，同时也能引导学生进入良好的学习状态。与《摇篮曲》的节奏舒缓不同，人音版第二册歌曲《一对好朋友》旋律活泼，节奏密集，学生初听乐曲时就能有节奏地自发拍掌、点头。这样的旋律是学生情感的自然流露，极富童趣，也为教师的进一步律动教学埋下伏笔。

其次，体态律动也能引导想象，表现音乐。"新课标"要求"根据中低年级学生的身心特点，从音乐基本要素入手，通过模仿，积累感性经验，为音乐表现和创造能力的进一步发展奠定基础"。针对低年级学生好奇、好动的特点，教师在唤醒学生律动本能的基础上，要进一步引导学生想象，启发其产生联想，进行体态律动的创作。

如《摇篮曲》的教学，在学生初步感知此曲的意境后，教师可进一步进行情绪渲染，用简洁、准确、富有启发性的语言介绍作品的特点、歌词大意等，揭示音乐的思想性、艺术性，以激发学生的想象力。教师引导学生回忆幼时和身边的情景："大家还记得小时候躺在妈妈怀里时的感觉吗？见过邻居阿姨哄宝宝睡觉吗？见过摇篮吗？怎样摇，宝宝才会舒服呢……"一连串的问题抛出后，学生争相发言，有的说躺在妈妈的怀里很舒服，很温暖；有的说妈妈会轻柔地唱着歌，缓缓地拍着她；有的说慢慢地、轻轻地一下一下地摇着摇篮，宝宝很快就睡着了……在学生回答时，教师用体态动作予以诠释，一部分学生也跟着蠢蠢欲动。接着教师让学生复听乐曲，并提出要求："把你听的感受用动作表达出来。"学生很快就陶醉于音乐，或轻轻地"摇"着"摇篮"；或轻柔地"拍"着"宝宝"；或微闭双眼陶醉在"妈妈的怀抱"中；或幸福地摇晃着身体……学生以轻轻的律动生动地表现乐曲安静、舒缓、甜美的意境，说明其对摇篮曲的力度、速度及情绪等有了感性认识，这就为接下来的歌曲教学打下了良好基础。

3. 实施"体态律动法"要注意的问题

第一是联系实际，循序渐进。小学低年级学生还是以形象思维为主，因此教师要选择符合学生年龄特点和实际水平的乐曲，注意循序渐进，从直观的事物到抽象的概念，从情感的外露到含蓄的表现。特别是前期，应选择与日常生活联系紧、节奏鲜明、易于理解表现的乐曲。而对于一些民族音乐，因地域、民风的不同，音乐的艺术形象别具一格，学生限于生活积累难以理解，这就要求教师在学生律动前对作品的特点予以适当介绍。如人音版第二册《彝家娃娃真幸福》，教师可先利用多媒体课件让学生了解彝族风情、彝族舞蹈等，然后进行律动教学，才能突出主题。

联系实际还表现在联系学生的实际，学生的个体差异要求教师要因材施教，对程度好的班级应多提供学生自主创编的机会，稍逊色的班级教师除了自身示范，还可充分发挥优生的带头作用。让学生在满足表现欲和获得成功的过程中，逐步提高感知、感受、理解、表现音乐的能力。

第二是鼓励参与，不拘一格。达尔克罗兹认为，学生不论音乐基础优劣，年龄大小，都适合上体态律动课。因为体态律动不是舞蹈编排，并不需要优美、潇洒，它追求的是自然放松，目的是让学生把握节奏，通过身体动作体验音乐的速度、力度、节奏变化等，达到利用听觉获得轻松、协调自如的节奏感，最终愉悦身心。因此，教师不能过高要求或过于限制学生，要保护低年级学生纯真的音乐情感，即"保护和鼓励学生在音乐体验中的独立见解"，让学生积极参与，全员参加，自由发挥，不拘一格。

如在人音版第四册《蜗牛与黄鹂鸟》这一课的律动创编环节，有的学生弯腰弓背，有的扭腰扭头，有的用矿泉水瓶装上沙子当沙锤，有的用两支铅笔互敲……仅有一个性格内向、平时沉默寡言的学生始终坐在座位上，用右手摸着左手的掌背，轻轻地、慢慢地往手臂上移，直到曲终。有学生说："这首歌是欢快的，你动作这么慢，错了！"他却"语出惊人"："我把左手当成葡萄树，右手模仿蜗牛的动作，虽然慢，但坚持到底就是胜利！"这个平时乐感相对比较弱的学生能积极参与，并用自己的方式来表现音乐，确实难能可贵。于是，我立即给予肯定和鼓励，他眼中流露出成功的喜悦，此后的音乐课都能参与活动，学习信心渐增。

体态律动也叫"和乐动作"，主要是由身体对音乐做出的反应练习组成的，在教学过程中打破传统的坐着不动的教学模式，可以帮助学生通过整个身体的反应对节奏等一些音乐要素进行体验。体态律动是达尔克罗兹教学法中最著名、影响力最广泛的组成部分，它集中而充分地表现出了达尔克罗兹的音乐教育思想。"体态律动的主要目标是要做到在一堂课结束时,学生不是说'我知道',而是说'我体验到',进而丰富了学生们的情感世界,并且也能迁徙到他们日常的生活中去。"① 当时的我虽然在课堂上初步尝试了达尔克罗兹的体态律动教学法,并深受学生喜欢,但时隔多年,今日回味,却有所偏颇。"节奏训练是体态律动的中心,达尔克罗兹归纳出了30多种基本节奏因素,其中主要包括时间—空间—能量—重量—平衡作为基本的定律与要求,还包括了音乐的速度、力度、单声部曲式(乐段、主题、主题与变奏等)、切分、对位曲式、赋格、复合节奏等。"② 而那时的我,只了解了体态律动教学法的皮毛,未达精髓,因此在教学法应用时仅停留于片面尝试,如随音乐而动表达相应的速度与力度,手臂的画拍动作、卡农练习等,但是这种尝试至少让我触摸到了学习音乐的门道——体验音乐。

"体态律动法"是肢体与乐声依律而动,物化了音乐表现,达到声、意、情自然和谐效果,以实现"韵"的升腾。

或许"韵"是一种缄默知识。其实"韵"的美轮美奂我能充分感受到,但又显得虚幻,看不见摸不着,哪里来,哪里去?这让我一度陷入茫然。洛克威尔曾说:"真知灼见,首先来自多思善疑。"年轻时的我也是多思善疑的,我常常不断反思自己的课堂,不断质疑自己,从而打破自己,但有破必有立,我又该立什么呢?那时的我又因为眼界的局限以及教育理论的匮乏,而常常陷入教学的迷茫中。我极力想重塑自己的音乐课堂,又苦于没有名师点拨迷津;我隐约感觉自己的课堂还有很长的一段路要走,却又找不清前进的方向;我似乎触碰到了那一根最接近音乐学科本真的琴弦,却怎么也奏不出扣人心弦的乐章……

如此反反复复,寻寻觅觅,直到2007年末至2013年间,我有幸先后参加了福建省农村骨干教师培训、福建省学科教学带头人培养对象以及全省艺术骨干等多场培训,各种先进的教育教学理念恍如一道道绚烂的阳光逐渐驱散了我眼前的重重迷雾,照进了我的音乐教学课堂。我拍下自己的教学录像,

---

① 雷嘉:《国外音乐教育体系及其在我国的本土化探索》,中国水利水电出版社2017年10月,第6—7页。

② 雷嘉:《国外音乐教育体系及其在我国的本土化探索》,中国水利水电出版社2017年10月,第6—7页。

一遍遍反观自己的课堂教学，发现不足，寻找症结。我很清楚，当时的自己更多的是靠教学激情让学生喜欢上我的音乐课，课堂上气氛生动活泼，师生关系融洽和谐。"体态律动法"的使用也让我的教学开始聚焦音乐本体，但我是否真正深入研究音乐学科的本质特点呢？这是我以前从未思考过的，甚至没有真正静心审视过自己一直所钟爱并且每天都在从事的音乐教学实践本身是否符合音乐学习规律？是否最大化地达成学科教学目标？我发现自己体验音乐的形式仅局限在简单的体态律动和不同形式的"唱"上，教学目标达成显然是浅层面的。按照叶澜教授关于一节好课的五个标准（有意义、有效率、生成性、常态性、待完善）来衡量，我明白自己的课离好课的标准还相去甚远。学生虽然唱会了歌，但是会唱歌的能力尚未形成。我清楚地知道音乐教育绝不仅仅是让学生只学会唱歌，而是以音乐艺术为媒介，以审美为核心的一种教育形式。它是一种艺术教育，属于美育的范畴，应该是一种审美教育，要培育受教育者感受美、表现美、鉴赏美、创造美的能力。也可以说，音乐教育是一种情感教育、趣味教育和人格教育。那么，我的音乐课堂教学是否达标？那一刻，我似乎豁然开朗，却又陷入更深的迷雾……

布莱克曾说："在艺术创作中，第一个意念最佳；在其他的事情上，反复思考的结果最好。"在发现自己音乐课堂停滞不前，甚至偏离方向后，我开始探索音乐课堂教学的有效性，试图抽丝剥茧，从学生"易学、乐学"的角度剖析音乐学科的各个层面，进一步改进教学方法，拓展更多的音乐实践活动，让学生在聆听中理解音乐，表现音乐，并享受音乐之美，从而让"韵"有了具象支撑。

第二节 改进教法 初探"三韵"

有一次课间，我与几个学生聊天，我问孩子们："你们最喜欢什么样的音乐课？或者说希望老师在音乐课上能教给你们什么？"孩子们各自表达着自己最真实的心声。一个女孩的话引起了我进一步的思考。她说："老师，我觉得整堂音乐课都在大声唱歌，我有时觉得嗓子难受，我希望音乐课还可以让我们想象画面，用笔画出音乐，因为我喜欢美术。"听之，我先是一愣，难道我的音乐课让这个孩子这么不喜欢？但转念一想，如被电光火石击中，一瞬间如梦初醒：是呀，音乐课其实不光是"声"的艺术，还应该是"画"的艺术，更是"情"的艺术！声——画——情？那一刻，我似乎一下子把准了音乐课堂的命脉，在我的音乐课里，难道不该是韵味十足、流光溢彩的吗？难道不该是以情带声，以画面、动作表现音乐的吗⋯⋯于是，我真正开始沉下心在教学实践中研究、探索。

一、 探索教学有效性，"三韵"浮出水面

有效教学是教育理论研究的一个热点问题，也是当前深化课程改革中人们十分关注的教学实践问题。南京师大课程与教学研究所何善亮博士在《有效教学的实践建构》一文中说："成熟的企业家都知道，速度、收益和安全是一个企业在竞争中取胜的三个重要因素。同样，有效教学也必须考虑速度（教学时间）、收益（教学效果）、安全（教学体验）问题。反映在学生身上，则是学生的学习时间（速度）、学习结果（效益）、学习体验（安全），它们是判断教学是否有效、效果如何的三个具体指标。"当然，这三个具体指标都必须有一个前提，即符合教学（学习）规律。

课堂有效教学是指符合教学规律的有效果、高效率、有体验的教学，具体体现为促进学生的"学"。效果是指教学实践的客观后果，体现为学生经过学习所获得的发展，这是有效教学的核心指标；效率（即速度）是学习特定内容所花费的时间，即学习投入与产出的比率，这是有效教学的前提；体验是教学目标达成过程中给学生留下的情感体验，是趣味盎然充满成功愉悦，还是索然无味觉得愁苦呆滞，这是有效教学的灵魂。那么，音乐学科教学的有效性体现在哪几个方面呢？我觉得，音乐课堂教学有效性应体现在学生的兴趣是否持久，是否能够专注聆听音乐，是否积极参与音乐活动并产生愉悦的情感体验等方面。

1. 培养聆听音乐的习惯是音乐教学有效性的前提

音乐有别于其他任何一门学科，它不像其他事物那样可以具象化地呈现，让人看得见，摸得着。音乐是以音响的方式存在，以音响的方式与人的生命体验紧密相连，与人的情感表达息息相关，与人的社会活动休戚与共。而架起音乐音响与一切社会关系的桥梁就是听觉感官，因此在音乐教学中怎么强调听觉的重要性都不为过。美国著名音乐家爱伦科普兰说过："如果你要更好

地理解音乐，再也没有比聆听音乐更重要的了，什么也替代不了聆听音乐。"聆听音乐，重在听觉能力的培养，而学生听觉能力的形成很大程度上取决于从小聆听习惯的培养。

首先，教师要善于创设语言情境，激发学生安静聆听。音乐具有弥漫性的特点，当学生无法静下心来聆听音乐，或者把音乐当成一种背景，非自觉的，甚至是无意识地聆听音乐时，虽然也会产生积极的意义，促进对音乐的熟悉与喜爱，但是难以形成进一步的审美体验，因为这样的聆听仅是"过耳"，而无法"入脑"与"入心"，更难以达到情感升华。因此，教师要根据学生的年龄特点，设计语言情境吸引学生的注意，营造安静聆听的氛围，才能逐渐养成学生安静聆听的习惯。当学生用心聆听音乐时，音乐也就走进他们心里，情感体验自然形成。

其次，教师要设计不同的聆听要求，引导学生有目的聆听。音乐的审美其实就是对音乐要素的感受与理解，学生聆听音乐常常聚焦在感知乐曲的情绪或者较为突出的风格特点层面，如，随着音乐律动、随着音乐哼唱、随着音乐画旋律线等。而真正投入音乐并与音乐共鸣还需要教师分层次、有目的地引导。如人教版二年级上册《糖果仙子舞曲》的 A 乐段教学，第一次聆听要求学生跟着老师一起做手部动作；第二次聆听要求学生自己做动作，听辨演奏乐器；第三次聆听要求随乐哼唱喜欢的乐句。循序渐进地聆听让学生始终沉浸在音乐音响的声韵中感受、体验和认知。

2. 选择恰当的教学方法是音乐教学有效性的关键

廖乃雄在《论音乐教育》中提道："音乐是感人至深的一种艺术，所以单凭理性的认识是远远不足的。唯有通过切身的感受，音乐才能化为己有。基于人类对音乐天生的由衷热爱，通过亲自的实践（"做"音乐）得到的感受，远比单凭聆听所得到的音乐印象或感受要深刻得多。"[①] 这里强调了"做音乐"，就是要引导学生亲身参与实践体验，让音乐"透"过身体，方能理解音乐，认知音乐。音乐教师教学方法的选择应该以学生为主体，通过适当的教学方法让学生真正做到感知音乐，体验音乐、理解音乐作品的意韵。

如人教版二年级下册《调皮的小闹钟》教学，教师不是简单地靠语言告

---

① 廖乃雄：《论音乐教育》，中央音乐学院出版社 2010 年 3 月，第522页。

诉学生第一乐段的节奏变化，而是利用双响筒敲击节奏引导学生走路进行恒拍练习，学生感知体验了稳定的节拍后，教师提出这样的要求："当老师敲击的节奏发生变化时，你们扭一扭身体。"要求一抛出，学生便两眼发光，非常专注地等待节奏响起，唯恐错过聆听的机会。接着，教师加大难度要求学生聆听音乐，同样在节奏变化时扭一扭或摆一摆……就在这样的走一走、扭一扭、摆一摆的过程中，学生感知体验并且记忆了乐曲 A 乐段的旋律特征、节奏变化等。

教学有法，教无定法，引导学生积极参与体验才是音乐教学"得"法的核心。换言之，教师要依托音乐实践，创设听一听、唱一唱、动一动、画一画等音乐实践活动，引导学生用自己的身体和情感去感知音乐、体验音乐，理解音乐作品的思想内涵。

3. 鼓励学生音乐创造是音乐教学有效性的生长点

《音乐教育与教学法》一书中这样写道："从表面上看，音乐欣赏似乎只是一种被动接受行为。而实际上，在欣赏过程中，不可避免地会把自己的主观意识带入到音乐中去，具有主观性。由于每个人的生活阅历、思想感情、个性特征、文化修养不同，每个人会获得不同的感受。"[①] 在小学音乐教学中，无论涉及哪个教学领域，当学生经历了感知音乐、体验音乐、认知音乐的过程时，必然会带着个人独立的见解感悟音乐，这种情况下，教师切不可用千篇一律的方法让学生表现音乐。实际上，这种根据教师的要求所呈现出的"表演"只是表层的感知，仅有娱乐之感，而无审美之意，更无情趣之功。因此，一节课不能满足于学生唱会了一首歌，或记住了某个作品的主题，而应在此基础上鼓励学生用自己的方式表现音乐，进而创造音乐，实现情感升华。

如人教版二年级下册管弦乐曲《出发》的 B 乐段教学，教师带领学生和乐律动后，让学生自行模仿律动，哼唱主题，听辨音色、听辨主题。学生积极参与体验，圆满完成环节目标。但是，教师并不满足于学生相同形式的和乐律动，而是提出同样的音乐主题可以有不一样的表现形式，请同学们根据自己对音乐的感受表现音乐，甚至添加音效表现音乐，创造不一样的作品

---

① 谢嘉幸、郁文武编著：《音乐教育与教学法》，高等教育出版社 2006 年 10 月，第 116 页。

《出发》。这样的活动设计大大调动了学生的创作激情，课堂生机勃发，学生创意无限。音乐是一门极富创造性的艺术，这样的音乐编创活动增强了学生音乐表现的自信心，发展了学生的音乐想象力，为学生终身学习音乐、享受音乐打下坚实的基础。这种声之韵、意之韵、情之韵让"韵"有了归宿，淋漓尽致地优化了音乐课堂教学效果。

环顾小学音乐课堂，影响有效教学的因素有很多，诸如教学目标不明确，教学策略不能为达成教学目标服务，多媒体课件使用过多，重花哨轻实效，重说教轻聆听等。我还须在今后教学实践中深入教学各领域，探究不同类型音乐课的教学有效性策略，让聆听、实践、创造成为小学音乐课堂教学的重要途径，以回归音乐本体，凸显音乐课堂特有的"三韵"文化。

二、欣赏教学中的"三韵"

美国著名的儿童音乐教育心理学学者詹姆斯·慕赛尔说过："音乐欣赏在一定意义上是音乐活动的基本形式，是作曲家和演奏家工作的出发点和归宿。"由此可见欣赏教学在小学音乐学习中的重要性。我在探索有效教学策略的过程中实施欣赏教学"五感"策略，让学生在直接而充分感觉音响的基础上，感知、感受音乐要素在情感表达中的作用，从而让学生不仅得到音乐美的感悟，还获得情感体验，而且有效达成教学目标。

感觉、感知、感受、感情、感悟简称为"五感"，这"五感"既层层递进，又相辅相成。感觉是指音乐刺激人的感觉器官引起的直接反应；感知是在获取音乐直接经验的基础上，加上间接经验形成的初步认识；感受是将音乐的直接经验与间接经验内化成自己的认识；感情是在获取音乐知识的同时，产生积极的情感体验；感悟是在经历了以上"四感"后，感悟欣赏音乐美的方法。那么，在音乐欣赏教学中，该如何实施"五感"策略呢？

1. 情境导入，激趣启思，激发主动性

音乐欣赏教学中，每个教师都会考虑如何导入新课，而导入的核心是既能激发学生欣赏兴趣，又能启迪学生思考。因此，教师既要巧妙创设情境，又要善于设疑启思。如，在对人教版五年级下册黎英海创作的《静夜思》进行欣赏教学导入时，教师出示幽静的月夜情境图后设问："①画面表达了什么样的情感？②如果让你用音乐的方式表现画面所要表达的情感，你会怎样表现呢？"这些问题激起了学生的兴趣，他们纷纷大胆尝试。有一位学生摇头晃脑，绘声绘色地诵读了李白的《静夜思》。教师顺势启发式追问："谁能从音乐的角度来评价这位同学的朗读？可以尝试从速度、力度、音色等方面对他的朗读加以评价。"根据教师的提示，学生不难说出速度稍慢、力度轻柔、音色暗淡等评价语。这时，又有一学生缓缓举起右手，在空中划了一道优美的弧线，教师相机追问："大家觉得他的动作节奏、力度如何呢？"从这两位学生的表现中不难看出，虽然他们选择了不同的音乐方式表达画面的情感，但提炼出的音乐要素基本是相同的，即乐曲是以轻柔的力度、舒缓的节奏、稍慢的速度、暗淡的音色来表达浓浓的思乡情感。如此的情境创设和设问，为接下来的歌曲聆听（感觉）和理解乐曲表达的情感（感知）奠定了心理基础。

2. 整体欣赏，感觉音乐，感知形象

音乐是情感表现的艺术，一首音乐作品，就是音乐家用速度、力度、节奏、音色等音乐要素来塑造音乐形象，表达思想感情的。因此，初次接触作品，整体欣赏不可或缺。第一次完整聆听，直接感觉乐曲的总体情绪或风格特点，从而自然流露出相应的表情或体态动作；再次完整聆听，可进一步感知作品的乐段特点及情绪变化等，使聆听进入对乐曲的理解阶段。整体欣赏旨在引导学生积极主动专注聆听，教师应设计简洁有效的问题，让学生在聆听中对音响的声韵产生连锁反应，达到感知音乐形象、记忆关键主题、表现音乐情感的目的。

例如，在欣赏人音版第十册《北京喜讯传边寨》导入教学时，教师设计这样的教学环节：①学生闭眼完整聆听作品，不少学生边听边自然而然地用不同的体态表现乐曲的情绪变化，这就是初听作品带来的感觉。②学生纷纷说作品的音乐情绪，有的说热烈奔放，有的说抒情优美。其实学生表达的音乐情绪都是正确的，《北京喜讯传边寨》是一个大部头作品，不同主题因其演奏乐器不同、数量不同，表达的情感也自然不同。这个过程，就是学生整体感知音乐形象的过程，教师不是靠教授，而是立足聆听，让学生从音响中产生画面感。

3. 分段听赏，感知情绪，感受变化

子曰："不愤不启，不悱不发。"整体欣赏让学生对作品的风格特征有了大致的了解，同时也带给学生许多疑问，到底作品的情绪是怎样的呢？为什么会产生不同的情绪反应呢?……在学生达到"愤""悱"的境界时,教师引导学生分段听赏,深入感知作品中乐段的情绪变化,进而较准确地感受乐曲的情感表现。还是以欣赏《北京喜讯传边寨》教学片断为例。

教师这样设问:"有的同学说,作品给人以特别强烈、震撼的感觉,音乐情绪是欢快热烈的;有的同学说,旋律轻快活泼、甜美酣畅,音乐给人以优美之感……我相信,同学们的感觉是正确的。但是,为什么同一首乐曲会给大家带来不同的感觉呢?是什么发生了变化呢?许多同学已经迫不及待地想知道答案了,让我们再次走进音乐,逐段仔细聆听感受吧!"

在学生产生强烈的探究欲望时,分段聆听,并采用对比聆听的方法逐一辨析主题,引导学生再次感受作品不同主题的情绪变化,从中理解乐曲的节奏、速度、力度、音色等音乐要素在音乐情感表达中的作用。而后,有所侧重地利用演唱、演奏、声势等音乐实践活动,引导学生"走"进音乐,触摸作品的内涵,理解不同的主题音乐所表达的不同意韵。

4. 整体听赏,升华感情,感悟音乐美

分段听赏是深入体验、理解作品内涵的过程,是学生对作品的情感积累。经过分段听赏,学生已自觉感性地建立了作品的音乐形象,此时再次整体欣赏,把乐段"串联"一体,引导学生再次选择喜欢的方式感悟音乐美,学生兴趣盎然,意犹未尽,既巩固了他们对乐曲音乐美的理解和感悟,又升华了学生对音乐的情感体验,这种情感反过来促发学生的音乐表现与创造,达到了"以情导乐"的效果。

如在教学《北京喜讯传边寨》一课时,在完成分段对比聆听后学生已经体验到不同主题音乐的情绪与情感表达,此时再安排完整聆听。教师这样启发学生:"让我们一起回忆每一个主题,看看哪一个同学的音乐记忆能力最强!"在学生回忆模唱过程中,教师先后出示图谱,利用图谱梳理乐曲的旋律变化及所抒发的情感特点,而后完整复听。在复听的同时,鼓励学生用不同的形式表现音乐美,而后为乐曲命名,教师趁机介绍与乐曲相关的音乐文化。

实践表明,小学音乐欣赏教学实施"五感"策略,是让学生在聆听的基础上依托音乐实践理解乐曲的意韵,再通过不同形式的表现升华情感,既体现了音乐特点,又符合小学生学习心理,是切实可行的。但在教学实践中,应注意以下两点:第一,要避免面面俱到。欣赏的音乐作品乐句有多有少,篇幅长短不一，体裁不同，曲式结构各异，有的以整体感知为主，不必再分段听赏，有的可以分段听赏，教师宜根据学情侧重选择感觉感知教学策略，"五感"不可面面俱到，生搬硬套。第二，要重视问题设计。问题设计的目的在于启迪学生在聆听中积极思维，不仅直接关系到课堂的生成，也会影响到"五感"间的有机联系，从而影响教学的成效。本节所阐述的"五感"其实与"三韵"只是不同主体的两个宿主，二者相辅相成。

三、 歌唱教学中的"三韵"

学会正确有感情地自信演唱并乐于参加各种演唱活动是"新课标"对"演唱"提出的具体要求之一。一节有效的唱歌课不应只教会学生一首歌曲，而应将歌曲作为学习的载体，多措并举，让学生在感受音乐美、体验音乐美和表现音乐美的过程中习得唱歌的方法，享受以歌唱表达美的乐趣。下文以人教版三年级下册《可爱的家》一课教学为例，阐述唱歌课中实施"三韵"教学的有效方法。

1. 反复聆听法

音乐音响不具有语义的确定性和事物形态的具象性，一首作品甚至一个乐句都是由速度、力度、节奏、节拍等音乐要素互相作用、交织而成的，呈现出的是抽象的音乐符号，这些符号对小学生而言存在一定的理解难度，甚至因抽象而产生厌倦心理。而直接作用于听觉感官的刺激才能为他们所接受，让他们感兴趣，吸引他们去学习去探索。因此，唱歌教学要立足于聆听，让美妙的"声韵"反复刺激学生感官，而后通过各种体验活动感知歌曲的"意韵"，让学生在充分感知理解歌曲音乐美的基础上表现音乐美，实现情感升华。

我在教学《可爱的家》时，从导入开始到旋律增减游戏，再到感受二声部的美妙，皆立足聆听——听课件音乐、听教师范唱、听同伴唱、听自己唱，从中不断丰富学生的听觉体验。需要强调的是，聆听不是盲目的，每次聆听应紧扣作品的音乐要素，还要有不同要求。如，学生唱会第二条旋律后，我提出要求："同学们唱对了音准和节奏，也关注到了气息，现在听听老师唱的与你们唱的有什么不一样？"学生聆听教师声情并茂的演唱，感知乐句力度的变化，再模仿演唱。在这个过程中，学生的音乐表现能力得到提升，夯实了唱歌的根基。

2. 旋律增减法

听记和听辨能力是音乐学科的核心素养之一，课堂上简单地教授学生音乐基础知识和基本技能势必造成音乐审美的缺失，学生即便唱会歌曲，记住本课乐理知识，甚至背唱歌词和旋律，情感也是木讷迟钝的，记忆更是短暂的。为此，教师要在原有歌曲学习过程中巧用增减法，引导学生循序渐进地听辨、记忆旋律，达到正确有感情演唱歌曲的效果。

《可爱的家》第一、二乐句旋律基本相同，第三、四乐句旋律亦基本相同，向上发展形成一个小高潮。基于乐句的特点，我遵循从易到难的原则，利用游戏对歌曲旋律进行缩减、扩增再缩减，再辅以柯尔文手势，有效解决了音准问题，助力学生听辨与听记能力的培养。如，学生唱会第一条旋律后，我这样设问："现在难度升级了，看看下面这一条旋律发生了怎样的变化。"随即出示动画课件，学生学习热情高涨，不难发现旋律多了几个音，节奏也密集了。如此这般递增游戏后再进行旋律缩减游戏，同样利用学生喜欢的动画逐次隐去部分旋律后引导学生完整唱好第三条旋律。旋律缩减，递增，再缩减，层层递进，环环相扣，学生听辨旋律，记忆旋律，在反复聆听、哼唱等实践活动中完成前面四个乐句的旋律学习与记忆。

3. 图谱教学法

与音乐要素相吻合的图谱具有直观形象的特点，能充分发挥学生视听联觉的作用，有效降低歌曲学习的难度。《可爱的家》第五乐句节奏宽疏，学生常常因为节奏把握不到位而影响音准，我设计了以下图谱，让学生边唱边画图谱，节奏、音准问题迎刃而解。

$$5---|4-2-|1---|2---|3---\|$$

4. 编配合唱法

歌唱教学的任务并非只是完成一首或两首歌曲的学唱，而是要引导学生形成系统的音乐素养，这就要求教师在备课时充分拓展延伸教材，立足音乐要素，着眼音乐素养，设计各种形式的音乐实践活动，让学生在音乐实践体验与感受中享受音乐审美的愉悦。《可爱的家》是一首经典的英国歌曲，适合用口风琴演奏。我在学生学会演唱歌曲后抛出这样的问题："音乐表现的形式是多种多样的，我们能不能为歌曲添加音效，让音乐更富有表现力呢？"学生纷纷表达各自的观点，我则让学生分小组创编体验，然后选择师生合作表现音乐，即学生演唱歌曲，我用口风琴吹奏编创的二声部旋律，引导学生听出这二声部旋律就是课中练习的第一条旋律。于是，师生互动合唱，生生互动合唱，当学生演唱二声部时，教师用口风琴伴奏，在美妙的和声中，学生对歌曲的内涵理解与情韵表达都水到渠成。

唱歌教学是小学音乐教学中最基本、最常见、最具普适性的教学形式，让学生在多种多样的音乐活动中"唱会歌、唱好歌、会唱歌"，让声韵、情韵、意韵结伴而行尤显重要。

四、 器乐教学中的"三韵"

"新课标"指出："器乐演奏对于激发学生学习音乐的兴趣，提高对音乐的理解、表达和创造能力有着十分重要的作用。器乐教学应与唱歌、欣赏、创造等教学内容密切结合……课堂乐器应使用易于学习、易于演奏、便于集体教学的乐器。课堂教学中使用的吹奏乐器必须符合卫生标准，音质纯正，音高准确。注意避免过大音量和噪音对学生听力和健康的损害。可因地制宜地选择学习本地区、本民族适宜中小学课堂教学的乐器。"基于这样的思考，恰遇本地一民间艺人擅长制作紫竹笛，机缘巧合间，我尝试将紫竹笛这一乐器引进音乐课堂进行器乐教学和辅助歌唱教学，不仅收效良好，而且具有普及意义。

紫竹笛是一种简易的木管吹奏乐器，也是我国传统民间乐器。它由一尺长的紫竹管制成，其制作原理与竖笛相似，由永久性固定在紫竹管发音窗内的簧片振动发音，靠不同距离的音孔调节音高。常用的紫竹笛有六个音孔，音域从 $\dot{5}$ 到 $\dot{6}$，以自然呼吸的力度可逐个吹响 5 到 4 各音，气流加强可吹出 $\dot{5}$—$\dot{6}$。紫竹笛指法简单，易学易会，其音色悦耳、音域适中，价格低廉。其重量轻，小学生携带方便，而且不易损坏，经久耐用，还容易保持洁净卫生，消毒也方便。这些特点不仅完全符合"课程标"中提出的"课堂乐器应易学易奏，便于集体教学使用，吹奏乐器必须符合卫生标准，发音纯正，选择学习本地区、本民族适宜中小学课堂教学的乐器"等要求，还便于小学生学习运用，家长也乐于支持，能做到人手一笛。学生课内课外、学校、家庭都能携笛学习、表演，自娱自乐。课堂上，无论是辅助欣赏还是辅助歌唱，都能派上用场；节庆活动中，还可以用于独奏、合奏或伴奏，用途十分广泛，所以深受学生喜爱。

1. 紫竹笛进课堂具有多种功能

在指导学生学会紫竹笛基本演奏技巧的基础上，运用紫竹笛辅助音乐课堂教学可以发挥多种功能，这些功能在一定程度上有效缓解了小学音乐课堂教学中的瓶颈问题，悠扬的笛韵丰富了音乐课堂教学，使得音乐课堂生机勃发，韵致横生。

①营造课堂氛围。在教学的导入环节，教师演奏、个别学生独奏或学生集体合奏已学过的旋律、歌曲，或音阶练习曲等，可以营造"乐"浓韵浓的课堂氛围，将学生引入音乐学习的情境之中，激起学生学习音乐的兴趣和主动性。

②激发学习动力。一般的音乐课堂教学，教师常用的资源是课件音频、钢琴伴奏、教师范唱或范奏等，学生习以为常，甚至产生听觉疲劳。但若能聆听同伴用紫竹笛吹奏，学生除了满足听觉刺激之外，还能感受同伴榜样的力量，从中受到激励，进而产生向同伴学习、比学赶超的内驱力。

③扫清唱歌障碍。学生学唱一首歌曲，往往遇到音准障碍，尤其是半音音准。解决音准难点，教师可以运用多种方法，而运用紫竹笛吹奏帮助学生唱好音准，是较为易行的方法。例如歌曲《春晓》教学：

$$5\ ^{\#}\!4\ 5\ 3\ 1\ |\ 5\ -\ -\ -\ |$$
春　眠　不　觉　　晓，

这个乐句中 $^{\#}4$ 的音准学生较难把握，此时引进紫竹笛辅助学唱，通过个别视奏、集体评价、集体视奏等活动，学生不仅感受了《春晓》的节拍、节奏、情绪等音乐要素特点，还加深了对旋律的熟悉程度，为唱好音准做好铺垫，从而为进一步学唱歌曲扫清障碍。又比如《春晓》中的二声部学唱难度较大，可以组织学生用紫竹笛吹奏低声部旋律，再学唱高音部，然后一组吹奏低声部旋律，另一组演唱高声部旋律，教师为高声部伴奏，反之亦然。如此反复，就能帮助学生有效扫清音准障碍。

④弥补嗓音不足。小学生群体学唱歌曲，存在音准、音域、音色等个体差异，特别是五六年级，不少学生已进入变声期，往往因自己嗓音的不同、音域的变窄或音准欠缺而不敢自信歌唱，担心自己唱"走调"遭同伴议论或嘲笑，所以到了五六年级，学生唱歌兴趣和主动性降低。在这种情况下，引导学生运用紫竹笛吹奏学习音乐，以弥补自己嗓音的不足，是一种能激发学生学习积极性的好办法，在课堂上让学生自由选择唱或奏，做到不唱则奏，唱奏结合，以奏促唱，既能满足他们潜在的学习兴趣，又能在反复吹奏过程中明确音高概念，提高音准能力。

2. 紫竹笛进课堂要讲究方法

运用紫竹笛辅助课堂教学要讲究方法，紫竹笛是民族民间乐器，其音色特点颇显古朴，具有民族性，所以使用时要注意作品的风格、课堂的基调以及辅助的时机等，在适切的情况下灵活应用。

①激趣法

兴趣是个体对客观事物或活动的一种积极的倾向性态度，是个体主动关注或参与的内驱力。教师在教学中运用紫竹笛吹奏歌曲旋律，表现歌曲情感，能激发学生聆听与学习的兴趣。例如学习歌曲《春天在哪里》时，教师一边播放春天景色课件，一边用紫竹笛吹奏动听的歌曲旋律，吸引学生聆听，营造了视听结合的春天情境，不仅激发学生学唱歌曲的兴趣，还为理解歌曲意韵做好铺垫。

②听唱法

听唱是歌唱教学常用的方法，教师或学生运用紫竹笛吹奏歌曲旋律，学生在笛声弥漫的音响声韵中聆听学唱，别有一番风趣，更能凝聚学生聆听的注意力，增强学生学唱的有效性。例如在《春晓》的歌曲教学中，教师请一组同学用紫竹笛视奏歌曲旋律，另一组同学聆听哼唱。还可以全班视奏，教师范唱、个别视奏，小组哼唱，经过多次聆听吹奏，学生已经熟悉旋律，学唱歌曲轻而易举。

③互动法

互动法即运用紫竹笛吹奏进行师生或生生互动，以充分调动学生学唱歌曲的积极性和主动性。例如在学唱歌曲旋律过程中，教师吹奏难点乐句，学生接龙哼唱简单乐句，或教师吹奏上一乐句，学生集体吹奏下一乐句。在学唱歌词时，教师吹奏旋律，学生哼唱歌词；也可以是个别学生吹奏，其他学生哼唱，或生生接龙吹奏等；在这样生动活泼的多向互动过程中，学生熟悉了歌曲旋律，感知了歌曲结构与旋律特点等，营造了良好的课堂学习氛围。

④伴奏法

伴奏法即运用紫竹笛吹奏歌曲旋律为学生学唱、独唱、小组唱、合唱伴奏，伴奏可以是教师，也可以是个别学生或部分学生担任。学生学会歌唱后，男生为女生歌唱伴奏，或女生为男生歌唱伴奏，引导男女生之间唱、奏密切配合，和谐生动，以增强歌唱教学的有效性，提高学生唱与奏的合作能力，从中培养学生的团队精神。

⑤竞赛法

竞赛法即在学生学会吹奏与歌唱后，组织学生展开奏、唱竞赛，或奏、唱结合竞赛（即两人一组，一奏一唱和谐配合；或四人一组，两奏两唱和谐配合）。请学生代表当评委，以竞赛方式激励学生主动和谐配合或主动练奏学唱，达到唱奏双丰收，并营造和谐合作与平等竞争的歌唱学习氛围，从中进一步激发唱、奏兴趣，感受合作竞争、学唱练奏的乐趣，学生更加爱学、爱唱、爱吹奏，获得感受美、表现美的情感体验。

紫竹笛进课堂辅助唱歌教学，不仅凸显了乐器音响的声韵美，还为学生理解音乐作品提供了审美体验的渠道，更为学生展示自我、表现音乐、情韵升华创造了便捷的机会。

经历深入研究音乐各领域教学有效性后，初步形成了比较清晰的评价关键标准，这正是教学中初探声韵、意韵、情韵的行为体现。

第三节　拓展视野　"三韵"成型

有经历才有经验，有经验才有反思，有反思才有提升。我在素质教育的大潮中几经沉浮，更加深入地反思自己的课堂，不断更新自己的教育理念，逐渐跟上时代步伐。但我深知"纸上得来终觉浅，绝知此事要躬行"的道理，歌德曾说过"今天所做之事勿候明天，自己所做之事勿候他人"，我也深以为然。实践中的成长是可持续的，甚至可以走得很远。经过几年目标明确的教学研究实践，我开始对自己当初混沌的"声、情、画"三位一体的音乐学科认识更加清晰,在探索各领域教学有效性过程中,声韵、意韵、情韵的教学理念已呈呼之欲出态势。随着课程改革向纵深发展,音乐课堂教学也不断推陈出新,呈现百花齐放之势,真正迎来了教育的春天。只要你爱学习,到处都是课堂。此时,我把书上习得的专业理论和几年来培训所受的思想洗礼再次在实践中加以检验,并将目光聚焦课程资源整合、课堂评价、情境创设等热点难点问题。在这一轮的探索中,"三韵"教学主张逐渐明晰,并走向成熟。

一、小学音乐课程中的资源整合

小学音乐课程资源多元整合具有极其重要的意义。开发和利用各种音乐课程资源,并予以整合,为音乐课程改革服务,以提高音乐教学质量,促进学生音乐素养的有效提升,是新一轮音乐课程改革的重要措施。为此,我在学校音乐教学和音乐活动实践中,重视音乐课程资源的开发利用,并加以多元整合,充分发挥其功能,以构建声韵、意韵、情韵和谐的"三韵"课堂。

1. 音乐课程资源多元整合的重要意义

"优化整合教材"是有效利用教材资源的重要理念,这就要求教师认真深入解读教材,并根据音乐课程标准和课堂教学来确定教学目标、重难点,以充分发挥教材在教学中的导向作用。除了深入解读教材,教师还必须借助音乐书籍、杂志、音像资料、网络信息、文化资源以获取相关信息,来培养学生的音乐素养。

音乐教学设施是音乐课堂教学的物质资源,也是课堂教学有效实施的物质保证,教师必须根据教材特点选用合适的乐器和视频课件加以整合,以优化教学效果。同时,还必须积极开展各种形式的音乐教学观摩、研讨、评价、交流活动及音乐教师专业培训活动,以促进教师专业成长,提高音乐教学水平。此外,为开展音乐课外活动,促使课内外相互促进,还必须发挥多形式的学生课外音乐活动资源的作用,既检验、巩固音乐课程教学成果,又提升学生的音乐素养。

上述六大音乐课程资源在音乐教学中都具有其各自侧重的功能,必须予以充分利用和开发。但是,我们不难发现,在当前课改实践中,不少教师满足于现成的设施,无意去开发新资源,导致课堂教学枯燥乏味,无法激发学生的学习兴趣和主动性；而在观摩研讨交流的公开课上，授课教师又精心搜集利用各种资源，但往往属同一水平重复，缺乏层次递进性或类型拓展性。传统的打击乐器资源、各种图片资源、现代化信息技术视频资源以及资料性的文字书刊资源交替依次出现，但未予巧妙设计综合运用，导致投入丰富多样，效果却很一般，呈现出高投入、低产出、效率差的浪费现象。

基于上述资源功能的理性思考和对实践中资源利用或现状的反思，我们必须形成一个正确的理念——形式多元资源必须整合利用，其主要意义就是既扎扎实实发挥不同资源的不同功能，又有效形成资源间的功能互补和层次递进，使资源功能效果最大化，有效地为提高音乐教学与活动效果服务。

2. 音乐课程资源多元整合的基本原则

①趣味性原则。音乐课程资源的开发和利用，应根据小学生年龄特点，有利于激发学生的音乐学习兴趣，尤其是低年级学生更应如此。因此，一些必要的文字资料资源最好要和相应的图片资料相互统整，或与视频形象资源相互结合，才能引起学生兴趣。尤其是一些机械抽象的音乐符号，如节拍、休止符、附点等，应以拟人化或动感形式出现，做到形态、声音、动作的有机结合，以激发学生学习与表现的兴趣。换一句话说，就是要将图像、符号、音响及学生或教师的体态、动作等资源加以整合，尤其需要突出音响的功能，以增强其趣味性和吸引力，从而引导学生感知、体验、感悟，提高教学效果。

②目标性原则。这是对趣味性原则的必要补充，多元资源整合利用，不能停留在趣味性上，更不能为兴趣而兴趣，忽略了兴趣的指向性——指向学习目标。这就是说，多元资源整合必须为实现教学目标服务，必须有利于消除实现课堂教学目标的障碍，否则会导致低效以无效的资源浪费现象。比如四三拍子的知识学习，音乐符号、图像表征资源一定要跟节奏语言、节奏动作、打击乐器、声势律动等资源整合，并在音乐中发挥这些资源的功能，才能完成四三拍子新知的学习。

③递进性原则。音乐多元资源的整合，切忌同质同水平的量的组合，而应努力实现异质不同水平的质的递进，才能让学生由观察聆听的感知向思考、探究、感性的理解，再到欣赏、表现的体验层次递进，这样才能发挥资源整合的最大效益。如人教版三年级下册歌曲《白鸽》的教学，为了让学生感受音乐情绪，感知音乐旋律，需整合音乐音响与律动资源，反复聆听，虽然律

动相同,但每次聆听的要求不同,所运用的音响资源也不同。

④效率性原则。音乐资源的多元整合不仅要为实现目标服务,还要讲究资源投入的效率,即不能盲目搞豪华阵容,以哗众取宠、标新立异的投入抬高整体成本,效果却不能与投入成正比。尤其要讲究教师投入的时间成本问题,避免增加教师精力负担。为此,教师要在众多可使用资源中选择有益于整合提升质量的资源为教学服务,切忌滥竽充数,只讲求整合数量。

3. 音乐课程资源多元整合的途径与方式

①应用于音乐课堂教学

音乐教学活动是资源多元整合应用的主渠道,可以有如下方式:

其一,音乐教材资源的多元整合。当前,我国新一轮课改实施"一纲多本"制度,在音乐课堂教学中虽然要选择某一版本教材做为音乐教学的主教材资源,但也可选用部分其他教材来整合,甚至可以根据教学目标选用一些非教材的内容。如选用《春晓》作为教学内容,甚至在教学实践中还可加上拟声词,如唧唧唧、喳喳喳的鸟啼声,呼呼呼、哗哗哗的风雨声等,还可应用紫竹笛模拟布谷鸟叫声吹奏旋律加入乐句,使教材内容更为丰富、生动,让学生经历不同风格作品音响声韵的熏陶、积累。此外还可以编撰校本教材,将有地域乡土特色的歌曲、乐曲与国本教材相整合。

其二,音乐音响资源的多元整合。音乐是以听觉的形式而存在,聆听是音乐课堂学习的主要途径与方式,而聆听离不开音响资源,除需要必不可少的钢琴外,教师还可根据教材内容特点选择音响资源加以整合。如歌曲《杨柳青》的教学,教师可引导学生在每个乐句的 <u>1 1　1 0</u> 处用紫竹笛吹奏,如下:

```
5 3 5 6 | 1 1 1 | 3.5 6 1̇ | 1 1 1 |
七搭七呢　嘣啊噓,杨柳 石子　松啊噓,

6 1̇ 6 5 | 6 1̇ 6 5 | 1̇ 1̇ 1̇ | 1̇ 6 |
松又松噓　嘣又嘣（噓）送送（么）有情

5 3 5 6 | 1̇ 2̇ 1̇ | 6 5 3 2 | 1 1 1 |
人（噓）哥哥（杨柳　叶　子 青啊噓）
```

这样,既可激发学生学习兴趣,还可让学生体验不同乐器音响资源的不同音色与特殊表达效果,有助于学生对作品的意韵理解。另外,在唱歌教学中还可以整合不同打击乐器或者自制乐器来增强节奏感和表现效果。

其三，视听、动资源的多元整合。音乐虽是听觉艺术，但是为了增强学生的感受力，丰富学生想象力和表现力，必要的视觉资源如图像、表征符号、视频影像等也可以整合，还可在边看边听过程中运用自身肢体的资源进行表演、表现，提高学生的音乐学习效果。如欣赏教学《北京喜讯传边寨》，在"总—分—总"的聆听环节后，再让学生欣赏该作品的演奏视频，视听联觉带来的震撼不仅实现了学生的情韵表达，还进一步加深了学生记忆主题、熟悉作品结构的程度。

②应用于各种音乐活动

其一，节庆音乐活动中的资源多元整合。节庆活动是学校必不可少的传统教育活动，各个班级或有音乐特长的师生往往通过音乐节目表演来展示节庆的欢乐，而这些音乐节目就需要各种音响资源或视听、动资源的整合。

其二，"班班有歌声"活动中的资源多元整合。"班班有歌声"活动是学校传统群众性音乐活动。在以不同演唱形式音响为主体的基础上，学校可要求合唱中加入有机整合的多元音乐资源，如整合器乐、律动、说唱等形式，以增强演唱效果，从中发展学生视、听、唱、动等多种音乐表现能力。

其三，特色音乐活动中的音乐资源多元整合。如，我所任教学校选择具有地方特色的紫竹笛演奏作为特色音乐活动在全校师生中普及，在紫竹笛为主体的演奏（独奏、合奏）活动中还可适当整合打击乐器（如碰铃、沙锤、双响筒等），以增强紫竹笛演奏的效果。

二、基于"三韵"理念下的小学音乐课堂教学智慧评价

实施课程资源整合，构建"三韵"音乐课堂，在于教师教学行为背后的理念支撑，而这种理念的植入需要教师明确教学的方向，掌握教学行为有效与否的评判。为实现这一目标，我带领团队学习相关理论，一方面外出听课观摩、学习取经，另一方面深入课堂听评课，同时设计了课堂观察量表，收集课堂上师生所呈现出的各种数据和信息，课后再进行数据整理分析，研究探讨改进策略。于是，基于"三韵"理念下的小学音乐课堂教学智慧评价应运而生。

1. 智慧评价——智评学生表现

学生是音乐学习的主体。音乐课的智慧评价首先要智评学生的表现，包括非智力方面的表现和智力方面的表现。

心理学理论认为，非智力因素是个体学习的动力，包括动机、兴趣、情感、意志和性格。对小学生来说，兴趣与情感是参与学习活动的最重要内驱力。因此，音乐课智评学生就是要描述学生课堂上参与音乐实践活动的兴趣是否浓厚和持久，是否产生审美体验，达到愉悦身心等。

智力因素是个体学习的能力，包括感知、记忆、思维、想象和注意。学生在聆听过程中感受和欣赏音乐美，是音乐课堂教学有效性的重要量化标准之一。因此，音乐课智评学生还要将视野聚焦于学生参与音乐活动中表现出的智力状态，或描述学生学习过程中的音乐倾听状态，能否在听赏中感受音乐形象，欣赏音乐美的同时展开联想，以丰富审美体验；或描述学生学习过程中的音乐表现状态，能否大胆表现，独立而且自信地正确演唱、演奏或表演，并从中享受表现的乐趣。

2. 智慧评价二——智评教师素养

教师是音乐教学中的组织者和指导者，发挥着主导作用。音乐教学评价也应智慧地评价教师在课堂教学中表现出的音乐素养。

①语言表达素养

音乐课堂教学评价必须从教师普通话的准确，语句的简练明确，语气、语速、语调的变化多样，语态的亲切，语情的丰富和音乐语言的准确运用等方面入手，评价是否能给予学生强烈的感染力和精确的信息传递能力。

②音乐表现素养

音乐课堂教学评价必须关注教师在课堂中的范唱、哼唱、模唱等一切音乐表现行为，评价能否吸引学生、感动学生，给予学生学习音乐的心理总动员以及潜移默化音乐美的陶冶。

③形体表现素养

评价音乐教师课堂上的形体表现素养也是必不可少的。有经验的音乐教师在课堂上往往会展现自然、生动的体态表情、动作等，给予学生音乐美的示范、启迪，从而产生良好的教学效果。

④乐器演奏素养

教师娴熟的弹奏，动听的琴声，不仅有助于学生理解乐曲的意韵内涵，更有助于学生聆听音乐能力的提高。因此，音乐课堂教学评价应该关注教师的弹奏素养，是否为学生提供优质的音响声韵，让学生产生情感共鸣。

⑤现代信息技术素养

音乐课堂上；教师能否熟练掌握应用现代化信息技术手段为教学服务，优化教学过程，提高教学效果，也是智评教师素养的一个因素。

3. 智慧评价三——智评教学过程

教学过程是教师根据教学内容确定教学目标，设计课堂教学预案，实施课堂教学行为，多形式引导学生积极主动参与音乐实践活动的综合表现，也是音乐课堂教学过程状态智评的重点和价值判断的核心，一般来说可以从以下几方面着眼。

①智评教学目标的预设与达成

音乐课堂教学评价应在审视与分析教材内容的前提下，结合教改与教学课时特点，评价教师教学目标制定是否符合"本情""生情"与"时情"，是否体现三维目标的整合与联系等。同时还应智评教师为达成目标而把握教学重难点的准确性，以及为突破重难点而采取的教学形式与方法是否得当等，从而分析教学目标的达成度，对整个课堂的教学效果进行价值判断。

②智评教学过程音乐学科特点的体现

聆听是学生学习音乐的基础。智评教学过程必须聚焦该音乐课是否以聆听为先导，是否循序渐进地设计不同的要求让学生有效聆听，是否能充分调动学生参与听觉实践的积极性与主动性等，只有以聆听贯穿课堂教学才能体现音乐学科的本质特点。

③智评教学过程学生的参与度

教师在组织各种音乐实践活动时，既要有全体学生的参与，又要有小组学生的合作，还要有学生个体独立的感受与表现，忌全班"异口同声""整齐划一"的音乐表现。因此，智评教学过程就要对学生积极主动参与不同形式实践活动的状态进行描述。

④智评教学过程的情境创设与资源利用

教师在教学过程中运用各种教育资源，创设教学情境，有助于激发学生参与音乐实践活动的兴趣，引发学生的想象和联想，从而丰富音乐情感体验。因此，智评教学过程要从音乐情境创设和资源利用的角度，描述教师创设与利用的适度性态度与结果。

⑤智评教学过程的生成与应对

新一轮课改不但重视教师改革课堂教学的预设，还十分重视教学过程中学生的生成与教师的应对，以及怎样有效根据生情达成教学目标，拓展教学效果等。因此，智评教学过程应从生成与应对角度描述课堂上生成的有效性和教师应对的及时性与灵活性。

总之，课堂教学的智慧评价是提高音乐教学质量、构建"三韵"音乐课堂的重要一环，也是每个教师必须形成的专业能力，需要大家共同深入探讨。上述智慧评价的各个维度是我在研究"三韵"音乐教学过程中的具体感悟与理论概括，体现了既重教学过程状态描述，又适度彰显教学结果价值判断的基本理念。但在观摩研讨评价实践中须灵活运用，根据课情、生情，突出重点、特点与优点，不必面面俱到，以增强教学评价的有效性，发挥教学评价的导向性，进而促进执教者与评教者的共同成长。

三、演唱教学中的情境创设

一个人可以走得很快，但一个团队却可以走得更远。因为有了一个个同伴互助的团队，志同道合的我们一直乐此不疲地行走在学科教学研究的路上。我们坚持手写教案，坚持课后反思，坚持教育案例的收集。我们珍惜每一次外出学习的机会，努力打破小县城教育封闭的窠臼，推开一扇通往外面世界的窗户，让新教育理念的春风吹进来。我们知道，世上没有白费的努力，更没有碰巧的成功。短短三四年时间，我们仿佛凤凰涅槃般获得职业生涯的重生，开始蜕变和成长。

在校内，我与同伴反复沟通交流磨课，积极承担了一节又一节的研讨课、公开课，及时反思小结，将实践过程中的热点难点问题提炼成课题申报立项，其中凸显意韵课堂构建的课题《情境教学中提高小学生音乐素养的行动研究》立项成功并顺利结题，该课题研究为如今创立"三韵"教学理论体系打下了最坚实的思想基础，也成为日后逐步走向成熟的必经阶段。

音乐是用声音来反映自然现象、社会生活和人们思想情感的一门艺术，具有情感性和表演性特征。演唱教学是小学音乐课程的重要内容之一，因演唱是利用"人声"这个自然便捷的乐器来体验、感受并表达情感的，所以说演唱是小学生最喜闻乐见的表达情感形式之一。那么，怎样实施有效的演唱教学，真正体现音乐教学"以人为本"的理念呢？"课程标"在关于演唱教学的建议中明确提出要"创设与歌曲表现内容相适应的教学情境，激发学生富有情感地演唱"。

为何要在演唱教学中创设教学情境？可以创设哪些教学情境？怎样发挥其功能？

1. 教学情境的意义

"情境"一词，《现代汉语词典》解释为"情景、境地"。教学情境可理解为与具体教学内容相适应或相联系的情形或景象，可以是真实的情境，可以是模拟的情境，还可以是用语言描绘、图像表达、动作表现、音响播放或借助现代教育技术展示等表征的。教学情境可调动学生的多种感官活动，如视觉观察、听觉感知、触觉感受、动觉体验，促使学生从中获得鲜活的音乐表象，引发思维，展开想象或联想，产生情绪记忆，使学生既获得与学习内容有关的表象与概念，又产生一定的思想情感。因此，教学情境能激发学生强烈的学习兴趣与情感，有助于降低学生学习难度，还有助于提升学生的观察能力和形象思维能力。创设教学情境是学科教学中常用的教学手段，也是重要的教学形式。生动形象的情境创设符合音乐的特点和音乐教学的要求。演唱教学更要遵照"课程标"的要求，重视教学情境的创设，并充分发挥教学情境的功能。

2. 教学情境的类型

演唱教学中的教学情境内容丰富、形式多样，但从情境的外显属性看，可以分为三种类型。

① 真实情境

实践经验显示，课堂教学要让学生感知所学内容，就应该尽可能地将学习内容涉及的事物呈现在学生的感官面前，让学生进行充分的直接感知。真实情境是指在演唱教学中根据理解歌曲内容的需要，将能促进学生形象、深入理解其含义的实物展示在学生的感官面前，让学生感知。例如，歌曲《我是小小音乐家》中有弹吉他、拉提琴、吹法国号等内容，这些活动学生平时接触较少。因此，教师可出示吉他、提琴、法国号等实物引导学生观察其外形特征，并分别弹一弹、拉一拉、吹一吹，感受"勃隆砰砰砰""地隆砰砰砰""嘟隆砰砰砰"的音响特征，从而产生学唱的兴趣，加深对歌词内容与歌曲特色的感受。有的歌词内容具有时间延展性（反映历史与未来）、地域广泛性（反映国内外），无法创设实景、实物情境，但运用现代教育技术手段，可以再现这些景物，给学生以生动、形象、真实的视听感受，从而深化学生对歌曲意韵的理解。

②模拟情境

有些歌曲内容中的景、物难以用实景、实物呈现，但可以根据"模像直观"的原则，以实物的模型或音响模拟、动作模拟等形式创设教学情境，或运用现代教育技术创设动画甚至动漫情境，引导学生感知、感受。例如，歌曲《闪电歌》中的"咔！轰隆轰隆"的声响和闪电照亮天边的情境，可以用击鼓、手电光照耀或动画录像等情境模拟雷鸣声响和闪电光亮，引导学生感受、体验，使学生仿佛身临其境，如闻其声响，如见其亮光，加深对歌曲旋律节奏的理解。

③表征情境

不少歌曲内容是抒发对某种活动或自然景象的热爱之情，难以用实物、实景或模拟景物创设教学情境。此时，教师可以运用生动的语言描绘、适宜的图像呈现或音响感受、形象的表情动作等方式营造情境，这些情境都可以归为表征情境。如，加拿大民歌《白桦林好地方》的教学，学生（尤其是南方的学生）对"白桦林"缺乏感性认识，教师可以收集描绘白桦林的艺术作品，如白桦林油画、水彩画等，让学生观察、欣赏，激发学生对白桦林的喜爱之情，缩短学生与白桦林的心理距离，调动学生参与演唱的积极性。随着现代教育技术日益普及，有些表征情境可以借助多媒体课件呈现，营造出生动形象、活泼愉快的氛围，让学生获得如见其形、如闻其声、如临其境的感受和体验，并在这种情境氛围中加深对音乐意韵的理解。表征情境可以是想象描述式、故事讲述式、表情动作表现式、图像观察式、图谱观察式等，形式丰富多样。

3. 教学情境的特征

教学情境尽管类型不同，特色各异，但也具备共同特征。

①可感知性

歌唱教学中的情境主要与各种音响有关，如乐器弹奏、模拟自然界的声音、表征节奏、生动的故事讲述、形象的景色描绘等,这些是学生的听觉可以感知的。此外,各种实物、模型、图画、图像表征等情境是学生的视觉可以感知的,各类游戏、操作等情境是学生的动觉可以感知的。情境的可感知性,能给学生具体的感官刺激,引起学生的关注,激发学生的兴趣,丰富学生的各种音乐表象,诱发学生的思维,引起学生联想和想象。学生兴趣盎然、积极主动地参与歌唱活动,进而理解歌词内容,感受歌曲旋律,产生演唱与表演的冲动,同时使歌唱教学充满活力,呈现出勃勃生机。

②可再现性

歌唱教学中创设的情境,不管是静态的视觉情境还是动态的听觉情境、动觉情境,不管是用真实创设还是用模拟创设或表征创设,都可以根据需要反复再现,让学生多次感知,而且相同的教学情境在不同教学环节中可能会体现为不同的教学功能和教育价值:在导入环节创设与歌唱内容相吻合的动态情境,重在激发学生兴趣,引导学生整体感知;在学唱环节再现此情境,重在指导学生理解歌词内容,加深学生对歌词的记忆;在演唱环节复现此情境,重在引领学生表演、表现歌曲,激发演唱情趣。三次情境再现,真正达到了"想唱、唱会、唱好"的教学目标。

③可拓展性

歌唱教学中创设的情境,不是一成不变的。在不同环节反复再现的情境常常需要根据教学内容特点或教学目标层次的变化进行横向或纵向的拓展,从而引导学生由点到面、由此及彼地展开联想或想象,促使学生层层深入地感知、体验,拓宽或加深对歌词内容或歌曲旋律的理解、感悟,丰富对歌曲的表现,增强歌唱教学的实效性。

4. 教学情境的功能

①激发学生兴趣

兴趣是激发学生积极参与演唱的倾向性态度,是学生学习的内驱力。激发学生的兴趣,引导学生主动地学习演唱,是情境创设最基本也是最经常发挥的功能。

例如,歌曲《请来看看我们的村庄》是一首富有童趣的西班牙民歌。教师创设了去美丽村庄旅游的情境,大大激发了学生演唱的兴趣:"请小朋友闭上眼睛,跟着老师坐飞机去遥远的西班牙旅游。飞机飞呀飞呀,很快就到了西班牙。透过机窗，我们看到了如玉带般的小溪环绕着村庄，村庄里绿树成荫，点缀着一座座小木屋。山坡上牛羊吃草，小马奔跑，连小猪、小鸭都来凑热闹。你听，大马和小狗跑来欢迎我们啦！他们欢快地叫着：'欢迎远方的小客人来参观我们的小村庄。'（投影呈现欢迎情境）今天，我们就来学习《请来看看我们的村庄》这首歌吧！"这样的教学情境让学生仿佛身临其境，不仅能激起学生学唱的浓厚兴趣，营造积极主动的心理氛围，而且能为学生后续集中注意力学习和理解作品意韵奠定基础。简而言之，创设生动的情境能激起学生学习歌唱的兴趣，集聚学生学习歌唱的注意力。

②塑造音乐形象

音乐形象是综合运用音乐要素表达出的能引起人的思想情感活动的具体形态或生动姿态，包括具体的生活活动图景和生动的人物精神面貌。音乐形象是吸引人、感动人的音乐魅力所在，理解、感悟进而表现、表演音乐形象，从中受到音乐形象的熏陶，体验音乐形象美，享受音乐形象美是音乐教育的重要目标之一。学生要能自信、有感情地正确表现歌曲，首先要正确理解歌曲内容及歌曲旋律塑造的音乐形象，而情境创设具有帮助学生理解歌曲内容及音乐形象的功能。能发挥这种功能的情境有表征类的故事讲述情境（适用于《三只小猪》）、想象描述式情境（适用于《森林的歌声》）、图像观察情境（适用于《维也纳的音乐钟》）等。

例如，教学歌曲《静夜思》时，为帮助学生理解月夜深情思念家乡的音乐形象，某教师借助多媒体模拟如下情境：寂静的夜晚，一轮明月悬挂高空，皎洁的月光透过窗户照射在床前的地面上，一片雪白，犹如秋天的白霜。诗人一会儿抬头望着窗外的明月，一会儿低头沉思，不由得深情地吟出诗句——床前明月光，疑是地上霜。举头望明月，低头思故乡。（随诗响起《静夜思》旋律）这样的情境让学生清晰地勾勒出了歌曲的音乐形象，深刻地感知感受了歌曲表达的情感。

③引发学生想象

想象是"人脑以原有的表象或经验为前提创造新形象的心理过程"。善于想象有助于个体联系过去已有经验或借助其他相关经验理解或加深理解眼前学习的内容，丰富对眼前学习内容的认知，或消除学习内容的疑难。音乐不具有语义的确定性和事物形态的具象性，但与人类的各种文化艺术有着紧密的联系。因此，教师要根据歌曲内容创设情境，沟通与歌曲有关的社会生活或文化艺术的联系，引导学生展开想象，为消除新课难点作好铺垫。

例如，歌曲《维也纳的音乐钟》导入教学时，教师可先后播放《在钟表店里》和《维也纳的音乐钟》音乐，引导学生边听边想象"仿佛来到什么地方""遇到了怎样的情境"。接着，呈现电影《茜茜公主》中古代欧洲王宫欢乐的歌舞片段，让学生感受古代欧洲王宫音乐文化，这样就能自然导出歌曲《维也纳的音乐钟》。这种情境能拉近古典音乐钟、古代欧洲王宫宫廷音乐与学生现有关于钟声经验间的时空距离，既丰富学生的音乐想象力，沟通音乐与社会生活的联系，又拓展学生的音乐认知视野，为他们理解歌曲内容打下基础，可谓一举多得。

④凸显音乐要素

音乐表现要素是构成音乐作品、塑造音乐形象的重要组成部分，也是学生学习和掌握音乐基本技能的前提，更是培养学生音乐感受与欣赏能力的必要条件。小学音乐教学必须在音乐实践活动中让学生感受、理解和掌握音乐表现要素在情感表达中的作用。因此，在歌唱教学中创设一定的情境，有利于学生在情境中感受歌曲中的音乐表现要素，进而理解、模仿、探究音乐作品中要素的表现方式，为演唱好歌曲打下基础。

例如，歌曲《乃哟乃》教学中，为了让一年级学生初步感受《乃哟乃》中音高、节拍、节奏这些音乐要素，教师可以创设"好朋友"系列音乐游戏情境：（1）让学生边聆听儿歌《好朋友》边跟着教师做"高高低低"拍手游戏，即根据乐音高低做手臂上扬、下摆的动作，感受儿歌旋律中"5"和"3"两个音的音高。（2）引导学生边按节奏读儿歌《好朋友》边跟着教师打节拍，感知四二拍子的节拍韵律感。（3）教师边跟学生打节拍，边在每一拍上画一个圆形，而后富有情趣地指出"这是小朋友们吹出的泡泡小精灵"，"每个泡泡小精灵的样子不一样"。接着，引导学生齐读，进而得出：有的泡泡里发出一个声音，有的泡泡里发出两个声音。最后，引导学生拍打儿歌节奏。这样让学生在系列游戏情境中兴致勃勃地感知熟悉"5""3"的音高及四分音符和八分音符节奏，为学唱儿歌《乃哟乃》奠定扎实的基础。

⑤引导学生识谱

表现是学习音乐的基础性内容，"新课标"把"识读乐谱"列入"表现"

领域，明确指出"可以通过学生熟悉的歌曲或乐曲识读乐谱"。

乐谱符号是对音乐要素的抽象概括，学习乐谱符号的识读，发展在听觉基础上的"初步的识谱能力"，并跟着琴声视唱简单乐谱，有利于学生正确理解并表现歌曲中的音乐情感，为掌握正确有感情演唱歌曲的基本技能打下良好基础。但是，对小学生（尤其是低年级学生）而言，识记乐谱符号较为枯燥，且存在一定困难。巧妙创设情境，能帮助学生正确练唱，并激发他们识记乐谱和练唱的兴趣。

例如，歌曲《我是小小音乐家》中拟声部分，即 0 54 | 3 3 3 43 | 2 2 2 54 | 3 3 3 43 | 2 2 2 ‖ 的乐谱是学唱难点，教师可根据歌曲内容创设"弹一弹""拉一拉""吹一吹"的动作情境，带领学生和乐模拟音乐家演奏情境，体验活泼欢快的音乐情绪。这样的情境实践，让学生在识谱中练习，在练习中记谱，将枯燥的"识"谱转化为生动的"练"谱，音准及节奏难点得以解决。

实践表明，情境创设在小学演唱教学中可以发挥多种功能，而且同一情境在不同的教学环节、不同的演唱内容中可以发挥不同的功能。教师先要明确情境的特点、功能以及创设情境的常用策略，再科学设计符合特定教学目标的情境，充分展示情境的魅力与价值，不能因一味追求而导致"热热闹闹"的情境喧宾夺主，影响演唱教学目标的实现。

实际上，情境创设在小学音乐教学中具有积极的作用，尤其对于引导学生理解作品的意韵功不可没，本文所述"演唱教学中的情境创设"可见一斑。但是，一节成功的音乐课，务必需要"三韵"偕行，其中声韵是基础，要牢牢夯实；意韵是关键，要相机激活；情韵是灵魂，要积极唤醒。

第四节　研发提炼　形成主张

有人说："成功的人不是赢在起点，而是赢在转折点。"的确如此，我深知春的种子没有日复一日精心的培育，必然不会萌芽；初生的幼苗没有夏的耕耘，也难以茁壮成长。我庆幸自己当初那一段岁月的坚持与努力，不曾让"三韵"的幼苗夭折。我也深知，任何一棵参天大树的成长必然经历风霜与雨雪、病虫与干旱的侵扰，这些磨难犹如一道道瓶颈，突破它，就将迎来秋季的硕果累累，否则将前功尽弃。而从初探"三韵"到"三韵"成型这个阶段，就正是束缚"三韵"大树蹿天的瓶颈——我教学生涯的转折点。

在那一个阶段，我也曾犹豫与徘徊，苦于没有更精深的专业理论知识支持，所以不能做更为深入而系统的研究与探索。但是我丝毫不敢放松，依然且行且思，上下求索。对音乐的热爱铸就了我对音乐课堂教学研究的执着，我相信一以贯之的探索定能撷取音乐教学圣堂最甜美的果实，在我的耳际总有这么一种声音在萦绕，那就是——生命随音符律动，专业伴行动成长。我开始向外寻找突破瓶颈的力量，遍访名师，虚心请教。我一遍遍提炼"三韵"音乐教学的理论体系，一遍遍说与同伴听、老师听、专家听，只为获取他们一点点的意见和建议。就是这样，仿佛万丈高楼平地起，一砖一瓦地构建着我的"三韵"理论大厦。我坚信执著的力量，更谨慎于地基的夯实。当我逐渐摸索、建构起"三韵"教学基本课堂模式时，不敢束之高阁，成为阳春白雪一般的空头理念，而是先小心翼翼地在自己的课堂实践，然后逐渐推广到本校、周边兄弟学校、我送培送教的学校……随着"三韵"理论的日益成熟，课堂模式趋于稳定，我终于可以大胆地让它们绽放在蓝天下，大力推广到更远地区的学校，服务于小学音乐课堂，惠及更多的小学生。经过大量课堂实践的理论让我浑身充满了底气，更让我品尝到了做学科专业研究的幸福与芬芳。

2018年3月，我迎来了专业生涯中的最美时光，福建省教育厅根据国务院《教学成果条例》和教育部《关于开展2018年国家级教学成果奖评审工作的通知》，决定开展省级教学成果奖评审工作。基础教育教学成果奖对原先的我来说几乎是伸手苍穹般遥不可及，但我心向往之，导师那"伸手苍穹，未必要摘到星星"的一番慧语，以及团队力量的支撑，让我鼓起了申报的勇气。于是，我决定以个人名义领衔申报。一分耕耘，一分收获。感谢我的导师，感谢我生命中的重要他人，在他们的悉心指导下，在团队成员的共同努力下，我领衔的教学成果《"三韵"教学促升音乐素养的研究与实践》获评省级特等奖暨国家级二等奖，并于2019年11月参加了在珠海举办的第四届"中国教育创新成果公益博览会"。

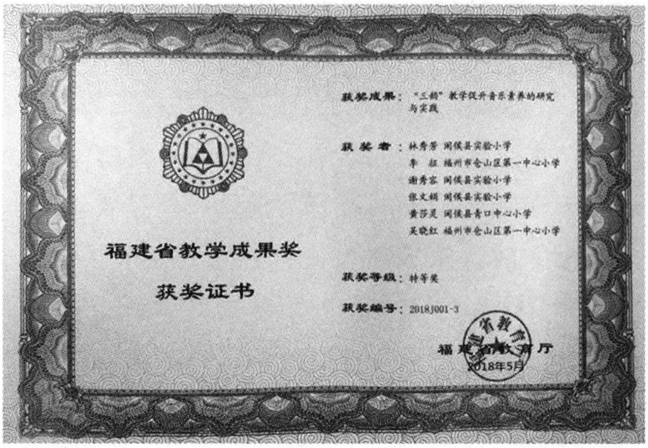
福建省教学成果奖
获奖证书
获奖成果：“三韵”教学促升音乐素养的研究与实践
获 奖 者：林秀芳 闽侯县实验小学
李 征 福州市仓山区第一中心小学
谢秀容 闽侯县实验小学
张文娟 闽侯县实验小学
黄莎灵 闽侯县青口中心小学
吴晓红 福州市仓山区第一中心小学
获奖等级：特等奖
获奖编号：2018J001-3
福建省教育厅
2018年5月

国家级教学成果奖
证 书
为表彰国家级教学成果奖获得者，特颁发此证书。
获奖成果：“三韵”教学促升音乐素养的研究与实践
获 奖 者：林秀芳 李 征 谢秀容 张文娟 黄莎灵 吴晓红
获奖等级：二等奖
证书编号：J-2-2018186

汇聚 碰撞 变革
证书
林秀芳（闽侯县实验小学）：
经福建师范大学推荐、组委会遴选，贵单位（个人）申报的成果 三韵”教学促升音乐素养的研究与实践 （编号：201804GX062），在第四届中国教育创新成果公益博览会展出。
特此证明
中国教育创新成果公益博览会组委会
北京师范大学中国教育创新研究院（代章）
二〇一八年十二月

现在，当我可以自信地向广大教育同行们介绍推广我的"三韵"音乐教学理论时，我觉得所有的辛苦都不曾白费。在这个过程中，我如跋涉千山万水，终取得真经。一路用书写高歌，用文字铺路，记录下曾经走过的点点滴滴。以下刊载申报材料中的部分文字，以飨读者，更期待抛砖引玉，恭候各界同好批评指正，以期不断充实完善"三韵"教学理论体系。

第一，标准规则

1. "三韵"结构图

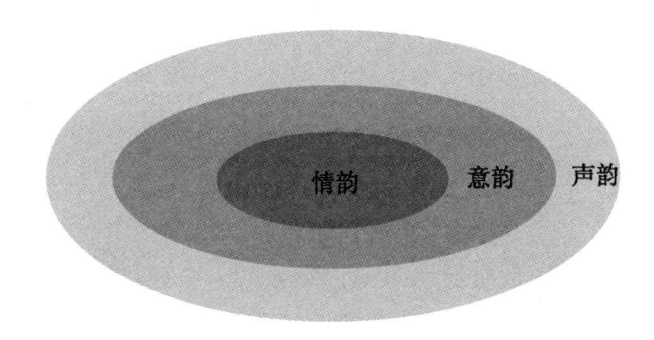

（情韵　意韵　声韵）

2. "三韵"教学基本模式：

"感知→体验→认知→表现→创造"

3. "三韵"教学实践步骤：

①立足聆听——"声韵"激发感知觉活力

②依托实践——"意韵"直抵音乐内涵

③学会欣赏——"情韵"实现音乐创造

④拓展综合——"三韵"促升音乐素养

4. "三韵"教学使用说明：

该成果适用于小学音乐课堂教学，无需成本，不受地域限制，教师只需理解掌握"三韵"教学内涵及教学模式即可灵活应用。实践学校使用该成果一个学年后，学生学习音乐的兴趣明显增强，课堂灵动高效，逐步促升学生的音乐素养。

第二，成果概要

怎样的音乐课堂才能让学生真正喜欢并促升学生音乐素养？为此，我们提出了"三韵"教学主张：以"声韵"为基础，掌握聆听、表达、表现音乐的基本技能；以"意韵"为核心，把握作品内涵与韵律；以"情韵"为灵魂，引导体验、感受、表现音乐所蕴含的情感韵味，享受音乐，创造音乐。"三韵"相辅相成，缺一不可。

创立"三韵"教学模式——"感知→体验→认知→表现→创造"。首先立足聆听，用优质音源刺激感官，培养学生良好的"立体听觉习惯"。其次，学生通过"接受优质音源—内化产生意象—外化表达情感"的过程领会音乐内涵。第三，教师视学情提供聆听、演唱、演奏、综合性艺术表演等不同形式的实践活动让学生参与，并设计不同的目标引导学生在活动中表现音乐，实现作品的"二度创作"，促升学生音乐素养。

形成"三韵"教学理论体系，具体表现为让学生在感知优质音源的基础上，体验丰富的音乐活动，习得知识技能，促进学生用音乐的形式表达情感，并能与他人沟通、融洽感情，最终达到"发展音乐听觉与欣赏能力、表现能力和创造能力"的目标，实现音乐学科发展音乐思维、陶冶情操、启迪智慧、涵养美感的育人功能。数篇论文发表在核心期刊与CN刊物上。

编写可资借鉴的校本教材《竹笛丝韵》，被福建省教育厅认定为地域文化艺术特色中小学地方、校本美育教学材料。

第三，解决的主要问题、解决问题的过程与方法

"有音无乐、有声无赏、声多情寡、乐浓韵淡"的现象普遍存在于当前小学音乐教学中，为了突破音乐教学的瓶颈，基于实践，经历五个阶段提出了"三韵"教学主张。

1. 兴会神到，触摸"三韵"教学琴弦

一次，我在对黎英海创作的《静夜思》进行欣赏教学导入时，让学生选择不同的音乐方式表达画面情感，但提炼出的音乐要素基本是相同的。由此，我不由心有所动：在这节课上我并没有过多教学演唱技巧，也不做过多的示范教唱，学生却能唱得动情投入，声情并茂，由此可见情境感染的力量，音乐原是可以通过情感带动声音，动情要比用技更重要。我兴会神到，开始思索声音、意境、情感三者之间的关系，希望由此打破音乐教学的某些窠臼，突破困惑，开启音乐教学的破冰之旅。

2. 实践摸索，探求"三韵"教学本真

对"三韵"教学的探索实践经历了如下三个阶段：①学情调研；②理论学习；③试点尝试。

在尝试实践中，教师让学生在充分感觉音响基础上，感知感受音乐要素在情感表达中的作用，获得情感体验的同时感悟音乐美，再通过感觉、感知、感受、感情、感悟的"五感"体验，层层递进，相辅相成，达到声、意、情韵的完美融合。通过一次次实践摸索，笔者越发坚定了探索"三韵"教学策略的信念，并为"三韵"教学的提出找到了理论依据：一是人类社会进化发展过程启迪；二是中国传统音乐文化的意蕴；三是西方音乐教育的哲学观；四是课程改革的精神实质。

3. 多元实践，提炼"三韵"课堂教学策略

在多元实践期又经历两个阶段：④创立模式；⑤广泛实践。我们探索出了"三韵"教学基本模式——"感知→体验→认知→表现→创造"，通过"接受优质音源—内化产生意象—外化表达情感"这样的过程来真正领会音乐的内涵。通过"立足聆听——声韵激发感知感觉活力；依托实践——意韵直抵音乐内涵；张扬个性——情韵实现以美育人；拓展综合——'三韵'教学促升音乐素养"达成音乐教育的终极目标。

第四，成果创新点

1. 构建了"三韵"教学基本模式

探索出"三韵"教学基本模式——"感知→体验→认知→表现→创造"，这样一种音乐课堂教学模式能带领学生完成每一次音乐体验，在体验中感觉感知，在体验中认知，在体验中表现，在体验中创造。因此，"三韵"教学模式可借鉴，可推广。

2. 形成了"三韵"教学理论体系

经过长期实践形成"三韵"教学理论体系来指导实践：音乐教学要让学生在感知优质音源的基础上，充分体验丰富的音乐实践活动，才能习得知识技能，促使学生能用音乐的形式表达情感，从而陶冶情操，启迪智慧，实现音乐育人功能。数篇论文发表核心期刊与CN刊物上。

3. 开发了《竹笛丝韵》校本教材

开发音乐校本教材《竹笛丝韵》被福建省教育厅认定为地域文化艺术特色中小学地方、校本美育教学材料。本教材最大特色在于每一页都设置了二维码，学生只要扫码就能出现电子教材、有声码书、紫竹笛微课教学等视频资源，方便教与学，实现声、意、情的三维融合。基于"三韵"教学实践及

校本教材广泛使用，学校被认定为福建省小学音乐学科教学研究基地学校。

第五，实践经验

"三韵"教学在福建省福州市、晋江市，甘肃省定西市、陕西省富平县以及宁夏、南京等地学校实践，均取得较好的教学成效。

实践教师纷纷反映"三韵"教学模式以声韵为基础，以意韵为手段，以情韵为灵魂，丰富学生的音乐视野，培养学生的综合审美能力，是一套基于实践创新的教学成果。它构建了较为完善的音乐课堂教学模式，解决了小学音乐课堂普遍存在的"有音无乐、有声无赏、声多情寡、乐浓韵淡"的现象，形成了"感知—体验→认知→表现→创造"的"三韵"教学策略体系，可操作性强。针对不同类型的音乐课，可以在"三韵"教学策略体系中采取不同的教学环节，带领孩子感受不一样的音乐体验，从而促进学生音乐素养的提升。

如，"三韵"音乐教学在福建省闽侯县实验小学实践多年，成果显著，促升学生音乐素养，学校音乐团队及学生个人在各级各类音乐学科竞赛中获奖无数：校"青橄榄"童声合唱团现已成为福州市小茉莉合唱团分团，并曾赴台湾参加海峡两岸合唱节展播活动，获得优秀展演奖；校舞蹈队参加福州市第一届校园足球文化节暨第九届啦啦操锦标赛，获得小学组一等奖，参加福州市第十四届校园文化艺术节获节目评审一等奖；校管乐队在"红领巾迎青运·福州市少先队鼓号队交流展示活动"中表现出色，获得特别演奏奖，被省教育厅认定为福建省中小学生乐团培育项目普及型乐团；程湘儿、陈仲泽等同学分别在市少儿歌手大赛、器乐比赛中多次获得大奖。学校也因此成为省级音乐教学研究基地校，研发了紫竹笛校本课程，师生人人会吹奏，形成"千人齐韵"的校园文化。

实践"三韵"教学研究，实现更多音乐教师共同成长：团队成员应邀赴台湾、甘肃、陕西、宁夏、南京等地上示范课。凸显意韵特色的论文《试论演唱教学中的情境创设》发表在核心期刊《教育评论》上；数篇案例刊载于人民音乐出版社出版的《名优教师设计音乐课教案与评析》上；音乐教学管理论文《艺术点灯　推进校园文化新跨越》在省第四届中小学艺术教育论文评比中获一等奖，还在 CN 刊物发表多篇教学论文。核心组成员张文娟成长迅速，录像课《杨柳青》在"福建省第二届中小学优质音乐课评选活动"中获得一等奖，并赴台湾、顺昌多地送教，深受欢迎；谢秀容老师的教改论文

《紫竹笛校本课程建设的实践与探索》发表在 CN 刊物上……可以说，实施"三韵"教学让音乐学科成为闽侯县实验小学"艺术育人"特色办学的学科支柱，在校内外音乐活动实践拓展中取得丰硕成果。

"三韵"教学影响深远，多家媒体报道辐射推广情况。2012 年 12 月 20 日，福建省教育厅网站报道林秀芳个人教学专场展示；2016 年 4 月 8 日，中国新闻出版广电网报道教学成果主持人林秀芳送教台湾情况等。

第六，成果报告

"三韵"教学促升音乐素养的研究与实践成果报告

"三韵"音乐教学追求以音乐艺术的音响声韵及其所表达的意境、意韵来进行思想情感、情韵的表现与交流。以声韵为基础，掌握好聆听、表达、表现音乐的基本技能，奠定好音乐学习的关键能力；以意韵为核心，学习相应知识，理解音乐作品，把握作品内涵与韵律；以情韵为灵魂，重在引导学生体验、感受、表现音乐所蕴含的情感韵味，享受学习乐趣，拓展音乐视野，提升审美体验，培养综合审美能力，实现音乐大课程观。本团队实施"三韵"教学以来，对促升学生音乐素养效果显著，成为我校"艺术育人"特色办学的学科支柱，在校内外音乐活动实践延伸中也取得了丰硕的成果。

一、问题的提出

音乐是听觉艺术，是以美育人的学科，其课程性质主要体现在"人文性、审美性、实践性"三个方面。在音乐教学中必须始终贯穿音乐的语言，突出音乐本体，鼓励音乐创造，提供审美体验。纵观当前小学音乐课堂教学，时常发现"有音无乐、有声无赏、声多情寡、乐浓韵淡"的现象。许多教师在音乐学科教学中多追求专业知识和技巧的教授，课堂陷入单调枯燥，学生喜欢音乐，却厌倦上音乐课，于是广大音乐教师便产生学科教学困惑：怎样的音乐课堂才是学生真正喜爱的？音乐课堂呼唤怎样的教学模式能够有效促升学生的音乐素养？这种种困惑让音乐教师对自己的课堂主阵地缺乏自信。随着素质教育向纵深拓展，尤其是培养核心素养这一顶层设计的强势推出，研究音乐教育如何从本质上成为塑造"人"的工程，有效实现唤醒、联系和整合人格的功能具有深远的意义。音乐教育的任务，就是要发扬人对音乐发自本性的热爱，将点点星光发展为熊熊烈火，而不是将这火花熄灭在点燃阶段。

因此，音乐教师应该让音乐教学回归音乐是感性艺术的本质特征层面，通过艺术实践活动触动学生内心对音乐的感受，丰富学生的感觉与感情，在音乐艺术活动中引导、诱发、激活学生自主情感体验，而非理性化的学习。

二、解决问题的过程与方法

1. 兴会神到，触摸"三韵"教学琴弦

广大音乐教师的困惑其实在我教学实践之初也经常盘旋脑中，无力解决，但一次偶然的机会，我迎来了突破的契机。我在对黎英海创作的《静夜思》进行导入教学时，出示幽静的月夜情境图后设问：1. 画面表达了什么样的情感？2. 请你用音乐的方式表现画面的情感？这些问题激起了学生的兴趣，他们纷纷大胆尝试。有一位学生绘声绘色地诵读了李白的《静夜思》，我顺势启发式追问："谁能从音乐的角度来评价这位同学的朗读？可以尝试从速度、力度、音色等方面对他的朗读加以评价。"根据我的提示，学生不难说出速度稍慢、力度轻柔、音色暗淡等评价语。这时，又有一学生缓缓举起右手，在空中划了一道优美的弧线，我趁机追问："大家觉得他的动作节奏、力度如何呢？"由这两位学生的表现不难看出，虽然他们选择了不同的音乐方式表达画面的情感，但提炼出的音乐要素基本是相同的，即乐曲是以轻柔的力度、舒缓的节奏、稍慢的速度、暗淡的音色来表达深深的思乡情感。这样的情境创设和设问，为接下来的歌曲聆听（感知）和理解乐曲表达的情感（感觉）奠定了心理基础。由此，我不由心有所动：在这节课上我并没有过多地教学演唱技巧，也不做过多的示范教唱，学生却能唱得动情投入、声情并茂，由此可见情境感染的力量，音乐原是可以通过情感带动声音，动情是要比用技更重要的。教学情境可调动学生多种感官活动，促使学生从中获得鲜活的音乐表现，引发思维，产生情绪记忆。我开始思索声音、意境、情感三者之间的关系，希望由此打破音乐教学的某些窠臼，在困惑中有所突破，开启音乐教学的破冰之旅。

2. 实践摸索，探求"三韵"教学本真

从 2011 年 3 月到 2018 年 3 月，我带领团队开始进行"三韵"教学探索实践，其中经历了五个阶段：

第一个阶段（2011.3—2011.5）：学情调研。初始阶段，我深入课堂，采用问卷调查、访谈等形式，了解周边学校学生的音乐素养与音乐课堂现状。

第二个阶段（2011.6—2011.12）：理论学习。为增强研究力，我带领团队查阅资料，了解音乐教育的历史变革；请教专家，上下求索，为"三韵"教学的提出找到了强大的理论依据支撑。

一是人类社会进化发展过程启迪。人类从远古到现代进化过程中，听到的野兽声、鸟虫声、草木声、风声、雨声乃至人声等诸多声音，和我们的生活息息相关。因此，我们仅仅是听到，就会心潮澎湃，就会悲伤与快乐；不少人听到无歌词的音乐却被感动得热泪盈眶，这就是音乐神奇的魅力。这种"心由音生""语无心有"的神奇现象是研究倡导"三韵"教学的原始启发。

二是中国传统音乐文化的意蕴。孔子认为："兴于诗、立于礼、成于乐。"指出人的修养，开始于学诗，自立于学礼，完成于学乐。诗、礼、乐三者是教化民众的基础或者说三种载体与手段，必须恰当利用。三者既是儒家的教育思想概括，又是审美教育思想归结。音乐，是一门特殊的艺术，一方面它无形，一方面它却又能最深刻、最细腻、最准确地反映人的情感。欣赏者，从这门特殊的艺术中感受歌曲、乐曲的丰富情感和思想内涵，从中获取精神力量，使思想得到升华。音乐作为教育学科中不可缺少的艺术科目，具有"浸润心灵"与"改进德行"的功能，不但是美育的重要组成部分，也是音乐艺术与各学科教育相结合的综合性育人教育，更是一种情感教育：寓理于情，以情动人；入情入理，以理育人。对这些音乐特有功能的解读为研究"三韵"融通的音乐教育奠定了基础。

三是西方音乐教育的哲学观。在古希腊，毕达哥拉斯提出从音乐上治通人们的心情，并开始关注它的疗效。亚里士多德则认为音乐并不只是为着某一目的，而是同时为着几个目的，即教育、净化、精神享受，也就是紧张劳动后的安静和休息。而柏拉图认为音乐节奏和曲调会渗透到灵魂里去，音乐性格的善与恶会使听者的灵魂变得优美与丑恶。18世纪末，维也纳古典乐派追求情感饱满和高度合理相辅相成的审美理想。德国古典哲学音乐是以声音为表现媒介的艺术形式。这些观点为"三韵"音乐教育的主张提供了哲学理论依据。

四是课程改革的精神实质。"新课标"在教学建议中提出要"积极引导学生参与聆听、演唱……等实践活动，多听音乐……"因此，音乐课程是通过促进学生对音乐这一有组织的音响形式的感受、理解、表现和创造，来帮助他们学习用音乐作为载体进行情绪和情感的抒发与交流，同时体验和理解人类丰富的文化和历史内涵，了解音乐文化传承的内容和形式。这门课程需要通过大量的实践与审美体验，通过各种有效的途径和方式创设聆听的各种情境，引导学生走进音乐，掌握音乐的基础知识和基本技能，逐步养成欣赏音乐的良好习惯，在"声韵"达成的同时形成学生的审美能力，进而产生相应的审美情趣和审美情感，为终身喜爱音乐奠定基础。音乐艺术的情感性是极其强烈的，胜过其他一切学科和艺术，在音乐表达人的情绪情感的深度和广度上，也是其他载体不可比拟的，具体表现为对音乐艺术美感的体验、感悟、沟通、交流以及对不同音乐文化语境和人文内涵的认知，在情感上得到艺术审美的满足。音乐课程目标中也明确指出"丰富情感体验，培养学生对生活的积极乐观态度""提高音乐审美能力，陶冶高尚情操""培养爱国主义情感、增强集体主义精神"，均从情感体验角度诠释了音乐学科的"情韵"特点。音乐所表现的抽象性情感类型需要借助有形的艺术加以显现，而具象性的艺术也需要音乐将其所表现的各种错综纷繁的情感和情绪加以概括。因此，把音乐与舞蹈、戏剧、影视、美术等姊妹艺术整合，把音乐与艺术之外的其他学科综合，紧扣音乐艺术的特点，通过具体的音乐材料构建起不同艺术门类及其他学科的有机联系，在综合过程中对不同艺术门类表现形式进行比较，拓展学生艺术视野，深化学生对音乐艺术的理解。因此，"三韵"教学真正培养了学生综合审美能力，实现音乐大课程观，有效促进学生音乐素养的提升。应该说，"新课标"为"三韵"教学理念的提出点燃了思维火花。

第三个阶段（2012.1—2013.1）：试点尝试。在教学尝试中，我逐步摸索到音乐教学的奥秘——即让学生在直接而充分感受音响的基础上，直接感知乐曲的总体情绪或风格特点，产生画面感后自然流露出相应的表情或体态动作，从而让学生不仅得到音乐美的感悟，获得情感体验，而且有效达成教学目标。这样通过感觉、感受、感知、感情、感悟的"五感"体验，层层递进，又相辅相成，达到声、意、情、韵的完美融合。

例如，在欣赏人音版小学音乐教材第十册《北京喜讯传边寨》时，我是这样引导的：首先，请大家一起完整聆听作品，要求闭眼聆听，听完告诉教师整首作品的音乐情绪是怎样的。不少学生边听边自然而然地用不同的体态表现乐曲的情绪变化，这就是初听作品带来的感觉。而后分段对比聆听，进一步感知力度、速度、音色等音乐要素的变化而产生的音乐情绪变化等，做到真正理解音乐要素在情感表达的作用。最后再次完整聆听，升华情感享受音乐，用自己喜欢的方式表现音乐，实现二度创作。

这样的情感融合体验，让学生很快融入乐曲所营造的情境，从而入情入境地感受、体验、表现，课堂效果令人满意。通过一次次实践摸索，我越发坚定了探索"三韵"教学策略的信念。

3. 多元实践，提炼"三韵"课堂教学策略

从"新课标"中可以看出，学生的健康成长既包括其基本音乐素养的形成，也包括他们对音乐的兴趣和相应的情感陶冶、人格发展。基于对音乐教育终极目标的深度思考，在长期教学实践中，本人经历了第四个阶段（2013.2—2013.8）：创立模式。逐渐孕育了"三韵"教学主张，并带领团队教师探索出基于该主张下的课堂教学基本模式——"感知→体验→认知→表现→创造"。这种基本教学模式可带领学生在知识与技能的螺旋上升中完成每一次音乐情感体验。不同类型的音乐课可以在"三韵"教学基本模式下采取不同的教学流程。如，欣赏教学环节：1. 情境导入，激趣启思；2. 整体欣赏，感知形象；3. 分段听赏，体验情感；4. 整体听赏，升华情感；5. 艺术拓展，表现创新。以《瑶族舞曲》教学片断为例。当学生整体感知第一部分主题Ⅰ旋律时，我用纸杯当长鼓进行 X XX 的节奏敲击，且辅以不同力度、体态动作表现三次主题音乐，让学生在整体感知音乐中感受瑶族特有乐器——长鼓的节奏和力度，通过音源刺激学生感官，体现"声韵"之导的同时，把声音幻化成脑海中的画面，感受"意韵"之美。最后，学生在充分感知乐曲基础上，通过各自的表现形式（拍打节奏、演唱、演奏等）表达对这首乐曲的情感，再现"情韵"之乐。这样"声、意、情"三韵合一，水乳交融地贯穿于整个课堂。其宗旨在于紧扣三维目标，通过音乐教育培养和提高学生感受美、表现美、鉴赏美、创造美的能力，丰富和发展形象思维，激发创新意识和创造能力，全面提升学生的核心素养，并体会音乐之乐。

那么，"三韵"教学基本模式如何实施呢？

首先，立足聆听，"声韵"激发感知觉活力。作家用不同的文字塑造形象，画家用不同的色彩表达生活，音乐家用不同的声音表达情感。不同的声音其实就是音乐要素不同的组织形式，学生只有对音乐要素产生敏锐的感知感觉才能理解作品表达的情感，而这些要素不是靠语言介绍、视觉刺激，而是需要获得对音乐的直接经验，即通过聆听让音乐不断弥漫，不断刺激才能

感知情绪、激发想象。因此，"三韵"教学首先要立足聆听，听教师唱、同伴唱、自己唱等；不仅会听单声部的作品，还要会听多声部的作品，用优质音源刺激感官，培养学生良好的"立体听觉习惯"。

其次，学会欣赏，"意韵"直抵音乐内涵。音乐作为艺术必不可少的一部分，是我们生活和心情的调节剂，也是我们心灵的彼岸，精神的家园。但音乐的情感不是任何人都能准确、深刻地感受得到的，更不是任何人都能恰当地表现出音乐情感的。这主要是因为音乐的情感不单是人的本能生理现象，而是一种高级的、社会性的美感。只有具备相应的知识与音乐"意韵"感知力，真正理解音乐作品，把握住作品的内涵，学会欣赏，才能引起相应的情感共鸣。学生要通过"接受优质音源—内化产生意象—外化表达情感"这样的一个过程来真正领会一首乐曲的内涵。

再次，依托实践，"情韵"成为活动灵魂。"新课标"在课程基本理念中阐述："音乐教学是音乐艺术的实践过程，因此，所有的音乐教学领域都应强调学生的艺术实践……"任何一项音乐实践活动都包含着音响、文化、教育元素。"三韵"教学强调音乐实践，教师要因地制宜、视学情积极提供演唱、演奏等不同形式的实践活动让学生参与，并设计不同的目标引导学生在不知不觉中接受音乐的洗礼，在宽松愉悦的活动中实现作品的"二度创作"，表达对音乐的共鸣。

最后，拓展综合，"三韵"教学促升音乐素养。音乐与人类的社会生活、各种文化艺术有着密切的联系，而学生对音乐的感悟很大程度上取决于姊妹艺术甚至其他学科的积累。因此，一节音乐课，不能只满足于教唱一首歌曲或者欣赏一个作品，教师应该优化整合课程资源，关注学科综合，利用音乐素材建构起与其他门类艺术甚至其他学科之间的有机联系，拓宽学生艺术视野，为学生理解音乐、表现音乐提供广阔而自由的空间，真正实现涵养音乐品格，促升音乐素养。

第五个阶段（2013.9—2018.3）：广泛实践。我们把提炼出的"三韵"教学基本模式付诸实践，并在实践中不断探索，形成"三韵"教学理论体系。

三、成果的主要内容

"三韵"教学的研究，立足于小学一线音乐教师的教学实践，以解决小学音乐教师在实践中存在的困惑，促进能力和素养的提升，促升学生的音乐素养。我们的成果主要包含以下几个内容：

1. 探索实践，创立了"三韵"音乐教学基本模式。经过数年来对"三韵"教学不断地探索实践，探索出"三韵"教学基本模式——"感知→体验→认知→表现→创造"。我校音乐学科教学始终走在本地区前列，2014年学校被确定为福建省第二批基础教育小学音乐学科教学研究基地学校，并以第一名的成绩通过基地校验收。

2. 以校为本，开发了具有本土特色的音乐校本课程。"三韵"团队研制本土民间传统吹奏乐器——紫竹笛，编写了音乐校本课程《竹笛丝韵》，被福建省教育厅认定为地域文化艺术特色中小学地方、校本美育教学材料。这本教材较系统地介绍了紫竹笛的基础知识、演奏方法、曲目练习等，既有统一的基础练习，又有可供学生自主选择的演奏曲目，既有不同的学段目标，又有学生自我的星级评价，符合不同年龄不同水平学生的学习需要，供2—6年级师生循序渐进选择使用。除了校本教材外，我们还根据具体情况制作了紫竹笛的电子教材、有声码书、紫竹笛微课教学等，方便教与学。教师可将《竹笛丝韵》与现行教材交叉互渗，在教学内容、教学形式、教学策略上进行创造性地运用，相辅相成，实现高效课堂。还因为有扫码视频，课堂上更容易实现声、意、情的三维融合，提升学生的音乐素养，成为所有学校和所有教师均可借鉴使用的好教材。同时，我校还编写了《管乐声声》《唱响童年》《筝蕾初绽》等音乐校本教材，为我校音乐学科教学锦上添花。

3. 提炼经验，初步形成了"三韵"教学理论体系。团队在实践中探索提炼有效音乐教学策略，形成"三韵"教学理论体系：音乐教学要让学生在感知优质音源的基础上，充分体验丰富的音乐活动，才能习得知识技能，从而促进学生用音乐的形式表达个人的情感，并与他人沟通、融洽感情，最终达到以开发学生潜能为目的的即兴音乐编创活动和运用音乐材料进行音乐创作尝试与练习的"二度创作"。

"三韵"教学理论在不同学段、不同音乐学科领域渗透的经典案例，为教师提供具有"三韵"理想风格的教学范本。研究成果撰写成十几篇论文和案例在各种CN刊物上发表。如本人论文《试论演唱教学中的情境创设》发表在核心期刊《教育评论》上；《小学音乐欣赏教学"五感"策略》发表在《新教师》上；编写3篇案例刊载在人民音乐出版社出版的《名优教师设计音乐课教案与评析》上。

四、"三韵"教学成效

1. 促升素养,培养了一大批茁壮成长的优秀音乐苗子。"三韵"教学成果显著,促升学生音乐素养,在各级各类音乐学科竞赛中获奖不胜枚举。我校"青橄榄"童声合唱团现已成为福州市小茉莉合唱团分团,并曾赴台湾参加海峡两岸合唱节展播活动,获得优秀展演奖;我校管乐队在"红领巾迎青运·福州市少先队鼓号队交流展示活动"中表现出色,获得特别演奏奖,被省教育厅认定为中小学生乐团培育建设项目普及型乐团;校舞蹈队参加福州市第一届校园足球文化节暨第九届啦啦操锦标赛获得小学组一等奖;程湘儿、陈仲泽、陈睿言等同学分别在市少儿歌手大赛、器乐比赛中多次获得大奖;学校音乐教育管理论文《艺术点灯　推进校园文化新跨越》获省教育厅第四届中小学艺术教育校长论坛一等奖、教育部评审三等奖。其他实践学校的学生也在各级各类音乐赛事中摘金夺银,成绩斐然。

2. 成就良师,青年音乐教师专业成长方兴未艾。"三韵"教学在多所学校进行实践检验,均效果良好,并培养了一批年轻骨干教师。我校张文娟老师在"三韵"团队引领下成长迅速,录像课《杨柳青》在"福建省第二届中小学优质音乐课评选活动"中获得小学组一等奖,并赴台湾、顺昌等地送教,深受欢迎。仓山小学的李征老师执教《荡秋千》获得2016—2017学年一师一优课部级优秀奖,论文《在互动中成长　在成长中互动》发表在《中小学音乐教育》上;青口学区的黄莎灵老师执教课例《爱唱歌的小杜鹃》在中央电教馆教学资源平台展播,并获闽侯县教学技能比武一等奖;吴晓红老师微课《谁在叫》获福州市微课比赛一等奖。这些教师的成长得益于先进的"三韵"教学主张与课堂基本模式的架构。

3. 瓜果飘香,研究成果辐射引领省内外学校。通过送教送培、教研交流等活动,"三韵"教学研究成果逐渐向全省乃至全国推广。这几年来,本人作为省学科带头人及省名师培养对象、县音乐学科工作室领衔名师,开设了福建省首届个人教学专场展示会,并带领团队成员远至台湾、甘肃、陕西、宁夏、南京,近至宁德、南平、龙岩等地做课讲座上百节(场),相关讲座和执教的课例以及举办的专题论坛活动都受到听课教师和学生的欢迎,纷纷反映有了"三韵"教学主张的引领,音乐课堂生机勃勃,高效有趣。

在实践中，我们深刻地感受到学生的变化，因为我们的课堂让学生在各种音乐实践体验中习得技能技巧的同时，更升华了他们的情感，提升了音乐鉴赏能力，形成了对艺术审美的初步感知。具有"三韵"教学风格的音乐课是孩子们喜爱的课堂，是为学生终身可持续发展奠定基础的有益、有效的鲜活课堂。"三韵"教学理念不仅影响着福州市、福建省的教师，还吸引了陕西、宁夏、南京以及台湾等地区的教师，他们多次邀请本人和"三韵"团队的老师到当地做课讲学，还频频来校取经交流。

五、反思与前景

"三韵"课堂是我们的教育追求，我们在音乐教学的道路上不断实践探索，留下清晰的足迹。我们提出的"感知→体验→认知→表现→创造"的音乐课堂教学基本模式在一定范围上影响着致力于教学改革的广大教师们。这些成果对于教师树立正确的教育观、学生观与课程观有着深远的意义。在实践中，我越来越感受到具有"三韵"教学风格的课堂深深吸引着孩子们，他们在课堂中通过初步感知，情感体验，提升认知，从而表现出的对艺术的鉴赏力与创造力让人欣喜与惊叹。通过几年的研究，在实践经验日益成熟的同时，也引发了我们反思：

1. "三韵"之间应相辅相成，不可割裂。教师要真正理解"三韵"内涵特点，切忌教学中生搬硬套、盲目割裂。

2. 不同地域的"三韵"教学侧重点应有所不同。不同地域因文化不同，校情、学情以及师资配备等情况不同，学生的学业水平也不尽相同，教师在融合"三韵"的同时应有所侧重。

3. "三韵"教学应立足情感体验，让学生对音乐产生更加浓厚的兴趣。

随着互联网、人工智能的迅猛发展，我们将积极探索"三韵"教学与信息技术的深度融合，进一步充实完善"三韵"教学理论体系，让"三韵"教学成果影响社会，成为社会先进文化的助推力。

第七，专家诊断　名师点评

吴斌教授点评：

吴斌老师莅临闽侯县实验小学指导"三韵"教学核心组成员张文娟老师的《杨柳青》一课，对实验小学音乐教研组的研究能力给予高度评价；对张老师自身的音乐素养，特别是优美圆润的歌声赞不绝口；提出民族民间音乐教学的重要策略之一是口传心授。张老师执教的《杨柳青》一课凸显"三韵"教学理念，以声传情，用情达意，课堂生机勃发、妙趣横生。

吴斌简介：中国教育学会音乐教育分会理事长，人民音乐出版社原党委书记、社长。东北师范大学特聘博士研究生导师，多所高等院校特聘教授。曾参与起草《全国学校艺术教育总体规划》及九年义务教育《中小学音乐教学大纲》，2000年起担任国家基础教育《音乐课程标准》课题研制组副组长，荣获国际音乐教育学会颁发的"吉普森音乐教育奖"。

余文森教授点评：

1. "三韵"教学以声韵为基础，以意韵为核心，以情韵为灵魂，丰富学生的音乐视野，培养学生的综合审美能力，是一套基于实践创新的教学成果。

2. 构建了较为完善的音乐课堂教学模式，解决了小学音乐课堂普遍存在的"有音无乐、有声无赏、声多情寡、乐浓韵淡"的现象。

3. 形成了"感知→体验→认知→表现→创造"的"三韵"教学策略体系，可操作性强，针对不同类型的音乐课，可以在"三韵"教学策略体系中采取不同的教学环节，带领孩子感受不一样的音乐体验，从而促进学生音乐素养的提升。

余文森简介：福建师范大学教育学院院长、教授，博士生导师，主持国家和省部级课题10多项，出版专著和教材10多部，在专业报刊发表学术论文300多篇，获国家级教学成果奖和省部级科研成果奖近20项。入选国家"万人计划"哲学社会科学领军人才、中宣部全国文化名家暨"四个一批"人才、"新世纪百千万人才工程国家级人选""教育部新世纪优秀人才""福建省首批百千万工程领军人才""福建省首批优秀人才"等多项人才奖励计划，荣

获"全国优秀教师""福建省五一劳动奖章""福建省高校教学名师""福建省优秀社科专家"等荣誉称号，享受国务院政府特殊津贴。

刘晨曦老师点评：

新时代的音乐教育，是"通过音乐接受教育""通过教育掌握音乐"的全面结合与相辅相成；是要达成"使音乐属于每一个人"的美好愿景，即使尽可能多的孩子成为音乐的知音和主人，培养和提高每一个学生的音乐素养及审美能力。"三韵"教学促升音乐素养的实践研究，牢牢把握音乐特点及音乐课程的本质属性，以音乐新课程理念为向导，指向学生音乐能力的形成。在鼓励学生学习音乐的过程中，侧重激发学生愿意尝试、参与的愿望，关注音乐体验与实践，并致力于在实践研究中提升音乐课程教与学的质量。"用声传情、以韵达意、用情育人、以美塑人"，有效落实音乐学科核心素养，关注学生的终生发展，既实现音乐本体价值，又蕴含着丰厚的学科育人功能。

刘晨曦简介：音乐教育硕士，福建省普通教育教学研究室音乐教研员，福建师范大学音乐学院特聘副教授，中国教育学会音乐教育分会理事，福建省教育学会常务理事。

许冰教授点评：

"三韵"教学针对现行小学音乐课堂普遍存在的问题，提出自己的思考，创立出一套比较完善的音乐课堂教学体系，并摸索出具有充分理论依据、可操作性强的课堂教学基本模式。"三韵"教学理念提出以来，已在省内外多所学校进行教学实践推广，证明了该理论的可行性与先锋性。希望今后在教学实践中继续摸索、完善，让"三韵"教学日趋成熟。

许冰简介：音乐教育学博士、比较教育学

博士后；福建师范大学副教授；音乐教育学方向、古筝艺术方向硕士生导师。

林琴老师点评：

"三韵"教学主张有较深厚的理论基础和实践意义。"林琴名师工作室"成员借鉴其核心内核在各自学校进行实践实施均取得很好的成效。福州小茉莉合唱团在"2018年新年音乐会"上与中国三大男高音同台表演，无伴奏合唱"茉莉花"，在排练中也充分运用"声韵、意韵、情韵"的教学理念，很好地表达了歌曲的内涵，得到专家的高度赞赏！

林琴简介：福州教育学院附属第一小学副校长，特级教师，正高级职称。福建省教育评估专家、福建省美育专家、福建省首批教学学科带头人，福州小茉莉合唱团团长，曾任福州市小学音乐"林琴名师工作室"领衔名师。

金蕾老师点评：

"三韵"音乐教学以"感心，感耳，感目"为重！声韵刺激感官，着重从音乐本体意义上感受音乐，直接被人的特定的感官——耳、目所接受。根据音乐课程标准，指导学生正确认识、了解、感受、体验音乐艺术，培养学生富于创造力、想象力、审美鉴赏能力。

音乐教育是美育的重要途径，对于培养学生德、智、体全面发展，提高全民族的素质有着重要的作用。学生的情感随着音乐的发展产生共鸣与起伏，并从中得到心理上的满足。以情为纽带，做到以情为本，以情激情，以情传情，实现声、意、情的完美融合，从而达到音乐教育的真正目的。

金蕾简介：教育部国培专家，"园丁工程"国家级中小学音乐骨干教师，福建省教学名师，福建省小学音乐金蕾名师工作室领衔名师，福州教育研究院教研中心副主任、音乐科主任，福州市小学音乐学科研训中心组负责人。

第四章 "读思达"教学法照亮"三韵"教学实践

第一节 "三韵"教学实践中的思想碰撞

随着"三韵"音乐教学法落地生根发芽,广大音乐教师对"三韵"教学的认识、实践,经历了"认同、内化、实践、反思、调整"的过程。该过程既是对"三韵"教学操作、推广的验证,也是对"三韵"教学的炼狱与创新,更是为深入、全面研究"三韵"理论体系提供素材与奠定实践基础。

近年来,笔者经常接到全国各地教师的来信来电,咨询有关践行"三韵"教学的问题。有的想具体了解"三韵"教学模式及其实施步骤,有的提出了在实施"三韵"教学中的困惑,有的则是涉及更深层次的"三韵"教学理论。如,每一节课都要经历"感知→体验→认知→表现→创造"的过程吗?声韵、意韵、情韵是独立存在的吗?情韵表达的方式有哪些……笔者亦在"三韵"的落地过程中,观察一线教师的教学实践,以达到理论与实践的融会贯通。以两个教学片断为例:

案例一:人音版三年级下册《春》(选自小提琴协奏曲套曲《四季》)教学片断(执教:王老师)

教师:同学们,一场春天的音乐会马上拉开帷幕,你们想参加吗?来吧,带上你灵敏的耳朵,带上你欢快的步伐,一同步入我们的"春之声"音乐会吧!

今天,我们将一起欣赏维瓦尔第的《春》,让我们先来了解维瓦尔第这位音乐大师和这首作品的背景。(出示作曲家图片)

安东尼奥·维瓦尔第(Antonio LucioVivaldi,1678—1741),是巴洛克时

期意大利著名的作曲家、小提琴家。他一生写了近500首协奏曲和73首奏鸣曲，其中最著名的是他的小提琴协奏曲《四季》，第一首《春》是不得不提的佳作。现在，让我们闭上眼睛来聆听这首曲子，感受美好春光下万物复苏的景象吧！（播放音乐，学生聆听）

教师：现在，请同学们睁开眼睛，想一想，选一选。（出示选择题）

◆乐曲带给你什么感受？选一选。

情绪　A 热情奔放　B 欢快愉悦　C 忧伤宁静

速度　A 快　B 中速　C 慢速

力度　A 强　B 弱　C 强弱交替节奏轻快明朗

学生在作业单上填写答案。

教师：现在公布正确答案，它们分别是B、A、C，同学们都答对了吗？

学生：我答对了第一项。

学生：我也答对了第一项。

学生：我第一项和第三项都答对了。

教师：让我们再次聆听这首曲子，有个问题要考考大家，这首曲子中哪一段音乐出现的次数最多？尝试哼唱。（播放主题旋律，并出示谱例）

春

1=E 4/4

1 | 3 3 3 2 1 5· 5 4 | 3 3 3 2 1 5· 5 4 | 3 4 5 4 3 2 7 5 1 |

3 3 3 2 1 5· 5 4 | 3 3 3 2 1 5· 5 4 | 3 4 5 4 3 2· 3 |

5 4 3 4 5 6 5 3 | 5 4 3 4 5 6 5 3 | 6 5 4 3 2 1 2 tr |

1· 3 5 4 3 4 5 | 6 5 3 5 4 3 4 5 | 6 5 3 6 5 4 |

3 2 1 2 tr 1 |

学生无语……

教师：让我们一起唱唱主题，感受春天的气息！（播放主题音乐，教师带唱）

教师：除了通过哼唱可以让我们感受春天的美好，我们还可以通过律动来表现这段音乐，看看老师是怎样表现音乐的。（播放主题音乐，教师律动）

教师：让我们再次完整聆听曲子，当主题旋律响起时，我们一起律动。比一比，看谁的耳朵最灵敏！

……

课毕，我与做课的王老师促膝聊课，王老师是一个好学上进的年轻人，坦言上这一节课之前很认真学习了"三韵"相关理论，努力以"三韵"教学理念武装自己，指导课堂教学，却没想到教学效果不尽如人意。

【王老师的困惑】

这一节课，我依据"三韵"教学实施原则，立足聆听，且每一次聆听都有具体的要求。第一次聆听，听出情绪、速度和力度，第二次聆听，听出反复次数最多的主题音乐，可是学生不仅无法哼唱主题旋律，连哪个主题重复次数最多都无法正确回答。直到我带领学生律动时，课堂气氛才开始活跃起来……我真不知道哪个环节出了问题。

【我的思考】

音乐是一门极具感官性的艺术品种，因此，聆听者都会对音乐音响的声韵产生感性体验，这种感性体验是一切音乐体验的基石。第一次完整聆听音乐，听出音乐情绪，听出歌曲中的强弱对比就属于感性体验，即浅层的音乐体验。至于速度选择，应该在对比中完成。换句话说，学生聆听了一个作品，再聆听第二个作品时才能在对比中分辨出快与慢。

"新课标"在音乐体裁与形式方面对3-6年级的要求是："聆听不同体裁和类别的小型器乐曲，能够随着乐声哼唱短小的音乐主题或主题片断，能够通过律动或打击乐器对所听音乐做出反应。"这里的要求只是"随乐声哼唱"和"做出反应"，根据三年级学生的音乐知识储备、听觉经验积累等学情特点，聆听时长近四分钟的器乐作品后哼唱主题旋律是有一定难度的，即便对反复出现的主题有所感知，或者心领神会，也难以用语言表达。所以，课堂出现"冷场"也就不可避免了。

那么，王老师"依据'三韵'教学实施原则……"之说又如何解释呢？"立足聆听、依托实践、张扬个性、拓展综合"是"三韵"教学的实施原则，声韵感知立足聆听，意韵理解依托实践，情韵表达尊重个性，突出音乐音响本体的同时关注学科综合，注重音乐的人文性质。这四个原则是相辅相成、不可割裂的，它们之间不仅相互促进，而且彼此相互包含，你中有我，我中有你。

　　三年级学生的思维特点以直观形象为主，他们乐于表演，喜欢游戏，正如王老师所说："直到我带领学生律动时，课堂气氛才开始活跃起来。"王老师在积极营造聆听氛围的同时更需要引导学生积极参与体验，通过他们的亲身实践或其他方式体验音乐，当音乐"透过"他们的身体，并情不自禁地用自己的方式表现出来时，说明他们已经走进音乐，记住音乐，甚至摸清音乐的肌理，实现"三韵"中的意韵理解了。当然，这个过程还应遵循"由易到难、循序渐进"的原则。

　　案例二：人音版四年级上册《我是少年阿凡提》教学片断（执教：张老师）

　　教师：刚才，同学们已经了解了关于阿凡提的故事，音乐家为这个传奇人物写词谱曲，听老师把歌词朗读一遍。（教师按节奏朗读歌词）

　　教师：你们能模仿老师这样读吗？（学生朗读歌词）

　　教师：同学们，歌词中哪一句是最重要的？

　　学生：谁要打鸟儿，谁要捉青蛙，谁要折断花和树，我可对他不客气。

　　教师：说得太棒了！我们要保护鸟儿，保护小动物，保护花草树木，听听音乐家是怎样表现的，听老师唱，你觉得老师哪一句唱得最强？（教师范唱该乐句）

　　学生："我可对他不客气"中的"我"唱得特别重。

　　教师：是啊，音乐家希望"我"要带头制止"打鸟儿、捉青蛙、乱砍树木"的现象，所以特别突出强调了"我"字，用符号">"表示，请看曲谱。（教师点谱）这个符号就是重音记号，记在曲谱的上方，我们能不能用歌声表达保护环境的决心？

　　学生：能——（异口同声，声音洪亮）

　　教师：很好，老师唱一句，你们跟一句。

　　【张老师的困惑】

　　张老师课后找到我，请我指导一二。我问她自我感觉如何，她说感觉孩子都能配合她的教学积极发言，课堂气氛也不错，但是孩子没唱好歌。"为什么没唱好歌呢？"我问，她摇头，继而说出困惑："这一节课从聆听阿凡提的故事导入，紧接着聆听教师声情并茂地朗读，找出歌词的关键句和关键字，再聆听教师范唱，学习重音记号……这些教学活动都是在聆听中完成的，为什么学生的情韵表达还是不尽如人意呢？"

【我的思考】

严格地说，音乐中的音符与歌词是没有直接关系的。张老师教学过程中的"听故事、听朗读"属于与音乐有关系的知识，却不是音乐的本体知识。

廖乃雄在《论音乐教育》中如是说："音乐是声音的艺术，它单凭声音本身，不一定要借助歌词或标题就能够表现出丰富而深刻的艺术境界，相当于诗，相当于画，也很容易使听者联想到诗和画……音乐鉴赏很重要的一点就是要透过音响，去体会其中所表现的诗情画意。"[①] 世界各国语言文字各不相同，音乐却能跨过国界，成为人类共同的、特殊的语言。这都说明了音乐的学习主要来源于音乐音响，来源于声韵弥漫，音乐音响能撬动感官，拨动神经，直抵心灵，靠机械的说理或僵硬的跟唱是很难实现审美体验，更别说陶冶情操、健全人格了。虽然歌曲是音乐与诗词的综合艺术，但同样不能排除音乐本源性的审美功能。所以，在歌曲教学中，适当朗读歌词是可行的，甚至是必要的，特别是对于低年级的学生，许多字词尚未认识，那么读词就显得尤为重要。但是一般情况下不把朗读歌词作为歌曲教学的审美切入点，更不能以歌词替代音乐记忆，限制学生的音乐理解，扼杀音乐想象力和创造力。

作为"三韵"教学的提出者与倡导者，面对着"三韵"教学理念在落地实践中遇到的问题，我再三思索，许是"三韵"理论没有阐释清楚？或是考虑了理论高度而忽略落地实践？还是……如何将实践中遇到的瓶颈进行梳理？诸多问题不断盘旋在我的脑际，有时觉得他们提的似乎在理，细思之下又觉得有失偏颇；有时灵光一闪产生强烈的表达欲望，而形成文字后又否定自己的看法……

我深知任何理论都应该成为一道活水，理论只有联系实际才能产生价值，才能走向发展。理论也必须与时俱进，时刻存以自我修正的空间，而不该成为一潭静湖，看似静水流深，而实在还缺点鲜活的生命力。任何理论的发展都离不开实践与研究的互相融合，为此我上下求索，且行且思，如呵护一个自己精心孕育的生命，润泽"三韵"的源头活水……

---

① 廖乃雄：《论音乐教育》，中央音乐学院出版社 2010 年 3 月，第 323—324 页。

第二节 "三韵"教学与"读思达"的相遇相知

2019年7月,我有幸聆听了余文森教授《"读思达"教学法的深度思考》专题报告,那一刻,如醍醐灌顶,豁然开悟。余教授以高瞻远瞩的视野深入浅出地为我们解析"读思达"的理论依据与实践策略,大有理论照亮经验,经验武装理论之格局。"读思达"教学理念理顺了我对"三韵"理论发展进程中错综复杂的思绪,那模糊不清的概念瞬间被照亮。在聆听、咀嚼、思考并与同伴交流切磋中进一步充实了"三韵"教学主张。

"读思达"是面向所有学科、所有学段的"通式"教学法、"基本"教学法。余文森教授指出:"教学过程就是学生的学习过程,学习过程即阅读、思考、表达的过程,阅读、思考、表达是教学的三个基本环节、步骤、流程。学生只有经过这三个环节的相对完整学习,才能把知识转化、内化为素养,所以这是一种以学生学习为本位的让核心素养落地的教学法。当然,不同学科、不同学段的阅读、思考、表达有其学科特征和学生发展阶段特征。"

虽然余教授主要从语文学科的角度阐述,但任何学科的学习过程总是相通的,语文如此,音乐何尝不如此?对于每个体验音乐的个体而言,同样经历着一个"认知输入—认知加工—认知输出"的过程,同样可以经历"读思达"三个阶段,对于每一个音乐作品学习而言,更是如此。我反复琢磨、推敲、理解着"读思达"教学法的内涵和实施要点,特别对"读思达"的显性要素——"认知输入、认知加工、认知输出"倍感共鸣。

一语点醒梦中人,余教授的讲座让我想起了哈罗德·费斯科说过的话:"我们的音乐模式体验应该是认识活动的成果,而不单单是声音对象中存在的物质的听觉上的'复印'。"而希拉费恩是这样表述的:"音乐是积极地制作出来的(即便在感知上),而不是简单地'加工'出来的。"[1] 也就是说,音乐聆听需要我们根据个人的理解和信念去诠释和构建听觉信息。为此,如果从音乐本体出发,立足聆听——读,依托体验——思,外化表现——达,从而探

---

[1] [美]戴维·埃里奥特著:《关注音乐实践——新音乐教育哲学》,齐雪、赖达富译,谢嘉幸、刘沛主编,上海音乐出版社2009年2月,第78页。

索音乐教学中以音响的声韵表达情境的意韵，进而进行思想情感的情韵表现与交流，并提炼出音乐学科的"读思达"策略与原来的"三韵"相契合，岂不是取长补短，让"三韵"理论更加鲜活？思想的碰撞激活了更加敏捷的思维，我再一次梳理了"三韵"教学主张的内涵，找到了"三韵"与"读思达"的共通契合之处，并在"读思达"的启发下找到了"三韵"教学理论的又一个生长点。

音乐是听觉的艺术，音乐是人类创造的声音，在声波振动中存在，以乐音为主的声音是音乐的重要属性。人们只有听到才能感觉得到，也就是说只有乐音的"输入"才有对乐音的"加工"，这种"输入"的乐音其实就是音乐音响的声韵。音乐是情感的艺术，音乐有情感但没有确定的情感。音乐的情感是听赏者被唤起的情感，因此仅仅是听到还不够，只有积极主动地对"输入"的乐音进行"加工"才能"输出"情感，实现情韵表达，这里的"加工"其实就是对作品的意韵理解。音乐是时间的艺术，音乐在时间中展现但随着时间而消失，因此，在音乐教学中正确寻找审美切入点，引导学生在聆听中参与音乐实践体验，在亲身参与的音乐实践活动中将"输入"的乐音进行内化"加工"，化抽象的意韵理解为和乐实践，产生积极情感体验的同时表达情感。下面以学习京剧唱段《甘洒热血写春秋》为例，谈音乐学科教学中如何经历输入、加工、输出过程。

《甘洒热血写春秋》是人教版四年级下册唱歌内容，是在学生欣赏了《唱脸谱》和《京调》的基础上安排学习的唱歌内容。我们不妨做个这样的假设，学生没有经历前面的欣赏铺垫，教师就告诉学生京剧是中国五大戏曲剧种之一，腔调以西皮、二黄为主，用胡琴和锣鼓等伴奏，作为中国最著名的剧种，被世人称为"国粹"。如此这般，教师输入给学生的是文字，是机械的科普知识，学生只能僵硬地记忆这些文字符号，无法用心灵去感受和领会，即便此时让学生聆听一曲京剧唱段，想必学生也难以将刚才的科普与音响对应起来。反之，先给予学生聆听，为感官输入音乐音响信息，自然产生对这些信息流的初步判断与辨别，如引发学生辨别音乐的情绪以及对作品的喜好，甚至勾起曾经听觉经验的回忆等情感因素。在高科技录音技术和音响设备日新月异的今天，四年级的学生已有戏曲听觉经验，安静聆听就可初步感知京剧的唱腔韵味。

接下来就是感官对音响信息的"加工"。杨燕迪在《何谓懂音乐》一书中写道:"听,乐从耳过,留下的是一片混沌不清的音响轮廓,除非你有莫扎特神奇般的音乐记忆力。"[①] 因此,对小学生来说,还是需要靠直观有趣的实践活动来记忆音乐,通常可通过唱、演、动、奏、画等音乐实践活动参与音乐体验,以"加工消化"输入的音响信息,理解作品的意韵。但对于京剧这一唱段音乐,教师还是要通过口传心授的方法,同时借助身段动作,引导学生学会演唱。口传心授是传统戏曲的教学方法,也是很好地学唱京剧的方法,要充分利用这种方法教会学生一字多音的拖腔唱法。经过教师口传心授、身段动作辅助教学,学生在一遍又一遍的模仿中有模有样地哼唱,有的还打着板式演唱,韵味十足,这就是音乐音响信息"加工"后的"输出",即情韵表达。

在"三韵"教学与"读思达"相遇、相知的时间里,我念兹在兹的是"三韵"教学法如何更贴近一线教学,让一线教师学得明白;如何更加科学有效地落地实践,让一线教师用得有效。在反复学习、对照、思考"读思达"过程中,笔者自忖,"三韵"教学法符合"输入、加工、输出"的认知加工理论,"三韵"与"读思达"的内核主线应有异曲同工之妙,读——声韵,思——意韵,达——情韵。可以说,"读思达"教学法照亮了"三韵"教学实践,更为"三韵"理论体系的进一步发展指明了方向。

第三节 基于"读思达"教学法深度思考的"三韵"教学

古人云:"知是行之始,行是知之成。"以"知"为指导的"行"方能行之有效,脱离"知"的"行"则是盲动。同样,以"行"验证的"知"才是真知灼见,脱离"行"的"知"则是空知。我学习福建师范大学余文森教授的"读思达"相关理论而后知不足,然后开始"诊脉""开方调理"。"读思达"意指"教学过程是学生的学习过程,学习过程即阅读、思考、表达的过程,是教学的三个基本环节、步骤、流程。"接触到"读思达"理念后的数月里,笔者带领工作室成员奔走于不同的学校,经历不同学段的音乐课堂,以

[①] 杨燕迪:《何谓懂音乐》,广西师范大学出版社 2014 年 6 月,第 17 页。

求切实了解"三韵"教学模式在一轮又一轮的被借鉴、被复制、被推广的落地实践中存在哪些具体问题,以期吐故纳新、不断完善。必须强调的是,一个教学主张是否可资借鉴、复制、推广,是衡量该教学主张是否可行的主要标志,探究该主张在实践过程中出现的问题并积极寻求解决之道,亦是教学主张再一次发展和升华的过程。

诚如曹理教授所言:"认真备课,不断'出新'。所谓出新,即要跟上世界教育形势的发展,不断吸收学术上的新成就,使教学具有魅力。"① 经过实践与调研,我们团队发现一些教师在践行"三韵"教学模式过程中存在寻求非音乐信息、音乐理解限制标准答案、以歌词替代音乐记忆等现象。主要表现在:一是肤浅庸俗化,简单粗暴地用大众化的拍掌表现音乐,声音洪亮、整齐划一,实则有"音"无"乐"、有"声"无"赏",降低音乐品格;二是说教理性化,音乐艺术活动是触动学生内心对音乐的感受,丰富学生的感觉与感情,在音乐艺术活动中引导、诱发、激活学生的自主情感体验,而不是简单说教,机械传授唱奏技能和乐理知识,轻音乐实践体验及个性化表现与创造;三是艺术视野孤立化,窄化音乐学习的空间,忽视音乐与社会生活、各种文化艺术之间的紧密联系,难以实现音乐教学的学科综合及与不同门类艺术的相融相得。这便是当下"三韵"主张在一线教学实践中存在的真实问题。

"基于对现实的研判,我们要重新回到音乐本源问题的思索。音乐是什么?如果仅从物理学的角度来看,音乐不过是以声响为基本素材所构成的艺术,但从生理—心理学的角度来看,音乐则是通过声响作用于人的听觉,从而影响人的感觉、知觉,甚至通过人的音感和乐感影响人的情感和思想,所以音乐足以成为人类思想情感自我抒发和相互交流的一种特有的方式和形式,也是人类自娱或他娱的一种手段。为此,应当归根结底地从音乐人类学的角度来界定音乐是人类本性的证实、是人类精神的体现、是人类艺术的结晶,不能只停留于表面地把音乐界定为仅系声响,但在这同时又不能忽视音乐首先是声响的事实,不能抹煞音乐本体论的存在价值。"② 基于这样的认识,笔

---

① 曹理著,何瑞琦整理:《曹理音乐教育文集》,上海音乐出版社 2009 年 8 月,Ⅲ。
② 廖乃雄:《论音乐教育》,中央音乐学院出版社 2010 年 3 月,第 3—4 页。

者认为，音乐教学中聆听音乐、记住声音（输入），以各种体验活动理解音乐，根据个人的理解和信念去诠释和构建听觉信息（加工），享受音乐的同时情不自禁地表现音乐（输出）是"三韵"教学模式的表征。借用"读思达"的表述就是：立足聆听——读，依托体验——思，外化表现——达。

一、立足聆听——有声之读

音乐学科的"读"指向什么呢？

音乐学科中的"读"可以是读词，又细分为有感情地朗读和按节奏朗读，按节奏朗读的前提是有感情朗读。读词要求用自然的声音自信地朗读，换言之，要引导学生模仿教师的发声位置，呈现最美音色，根据歌曲情绪朗读。如人教版三年级下册《太阳出来了》按节奏念歌词部分，教师声情并茂的范读是学生学习歌曲的心理总动员，是为学生感受和理解歌曲意韵作铺垫。

音乐学科中的"读"还可以是读谱，读谱并非指学生在学习新知时根据谱例读出唱名或音乐符号，而是在聆听教师范唱曲谱的基础上链接音响与符号，发挥视听联觉的作用，在音响中建构乐理知识的概念。"新课标"提出："识谱要以音乐为载体，在学生感性积累和认知的基础上进行。可以通过学生熟悉的歌曲或乐曲识读乐谱，也可以借助乐器演奏来学习。"如，上滑音的教学，教师不能简单地告知学生上滑音的概念定义，而应在歌曲学习过程中，通过对比聆听让学生感知体验上滑音的音响效果，从而模仿演唱上滑音的音效，实现迁移使用的目的。

音乐学科中最重要的"读"莫过于听音乐，笔者称之为"读曲"。听音乐是一种特殊的读，是音乐音响刺激感官，感官接收听觉信号，辨别声音的物理属性——音高、音长、音强和音色或这些物理属性交织组成的音乐，这种聆听之读是音响带给感官的第一反应，或者说是对音乐作品全貌的直接感受，这种读有别于依赖视觉的伏案阅读，它总伴随着音乐音响，故称之"有声"。例如，就听觉而言，获取一个听觉事件——具有马头琴那样的音色品质的初级知识，便意味着听到某个东西具有马头琴的音色。听到马头琴的音色，意味着你听到的的确如此；再如，当听到葬礼进行曲时，眼前幻化出的绝不会是欢快热烈的场面，此时读出的是悲伤，因为葬礼进行曲很缓慢，很有节奏，这种乐音组织制约了我们的情感；当听到民乐合奏作品《喜洋洋》时，读出的一定是热情奔放、载歌载舞的喜庆场面，读出这样的画面缘于乐曲中的竹笛演奏，旋律中快速的十六分音符、顿音以及加花的手法等，形成了独特的声韵美，这些都是"有声之读"。当然，音乐具有不确定性和非语义的特点，音乐的理解没有统一的答案，音乐理解是高度主观的、多解的，模糊和不确定性的。除了声音属性识别，读曲时要尊重学生对音乐作品的主观感受，不鼓励说出生活中的物态，但要问是什么让你有这样的感受？这是人类对（音乐）声音的本能反应（高低、长短、强弱、快慢、音色）所产生的以"联觉"为中介的作用。联觉调动联想，联觉是有限的，联想是无限的，音乐的"读"要培养学生联觉更敏锐，联想更丰富。

聆听也是一种循序渐进的"读"，教师要根据"教读、引读、自读"三个阶段从易到难，层层递进，设计不同的问题引导学生有效地读。如，第一次聆听读曲，感受音乐的情绪与画面感，内心涌动着音乐音响引起的情绪反应和情感体验，所谓"以音生乐"。第二次聆听，可能听出音乐的风格特征，也可能听出曲式结构，或表现形式，或要素特点等。每一次聆听读曲都要立足音乐本体，从音乐要素入手设定目标，设计问题，即审美地聆听。听是音乐的核心，记住声音，发展学生对声音的记忆能力是十分重要的，听得准才能唱得准。"听"也是音乐文化的载体，聆听音乐，读出作品的声韵之美，可以促进大脑的发展，达到耳聪目明，陶冶情操，启迪智慧。

二、依托体验——有意之思

音乐是时间的艺术，音乐音响随着时间的流动而展现。程建平在《音乐与创造性思维》一书中写道："由于音乐艺术是以无概念、无实体、无内容的声音作为其客观材料的，是以空气振动为媒介，是以时间为存在方式……声音的不具体性（抽象性），以及听觉的不确定性，都给阐释音乐的由来及探究音乐的起源带来一定的困难……"[1] 根据这一特性，在音乐教学中，发展学生对声音的记忆能力是十分重要的，听辨和听记能力是音乐学科的核心能力之一。那么，该如何发展学生的听记和听辨能力呢？笔者认为，音乐学科的听记和听辨能力其实就是"读思达"的思考力。"音乐的背后隐藏着意图，音乐

---

[1] 程建平：《音乐与创造性思维》，上海音乐出版社 2007 年 8 月，第 16 页。

的意图在于把声音组织起来或通过声音来表现某种东西。"[①] 这种东西就是音乐的内涵，作品的意韵。音乐的实践体验活动是直抵音乐内涵，理解音乐作品意韵的"思"之所在。少数民族从原始走来就伴随着民族特有的音乐，人人会唱会跳，这些民族音乐的传承并非依赖教师教授，而是在山野田间和着劳动的节奏代代传唱；挑夫背着绳索一面走一面唱，节奏工整划一；妇女一面采茶一面唱，曲调欢快活泼，形象鲜明；划桨人配合桨的运动歌唱……这些事例都足以证明音乐实践体验的重要性，体验情绪，体验节奏，体验旋律，体验速度……实践体验从要素入手，在聆听过程中大脑接收音响信息，并对信息加工、鉴别、提炼和使用，从而感受到音乐作品的意韵之美，故称之"有意之思"。

音乐学科的"思"即各种音乐体验活动，体验指亲身经历，实地领会，也指通过亲身实践所获得的经验。教育部基础教育质量监测中心首席专家、著名音乐教育家吴斌教授对"体验"做了落地性极强的诠释："体验会让学生从心理上得到认同，是发现领悟音乐价值的重要过程。体验学习要注意始终伴随着对音乐的关注和理解、思考、想象……听、唱、动、奏、想、画是体验的基本方式。如听音乐做体态律动、听音乐做游戏、听音乐感受音乐的表现手段、用乐器和乐运动、听音乐画图式、听音乐编创歌词及音乐或为音乐命名等等。体验的基本规律是音乐感受。"以人音版一年级下册歌曲《云》的教学片断为例。教师引导学生听音乐（伴奏版）画画，但不画具象的，如不画天空、白云，不画动物等，把听到的用图形画出来，可以画圆圈、线条、三角形等，音高画高一些，音低画低一些，画出高低长短。第一遍，学生自己画，第二遍再画，不满意可以改，第三遍，第四遍……教师不断激励学生，看谁画的与音乐最像！在教师的引读（引导聆听）下，学生用鲜明的视觉图像再现声音感觉的世界，画出来的有的是旋律图谱，有的是节奏图谱，有的是节拍图谱，有的是乐句图谱。这样的活动不仅让学生感知体验了歌曲的旋律走向、乐句特点、节拍规律等，还积累了学习音乐的经验，是为有效的音乐思考策略。再如，人民音乐教育出版社（2013版）二年级下册《大树妈妈》教学，教师先让学生聆听音乐（伴奏版），用手势模拟小鸟和着音乐跳来跳

---

① ［美］格雷珍·希尔尼穆斯·比尔著：《体验音乐——美国音乐教育理念和教学案例》，杨力译，人民音乐出版社2009年9月，第21页。

去，感知节拍规律，然后用四个呼啦圈放在地上和着音乐（歌曲版）模拟跳房子，第一次师生一起跳，第二次同伴一起跳，第三次学生自己跳，在跳的过程中引导学生观察思考是怎么跳的，当学生回答出"一句歌词跳一次"时，教师播放伴奏版音乐，让学生通过自己的身体活动再现刚才声音感觉的世界，乐句体验水到渠成。格雷珍·希尔尼穆斯·比尔认为，"儿童最直接的音乐表演是身体活动，即随着拍子、速度、音高、乐句及许多的音乐构成物的律动。"① 因此，可以说音乐学科的"思"需要依托音乐实践体验。

三、外化表现——有情之达

音乐是情感的艺术。"新课标"指出："学生通过音乐课程学习和参与丰富多样的艺术实践活动，探究、发现、领略音乐的艺术魅力，培养学生对音乐的持久兴趣，涵养美感，和谐身心，陶冶情操，健全人格。学习并掌握必要的音乐基础知识和基本技能，拓展文化视野，发展音乐听觉与欣赏能力、表现能力和创造能力，形成基本的音乐素养。丰富情感体验，培养良好的审美情趣和积极乐观的生活态度，促进身心的健康发展。"鉴于这样的认识与思考，笔者认为，音乐学科的"达"建立在情感基础上，它可分为三个部分。

首先是音乐表现。学生在音乐实践活动中享受声韵美和意韵美，升华情感体验，陶冶情操，能够用音乐的形式表达情感，并与他人沟通、融洽感情，实现情韵表达。例如，在人力劳作时代，人们在修筑公路时会情不自禁地发出"嘿呦嘿呦"的喊声来协调集体劳动的节奏与步调，鼓励调动大家的精气神；男女双方心生爱慕，往往用情歌表达心境，抒发情感；我们常见文章描述人们春风得意时会愉悦地哼起小曲……我们也常见歌唱者或演奏者在演唱或演奏的过程中泪流满面，影响听众同样唏嘘！这种音乐表现达到了音乐内涵与心灵的默契，感人至深。聆听是被动的，唱奏却是主观的，纵观小学音乐课堂，当学生经过聆听读曲，参与体验并理解音乐的意韵之后，同样会由衷地唱出歌曲，唱好歌曲，或用熟悉的乐器奏出旋律，这样的音乐表现就是音乐学科的表达之一。

---

① ［美］格雷珍·希尔尼穆斯·比尔著：《体验音乐——美国音乐教育理念和教学案例》，杨力译，人民音乐出版社 2009 年 9 月，第 45 页。

其次是创造。音乐本就是一种创造性的艺术活动，虽然模仿是音乐学习的手段之一，但模仿是为了创造，正如齐白石所说："学我者生，似我者死。"学习音乐不仅仅是为了娱乐、愉悦或情感陶冶，更为了学会以音乐思维的特殊方式和方法，来挖掘人的创造性天性，并逐步用于适应未来的工作与生活中。创造包括两类学习内容，一是以开发学生潜能为目的即兴音乐创造活动，二是运用音乐材料进行音乐创作尝试与练习。如，和着音乐即兴做动作，能够寻找身边的音源探索表现音乐，能够即兴编创音乐故事、音乐游戏等，能够利用音乐材料编创节奏或旋律短句，甚至作曲等。

再者是融通。弗洛贝格尔说："音乐是没有概念的哲学。"音乐是人类文化的结晶，不可片面地将音乐界定为仅系声响，虽然不能忽视音乐首先是音响的事实，音乐的作用不仅仅停留在音响层面，融会贯通，触类旁通是"读思达"理念在音乐中的最佳呈现。一是融通学法技法，音乐学习中，所有演奏演唱学习的理论是相通的，任何一门乐器学习形成的能力都可以迁移应用于学习其他乐器。如，学生学会紫竹笛吹奏，必将对葫芦丝、巴乌、尺八、竖笛的学习起到积极的推进和迁移作用。二是关注学科综合，将音乐形式的艺术与其他学科艺术融会贯通，通过具体的音乐材料构建起其他艺术门类及其他学科的有机联系。如，在学习以古诗词创作的歌唱作品中感受理解诗歌与音乐结合这一综合性艺术的魅力，能够用多样的色彩或线条表现对音乐的感受，能够为儿歌、诗歌朗诵、童话故事选择合适的背景音乐进行配乐等。在综合过程中对不同艺术门类表现形式进行比较，拓展学生艺术视野，深化学生对音乐艺术的理解，实现音乐艺术之融通。

综上所述，聆听、体验、表现是"读思达"在音乐学科中的落地呈现，"读""思""达"三者在学科教学中既相辅相成，不可割裂，又循序渐进，螺旋上升。其中"读"是基础，贯穿音乐学习的全过程；"思"是审美体验，建立在读之上，关系音乐学习的成效；"达"是获得审美体验的外化表现，是音乐学习的最高境界。教学中，教师要紧扣音乐学科性质，充分利用"读思达"这种最朴素真挚却又最有效的教学策略，实现音乐学科教学效果的最优化。

"教学主张的内涵随着实践经验的丰富而更加丰富，随着思考的深入而更加深入，随着反思的升华而更加升华，随着研究的系统而更加系统，也随着时代的发展、理念的更新而不断与时俱进。"①"三韵"音乐教学一直在路上。

---

① 郭春芳,张贤金,陈秀鸿著:《教学主张的专业发展意义及其主要特征》,载于《福建基础教育研究》2017第七期,第4—6页。

第五章 "三韵"教学案例举隅

《杜鹃圆舞曲》教学案例[①]

执教：闽侯县实验小学 林秀芳

杜鹃圆舞曲
（管弦乐曲）

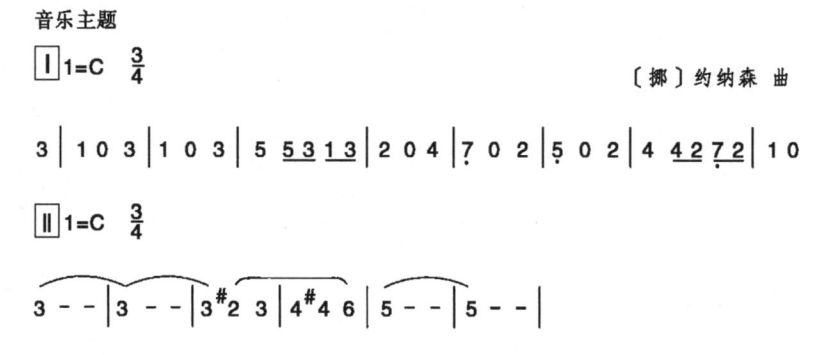

〔挪〕约纳森 曲

音乐主题

Ⅰ 1=C 3/4

3 | 1 0 3 | 1 0 3 | 5 5 3 1 3 | 2 0 4 | 7 0 2 | 5 0 2 | 4 4 2 7 2 | 1 0

Ⅱ 1=C 3/4

3 - - | 3 - - | 3 #2 3 | 4 #4 6 | 5 - - | 5 - - |

【教材分析】

《杜鹃圆舞曲》是湘教版小学音乐教材三年级下册第二课听赏内容，本课所选作品以《春》为主题，链接起音乐与生活的关系。《杜鹃圆舞曲》是挪威作曲家约纳森创作的一首著名的管弦乐作品，具有挪威民间舞曲的风格。乐曲的主题旋律以模仿杜鹃啼鸣声为动机，音乐形象生动活泼。乐曲采用三拍子圆舞曲体裁，C大调，中速，三段体结构，在简短的弱拍开始的节奏自由

---

① 本课曾在福建省首场小学教学开放活动中展示。

的四小节引子过后，出现下行三度模仿杜鹃鸣叫的音调。第一段以这一音调为核心，运用重复、模进、变奏等手法发展而成。它以轻快、活泼的节奏和清新、流畅的旋律，描绘了一幅生机盎然的景象，婉转的鸟鸣和轻松的三拍子节奏，形成温和、迷人的气氛。第二段以长颤音开始，主旋律应用了许多颤音，间杂着杜鹃的鸣叫声，好似杜鹃鸟灵活地在林中飞来飞去，一会儿在这个枝头跳跃、一会儿又在那个枝头高唱，杜鹃鸟的鸣叫声为林中增添了浓浓春意。第三段旋律流畅连贯，极富歌唱性，由于曲调出现了一系列变化半音，使得旋律更加新颖。这一段音乐与前两段轻快、活泼的旋律形成鲜明的对比，使得音乐有一种迷人的色彩。在竖笛模仿杜鹃鸟鸣叫以后，第三段抒情的旋律又反复了一次。最后，第一段音乐再现，并结束在杜鹃鸟的鸣叫声中，与乐曲的开始形成呼应。

【教学设计】

教学内容：

1. 听赏《杜鹃圆舞曲》。

2. 聆听《顽皮的小杜鹃》和《跳圆舞曲的小猫》。

教学目标：

1. 在聆听、哼唱、拍球等体验活动中感受圆舞曲的节拍特点和乐曲所表现的音乐形象，产生进一步聆听圆舞曲的愿望。

2. 能够听辨和听记乐曲的第一主题和第二主题。

3. 认识主奏乐器长笛和手风琴。

教学重点：感受圆舞曲的节拍特点和音乐形象。

教学难点：听辨和听记乐曲的主题。

教学过程：

一、导入

1. 聆听歌曲《顽皮的小杜鹃》

教师：你听到什么动物的叫声？它是怎么叫的？

2. 复听

教师：布谷鸟也叫杜鹃鸟，它叫了几次？在音乐的什么地方叫？（由学生说，教师不必给答案）

3. 再听

教师：杜鹃鸟到底在音乐的什么地方叫呢？让我们再次听一听，你能在听到布谷鸟叫声的时候合着音乐唱"咕咕"吗？

4. 模唱杜鹃鸟鸣叫音调

①学生唱

教师：同学们的耳朵真灵敏，老师也来模仿杜鹃鸟的叫声。（教师用"咕咕"模唱以下唱名，每组依次模唱两遍。）

5 3　3 1　4 7　2 5

教师：你能和老师接龙唱吗？杜鹃鸟叫声响起时由你们唱。

②师生接龙唱（教师弹唱第一乐段第一主题旋律，"3 1　4 7　2 5"由学生模唱）

【设计意图：从旧知导入新知，链接起音乐与生活的关系。引导学生在聆听体验过程中感知、体验音乐的意韵，认知理解歌曲所表达的音乐形象，并通过模唱杜鹃鸟叫声旋律，加深主题的印象，为唱准跳进的主题旋律打下基础，让音乐知识技能的学习融在音乐活动中。】

二、新课教学

1. 完整聆听作品

教师：老师给大家带来一首器乐曲，在音乐里能感受到布谷鸟的叫声吗？你能听出哪些乐器参与演奏吗？（学生各抒己见，教师不必给答案。）

教师：到底是哪些乐器参与演奏，布谷鸟又是怎么叫的呢？让我们走进音乐，去探个究竟。

2. 听赏第一乐段第一主题

①学生聆听第一主题

教师：布谷鸟是怎么叫的呢？音乐是用什么乐器演奏布谷鸟的叫声呢？

②复听后出示长笛

③认识长笛，聆听并模拟长笛吹奏

④出示动画图谱，师生画图谱模唱

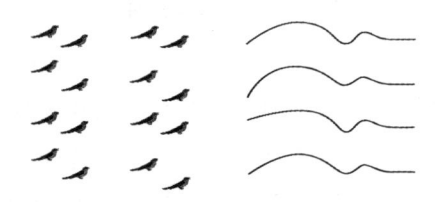

教师：我们现在用"咕咕"模唱杜鹃鸟的旋律，伸出小手，模拟边划边唱。（动画图谱合着音乐出现）

⑤再次合乐出现动画图谱，学生模唱每个乐句的前半句

教师：现在难度升级了，你们只要模唱每个乐句的前半句。

⑥利用动画图谱，分组体验乐句

教师：难度又加大了，我们班有四组同学，每一组唱一句，考考大家能否衔接好。

【设计意图：发挥视听联觉的作用，以跳动的图谱、轻快活泼的音响刺激学生感官，引导学生感知体验主题音乐的情绪、音高、乐句等，产生画面感，引发情感共鸣，达到"以音生乐"的目的。】

⑦拍球体验四三拍

教师：同学们表现得真不错，老师奖励大家玩拍球游戏，你能像老师这样合着音乐拍球吗？你能听出音乐是几拍子的吗？（教师示范强拍处拍球，学生模仿拍球，在学生回答出节拍后板书：$\frac{3}{4}$）

【设计意图：在拍球中感知体验节拍及其强弱特点，激发学生兴趣的同时发展学生的内心听觉能力。】

⑧出示主题旋律，师生接龙唱旋律，教师钢琴伴奏

$1=C \frac{3}{4}$

3 | 1 0 3 | 1 0 1̲3̲ | 5 5̲5̲ 1̲3̲ | 2 0 4 |

7̣ 0 2 | 5 0 5̲7̲2̲ | 4 4̲2̲ 7̲2̲ | 1 0 3 |

1 0 3 | 1 0 3 | 5 5̲3̲ 1̲3̲ | 2 0 4 |

7̣ 0 2 | 5̣ 0 7̲2̲ | 4 4̲2̲ 7̲2̲ | 1 0 0 |

⑨教师用杜鹃鸟图表示第一主题（贴在黑板上）

3. 听赏第一乐段第二主题。

①学生聆听

教师：刚才我们聆听的是第一主题音乐，现在听听这一段音乐，你眼前仿佛出现什么样的画面？你能听出主奏乐器是什么吗？

②教师用春天景色图表示第二主题（贴在黑板上）

教师：这一段音乐和刚才聆听的主题合起来就是我们今天要听赏作品的第一乐段，我们用字母 A 表示。（板书 A）

4. 完整聆听第一乐段，学生体验

教师：现在我们一起完整聆听第一乐段音乐，同学们可以用自己喜欢的方式表现音乐，可以哼唱，可以拍球，可以画图谱。

5. 听赏第二乐段第一主题

①学生聆听

教师：你能听出这一段音乐是什么乐器主奏的吗？

②复听

教师：有的同学说是单簧管，有的同学说是手风琴，到底是什么乐器演奏的呢？请听！（教师手风琴范奏）

③认识手风琴

教师：林老师再为大家弹奏一次，请你们用"lu"哼唱旋律，同时记住手风琴的音色特点。

【设计意图：手风琴对学生来说已经较为陌生，教师范奏刺激了学生的视听联觉，学生对手风琴的认识建立在听觉基础上，对手风琴的认识以及主题音乐有更完整的感知，助推主题旋律的听记效果与作品意韵的理解。】

④出示主题旋律，学生随手风琴伴奏唱

$1=C \dfrac{3}{4}$

$3 - - | 3 - - | 3 \ ^\#2 \ 3 | 4 \ ^\#4 \ 6 |$
$5 - | 5 - | 3 - - | 3 - - |$
$2 - | 2 - | 2 \ ^\#1 \ 2 | 5 \ 4 \ 2 |$
$3 - - | 3 - - | 1 - - | 1 - - |$

教师：你能随着手风琴伴奏唱旋律吗？

⑤编创歌词

教师：这么优美的音乐，你能为旋律编创歌词吗？（学生编创歌词并演

唱，教师手风琴伴奏）

⑥教师用手风琴图表示该主题（贴在黑板上）

【设计意图：编创歌词是本课的亮点之一，调动了学生表现音乐、创造音乐的积极性，与"感知→体验→认知→表现→创造"的"三韵"教学模式相吻合。】

6. 听赏第二乐段第二主题

①学生聆听律动

教师：这一段音乐与刚才聆听的音乐对比有什么变化？（旋律基本一样，演奏乐器发生变化）

②教师用小提琴图表示该乐段（贴在黑板上）

教师：这两个分别用手风琴和小提琴演奏的乐段，旋律基本一样，合起来就是今天听赏作品的第二乐段，我们用字母 B 来表示。（板书 B）

7. 学生完整聆听 A 乐段和 B 乐段，用不同形式表现音乐

8. 学生聆听 A 乐段再现

教师：这个乐段熟悉吗？能不能也用一个字母表示呢？

教师：这个乐段与 A 乐段比，音高发生变化，我们用字母 A′来表示。（板书：A′）

9. 完整聆听

教师：今天听赏的作品有四个乐段，第三乐段是第一乐段的再现，只是音高发生了变化。第四乐段是什么呢？（学生聆听后，教师完整填写作品结构）

教师：这是一首三拍子的作品，音乐优美，节奏鲜明，听着听着特别想跳起舞来，像这样的作品体裁就叫做圆舞曲。（板书：圆舞曲）

教师：你能为作品取个名字吗？

10. 介绍音乐背景及相关文化

教师：《杜鹃圆舞曲》是根据挪威作曲家约纳森创作的管弦乐曲改编的，描绘了一幅生机盎然、鸟语花香的景象，因轻松的三拍子节奏舞蹈性强，成为圆舞曲。

三、拓展

1. 聆听《跳圆舞曲的小猫》

教师：我们再来听一首器乐作品，这首器乐曲是几拍子的呢？你又听到了什么动物的叫声？

教师：这个作品是《跳圆舞曲的小猫》。音乐源于生活，又高于生活，热爱生活的作曲家常常把生活中的声音（素材）作为创作的灵感，把声音融入作品中，创作了一首又一首经典的音乐作品，如《乘雪橇》《小狗圆舞曲》《调皮的小闹钟》等，同学们下课可以下载聆听。

【设计意图：选择《跳圆舞曲的小猫》作为拓展聆听作品，旨在加强学生对同体裁作品的理解，培养学生产生进一步聆听同体裁作品和以生活中声音为素材作品的愿望。】

【教后反思】

管弦乐曲《杜鹃圆舞曲》是挪威作曲家约纳森创作的一首著名作品，乐曲的主题旋律以模仿杜鹃啼鸣声为动机，音乐形象生动活泼。乐曲采用三拍子圆舞曲体裁，描绘了一幅生机盎然的景象。教学时执教者立足聆听，以音乐音响声韵激发感知感觉活力；在各种体验活动中直抵音乐的意韵，感受圆舞曲的节拍特点和乐曲所表现的音乐形象，听辨和听记乐曲的第一主题和第二主题，认识主奏乐器长笛和手风琴；在感受感知曲调韵律的基础上创编歌词表现音乐，实现情韵表达与升华。

1. 根据三年级学生的身心特点，本节课联系教材单元内容，通过聆听歌曲《顽皮的小杜鹃》，从学生喜闻乐见的杜鹃鸟叫声入手，充分发挥声韵对感官的有效刺激作用，建构起音乐与生活经验的联系，再通过哼唱模仿杜鹃鸟鸣叫的音调，链接简短乐句而导出整个音乐作品，既激发学生学习兴趣，又为听记第一乐段第一主题做好铺垫。

2. 紧扣作品的内涵，抓住音乐要素，在哼唱、律动、动画图谱、拍球游戏等音乐实践活动中让学生感受节拍，记忆主题、听辨不同主题的音乐特点，环节目标进阶明显，环环相扣，有效达成教学目标。

3. 发挥自身演奏手风琴的优势，让学生认识手风琴，记忆手风琴音色特点的同时，熟悉第二乐段第一主题旋律，并能够为主题编配歌词，学生兴趣盎然，积极表现作品的意韵，课堂充满生机，促进学生听记与听辨能力的形成。

4. 虽然课堂呈现有效率有意义且凸显音乐性，但同时带给执教者一些思考，如在导入环节哼唱模仿杜鹃鸟鸣叫的音调时，可以设置不同的要求重复哼唱，以加深第一主题旋律的印象。其次，拓展聆听圆舞曲体裁作品时不仅仅局限于感受圆舞曲的节拍，可以让学生感受作品的情绪及曲式结构等。

【专家点评】

音乐是听觉的艺术，音乐教学中的一切活动都要在聆听音响的基础上进行，以发展音乐听觉作为发展一切音乐能力的基础，也就是常说的"以音乐为本"，在听、唱、演、辨、思的过程中感知和理解音乐，在参与音乐体验与实践的活动中进行学科知识与技能的学习。林秀芳老师执教的《杜鹃圆舞曲》一课，深入分析教材与作品，合理整合教学资源，教学目标定位准确，课堂生成真实有效，教学策略使用立足音乐本体，体现音乐教育原则，凸显"三韵"教学风格特点，较好地把握了音乐本质特征达成教学目标。

首先，本课从歌曲《顽皮的小杜鹃》中寻找生活的声音入手，架起学生生活经验与音乐经验之间的桥梁，激发学生学习兴趣的同时为学习器乐曲《杜鹃圆舞曲》埋下听觉体验与基础。

其次，在主体内容《杜鹃圆舞曲》一曲的教学中，教师牢牢把握音乐欣赏教学的原则与要点，深入分析作品内涵，通过哼唱主题、感受节拍、听辨主奏乐器等音乐活动，在不同主题乐段的感知、体验与记忆中不断指向学生音乐听辨能力与欣赏能力的形成，在审美感知体验活动中有效提升学生的音乐素养。

其三，教师教学基本功扎实，利用手风琴范奏为学生熟悉记忆第二乐段第一主题旋律进行心理动员，增进了教师与学生、音乐与情感的沟通联系，是本节课的亮点之一。教师教学手段丰富多样，如动画图谱的使用，视听结合、声像一体，有效调动了学生参与音乐实践活动的积极性，学生学习兴趣持续良久，不断积累音乐实践经验。整节课音乐活动高效有质量，课堂生成高潮迭起，特别是编创歌词环节，为学生提供了开发创造性潜能的空间，充分发挥了学生的想象力和创造力，提高学生感受美、表现美、欣赏美、创造美的能力，陶冶情操，发展个性，实现声韵、意韵、情韵三者的高度融合与统一。

福建省普通教育教学研究室　刘晨曦

《瑶族舞曲》教学案例[①]

执教：闽侯县实验小学 林秀芳

瑶族舞曲
民族管弦乐合奏

[乐谱：A 主题I 1=F 2/4 优美、抒情地 刘铁山、茅沅曲；主题II 1=F 2/4 欢快、热烈地；B 1=C 3/4 抒情地]

【教材分析】

《瑶族舞曲》是人教版五年级下册第二单元欣赏作品，本单元向学生介绍了羌族、瑶族、土家族等少数民族的音乐和文化，通过学习，加深了学生对少数民族音乐的认识，从而达到理解、尊重音乐文化的多样性，熟悉、热爱祖国的音乐文化。《瑶族舞曲》是一首家喻户晓的民族管弦乐曲，作品生动地描绘了瑶族人民欢庆节日时的歌舞场面。全曲为复三部曲式，在简短的引子

---

① 本课曾在福建省名师送培送教活动中展示。

后，进入第一部分，第一主题来自瑶族民歌《瑶族长鼓舞歌》，音乐优美抒情，描绘了姑娘们婀娜多姿的舞态；第二主题由第一主题派生而来，速度加快、节奏更为密集，音乐情绪更加热烈欢快，甚至有些粗犷，表现了小伙子们热情奔放的舞姿。第二部分节拍发生变化，转为三拍子，旋律十分优美，表现了青年们真挚的爱情和对幸福生活的向往。第三部分是再现部，再现了第一、二主题，表现了人们又纷纷加入到群舞的行列，欢跳着、旋转着、歌唱着，气氛越来越热烈，感情越来越奔放，乐曲在强烈的全奏中推向高潮。

【教学设计】

教学内容：

1. 欣赏管弦乐作品《瑶族舞曲》。

2. 学会哼唱 A 段主题Ⅰ旋律。

3. 聆听《瑶族长鼓舞歌》。

教学目标：

1. 能认真聆听音乐，在聆听的过程中，了解乐曲的演奏形式——民族管弦乐合奏，并产生进一步学习民族管弦乐作品的愿望。

2. 在聆听、哼唱、声势律动等音乐实践活动中感受作品三个段落的不同节拍、速度、情绪，理解音乐要素的变化在情感表达中的作用。

3. 熟悉作品的 A 段主题Ⅰ，并积极参与表现。

教学重点：在对比聆听过程中，感知音乐要素在情感表达中的作用。

教学难点：在体验、聆听不同乐段不同主题过程中，感知作品的结构。

教学过程：

一、欣赏第一乐段音乐

（一）欣赏主题Ⅰ乐段

1. 初听

教师：请同学们听一段音乐，你能听出是哪些乐器主奏的吗？音乐的情绪是怎样的？（有时安静、优美，有时热闹、欢快）你像老师这样体验音乐吗？（每个学生发一纸杯，左手持纸杯，杯底朝上，右手敲击，第一拍敲击杯底，第二拍敲击杯身，主题出现时教师在纸杯上敲击长鼓节奏× × ×，主题出现三次，每次敲击的力度不同）

【设计意图：通过初听音乐，让学生对音乐速度、力度及演奏乐器有整体感知；通过敲击纸杯模拟体验长鼓节奏，再用不同力度为音乐伴奏。如此既让学生感知音色、力度，又初步感知音乐风格特点，体现声韵之导的同时，感受意韵之美。】

2. 复听

教师：到底是哪些乐器主奏的呢？我们再来听一遍。（主题出现时师生共同用纸杯敲击长鼓节奏）

学生：是二胡主奏的。

学生：还有琵琶。

学生：还有打击乐器。

……

教师：二胡是属于弓弦乐器，琵琶是属于弹拨乐器，你们还听出了吹管乐器、打击乐器的声音。（教师视学生回答情况板书：弓弦乐器、弹拨乐器、吹管乐器、打击乐器）

3. 视听

教师：让我们一起观看演奏视频，看看到底是哪些乐器参与演奏的？请记住这些乐器的音色。看到主奏乐器出现时能和老师一起边模拟乐器演奏边用 lu 哼唱吗？（主题出现时，教师提醒学生）

4. 听辨乐器

教师：现在不看视频，听音乐能辨别出是什么乐器演奏的吗？（分别播放不同乐器主奏的主题Ⅰ音乐）

【设计意图：立足聆听，让学生听辨乐器，培养学生的内心听觉。】

5. 演唱主题Ⅰ

①出示曲谱

教师：这就是我们今天学习的主题Ⅰ。

主题Ⅰ

1=F 2/4

优美、抒情地 刘铁山、茅沅曲

6 3 3 6 | 2. 　　1 | 7 2 1 7 | 6. 5 3 |

6. 7 1 2 | 3. 5 3 2 | 1 2 3 2 1 | 6 — |

5. 6 1 6 | 1. 2 3 5 | 3 3 5 2 3 5 | 3 — |

6 3 6 3 | 6 2 6 2 | 1 2 3 2 1 | 6 — ‖

②学生分别模拟弓弦、弹拨、吹管乐器演奏并哼唱，教师钢琴伴奏

③学生用纸杯敲击长鼓节奏× × ×为旋律伴奏并哼唱

④个别学生紫竹笛吹奏或钢琴即兴演奏主题旋律

教师：在聆听这一乐段音乐的过程中，同学们对拉弦乐器、弹拨乐器、吹管乐器、打击乐器有了更多的了解，像这样由这几类乐器参与演奏的形式称为民族管弦乐合奏。（板书：民族管弦乐合奏）民族管弦乐队是中国近代以中国民族乐器为基础，结合西方交响乐队编制方式建立的乐队形式，包括吹奏乐器组、拉弦乐器组、弹拨乐器组和打击乐器组。

（二）聆听主题Ⅱ乐段

1. 初听

教师：接下来聆听第二段音乐，与第一段对比，什么发生了变化？是什么引起这样的变化？你能哼唱印象最深的一句吗？（主题Ⅱ出现时，教师用纸杯敲击强拍。板书：快）

2. 复听（主题Ⅱ出现时，教师引导学生用纸杯体验强拍）

教师：快的速度和密集的节奏让音乐情绪显得欢快热烈。刚才我们聆听的两个主题乐段音乐是我们今天欣赏作品的第一乐段，这一乐段音乐有两个主题，两个主题音乐因为速度、节奏等音乐要素的不同表达的音乐情感也不同，你能用一个符号或字母表示吗？（学生写在纸上，稍后评价）

【设计意图：引导学生用符号表示乐段，为感知作品结构做好铺垫。】

（三）完整聆听第一乐段音乐

教师：下面我们完整聆听第一乐段音乐，当主题Ⅰ出现时请用纸杯合乐敲击这样的节奏× × ×体验音乐，其他乐句可以用自己喜欢的形式体验，看看哪个同学表现最好。

二、欣赏第二乐段音乐

1. 聆听

教师：通过聆听我们初步认识了主奏乐器，熟悉了主题Ⅰ旋律。下面，我们再来聆听一段音乐，这一乐段音乐的情绪又是怎样的呢？与第一乐段音乐相比，什么发生了变化？

（学生聆听，教师引导学生用纸杯体验节拍特点，左手持纸杯，杯底朝上，右手敲击，第一拍敲击纸杯底部，第二拍、第三拍分别拍打左肩、右肩）

学生：节拍变化了，速度也变化了。

2. 小结

教师：节拍和速度的变化也会造成音乐情绪的变化。第二乐段音乐情绪有的优美，有的轻巧活泼。（板书：中速 $\frac{3}{4}$）你能哼唱其中印象最深的一句吗？

3. 学生自主选择符号或字母表示第二乐段（学生写在纸上，稍后评价）

教师：同学们都听出了这个乐段的节拍和速度，那么第一乐段的节拍速度又是怎样的呢？（板书：慢→快 $\frac{2}{4}$）

【设计意图：引导学生带着问题聆听音乐、感知音乐，在对比聆听中用声势动作体验节拍、速度、情绪的变化，进一步感知理解作品的意韵。】

三、欣赏第三乐段音乐

1. 聆听

教师：这一乐段的音乐熟悉吗？听到主题Ⅰ时请用纸杯体验音乐。（学生聆听后回答）

教师：这一乐段音乐和第一乐段完全一样吗？有哪些不一样？（在学生回答基础上师生小结，教师板书：慢—快—更快）

2. 学生自主选择符号或字母表示第三乐段（学生写在纸上，稍后评价）

3. 揭示曲式结构

①展示学生的图式

学生：我用 A、B、C 三个字母分别表示三个乐段音乐。

学生：第三乐段与第一乐段有很多相似的地方，用 C 表示第三乐段不好。

②师生评析

教师：看看音乐家是怎么表示的。

③揭示曲式结构

A　B　A′（板书）

【设计意图：学生能够自主选择符号或字母表示乐段是建立在对乐段的节拍、速度、音色等音乐要素的感知体验甚至认知的基础上而产生画面感的，通过选择、展示、评析，再揭示曲式结构，让学生进一步完整回忆作品，记忆作品，学会区分音乐基本乐段。】

4. 出示课题

教师：这就是我们今天欣赏的三段体音乐，你能说说音乐描绘了一幅怎样的场景吗？（学生各抒己见）

教师：刚才我们欣赏的作品是《瑶族舞曲》，由刘铁山、茅沅作曲。（板书课题）乐曲分为三部分，由弓弦乐器、弹拨乐器、吹管乐器、打击乐器参与演奏。作品生动描绘了瑶族人民欢庆节日时的歌舞场面（简要图示歌舞场景），他们身着盛装，敲着长鼓，唱着、跳着……

【设计意图：音乐不具有语义的确定性和事物形态的具象性，从音乐音响出发，尊重学生对音乐的感受和音乐带来的画面感。然后通过介绍音乐与相关文化，让学生更深入了解瑶族音乐的风格特点，产生进一步学习少数民族音乐作品的愿望。】

四、完整欣赏作品

1. 聆听并体验

教师：接下来，请同学们安静聆听作品，感受瑶族人民欢庆节日时的歌舞场面。

2. 结课

教师：今天，我们欣赏了民族管弦乐合奏作品《瑶族舞曲》，同学们都会哼唱 A 段的主题 I 旋律了。这个主题旋律来自瑶族民歌《瑶族长鼓舞歌》，音乐优美抒情，让我们一起听赏《瑶族长鼓舞歌》，在美妙的歌声中结束今天的这节课。

【教后反思】

在大力发展多元文化的今天，民族管弦乐作品对于五年级学生来说已越来越生疏，如何在课堂教学中引导学生感受、体验少数民族音乐，产生进一步了解少数民族音乐作品的愿望是执教者教学设计的出发点。在本课教学中，笔者依据"感知→体验→认知→表现→创造"的"三韵"教学模式，改变"总—分—总"的欣赏教学框架，立足聆听，在模拟演奏、哼唱、声势动作等音乐实践活动中让学生体验音乐，熟悉主题 I 旋律，感知作品结构，圆满达成教学目标。

一、选择纸杯助力音乐体验

本节课笔者立足常态，选择一次性纸杯作为节奏体验的道具，即敲击纸杯体验不同的节奏，辅以不同力度、速度、体态动作表现音乐，这样便捷又让学生喜欢的体验方式贯穿这节课的始终。如，让学生在感受第一乐段主题Ⅰ音乐时用"× ××"节奏体验瑶族特有乐器——长鼓的节奏和力度，在音源刺激学生感官，体现"声韵"之导的同时，把声音幻化成脑海中的画面，感受瑶族音乐的韵味；主题Ⅱ音乐用"× 0"节奏体验四二拍子的强弱特点和音乐的速度；第二乐段体验四三拍子等。在这样的体验中，学生对音乐作品中形式要素的感知力和情感陶醉的感受力都得到不同程度的提升。

二、立足聆听理解作品意韵

音乐的表现力来自悦耳动听的音响及精致巧妙的音乐形式。本节课笔者立足聆听，所有问题设置都是建构在听力基础上，引导学生带着问题聆听音乐，在反复聆听中深层次感受音乐全貌，在对比聆听中用声势动作体验节拍、速度、音色、情绪的变化，进一步感知理解作品的意韵。如，欣赏第一乐段主题Ⅰ音乐时让学生听主奏乐器，辨主奏乐器，欣赏主题Ⅱ音乐时引导学生听速度变化；欣赏第二乐段音乐时听节拍变化、速度变化等；欣赏第三乐段音乐时听熟悉的主题及其变化等。聆听给学生带来的审美体验是直接有效的，这个过程是在"接受优质音源—内化产生意象"过程中理解作品的意韵。

三、张扬个性实现情韵表达

音乐不具有语义的确定性和事物形态的具象性，从音乐音响出发，尊重学生对音乐的感受和音乐带来的画面感。本节课笔者没有给学生以标题音乐的暗示，没有用语言告诉学生作品表现的内容，而是充分调动学生的感官，从听觉入手，让学生从易到难，在体验和听赏中发现民族音乐的特点，学会欣赏音乐的方法后表达自己对作品的感受以及产生的画面感，再通过介绍音乐与相关文化，让学生在与作曲家表达音乐的对比中更深入了解瑶族音乐的风格特点，产生进一步学习少数民族音乐作品的愿望，实现情韵表达。

【同行观课】

这是一节经典音乐欣赏课。林老师以"感知→体验→认知→表现→创造"的"三韵"教学模式设计教学环节，以聆听、感受《瑶族舞曲》情绪、节拍、速度、力度为教学重点，引导学生感受理解音乐要素的变化在情感表达中的作用。从教学实践来看，学生主动体验，积极参与，较好地完成了既定的教学目标。

一、教学设计有序合理

本课设定了切实可行、直面学生音乐素养提升的教学目标,因而获得了有效的教学效果。林老师能合理安排教学内容,从易到难,层层递进,让学生循序渐进地获得音乐感受。另外,细节的设计,包括每个教学环节的衔接,教师的引导语言、音频效果、课件设计等,都为取得良好教学效果服务。

二、教学实施体现音乐为本

教学过程中,林老师始终引导学生关注音乐,让学生在对比聆听过程中,感知音乐要素在情感表达中的作用。如聆听方式有分段聆听、完整聆听,在聆听过程中设计了随音乐律动、哼唱主题旋律、用纸杯打节奏为音乐伴奏、对比音乐要素等音乐实践活动,让学生能透彻地感受音乐、理解音乐、表现音乐。

三、教学方法选择科学巧妙

第一,体验式音乐学习法。音乐学习需要学习者自身去经历、去感悟、去操作,才能获得属于学习者个人的音乐感受。体验式音乐学习强调身体的参与。因此,在欣赏《瑶族舞曲》的过程中,林老师十分注重学生切身的音乐体验,在聆听每一段主题时都通过打节奏、唱旋律等活动,使学生获得音乐感受。在完整欣赏时,让学生始终沉浸在音乐中边聆听边思考、边想象,获得最直接的音乐感受。第二,比较式音乐学习法。运用比较的方法欣赏音乐,有利于学生形成对音乐的深刻印象,这样不仅可以有效提高课堂效率和学生的审美注意力,还有利于学生音乐思维的发展,有利于培养学生分析与评价音乐能力的提高。在本课教学中,林老师多次运用比较法引导学生对比主题在节拍、节奏、速度以及音乐情绪上的异同。在分段聆听后,还通过分析列举各主题音乐的异同点,帮助学生厘清思路,理解音乐的意韵,学会欣赏音乐的方法。

四、教学环节凸显"三韵"特色

首先是导入部分,林老师用生活中常见的纸杯当作打击乐器敲响长鼓节奏,并带领学生参与体验。这样的导入方式让学生尽快进入瑶族长鼓舞的情境,教学效果较好。二是第二乐段的体验,林老师再次运用纸杯及身体动作感受瑶族民族音乐的变化拍子。学生在熟悉作品音乐主题,获得音乐感受的基础上,用已知经验探索未知音乐节拍,发挥音乐判断力和创造力,成功地对第二乐段的主题音乐进行准确的辨别，并且用演唱的方式表现出来。这个环节既检验了学生的学习成果和掌握的音乐技能，又展示了学生个性，激发了他们的思维能力、表现能力。学生积极参与创编，并自信表现音乐，实现情感升华，凸显"三韵"教学特色。

福建省福州市达明小学　陈小静

《喜洋洋》教学案例[①]

执教：闽侯县实验小学　林秀芳

喜 洋 洋
（民乐合奏）

刘明源　曲

音乐主题

1=C 2/4

【教材分析】

《喜洋洋》是湘教版小学音乐教材三年级上册第十一课听赏内容。这是一首欢快热烈的民乐合奏曲，全曲有两个主题。第一个主题取材于山西民歌《卖膏药》，由笛子、扬琴、琵琶等民族乐器合奏，旋律中快速的十六分音符、顿音以及加花的手法，充分发挥了原曲轻快活泼的特点，增加了热情洋溢的气氛。第二个主题根据另一首山西民歌《碾糕面》改编，保持了原曲舒展的特点，将上下两句发展成起承转合的四句。笛子、二胡与板胡以各种技巧演奏主旋律，木鱼则以规整的节奏衬托曲调。这是一个抒情段落，与第一段形成对比，在节奏上采用民间曲牌中传统的紧拉慢唱的手法，使之与第一主题保持同样的速度，但曲调拉宽，富于抒情。作品中两个主题交替出现，曲式结构为 ABABA。

【教学设计】

教学内容：

---

① 本课曾在福建省名师送培送教活动中展示。

1. 欣赏民乐合奏《喜洋洋》。
2. 聆听民乐合奏《步步高》。

教学目标：

1. 能认真聆听音乐，在聆听的过程中，了解乐曲的演奏形式，并产生进一步学习民乐合奏作品的愿望。

2. 在聆听、演唱、对比等音乐实践活动中，感受不同乐段音乐要素的变化及其带来的情感变化。

3. 熟悉作品的两个主题，并积极参与表现。

教学重点：在对比聆听过程中，感知音乐要素在情感表达中的作用。

教学难点：在聆听、体验不同乐段不同主题过程中，感知作品的结构。

教学过程：

一、导入

聆听判断

教师：每一个同学听到音乐心里都会产生一种感觉，听听下面这一段音乐，判断一下这一段音乐适合下面哪一种场景。（出示判断题，播放第一乐段音乐）

聆听音响，请判断这段音乐最适合以下哪一种场景？为什么？（　　）

A. 妈妈哄宝宝睡觉场景　　B. 运动会场景

C. 战斗场景　　D. 喜庆热闹的场景

学生：我选择 D，因为音乐是欢快活泼的。（教师板书：情绪欢快活泼）

教师：你从哪里感受到欢快的情绪？再听。

学生：音乐的每一个音一个接一个，接得特别紧。

教师：用音乐的语言来说，叫做节奏密集。（教师板书：节奏密集）

【设计意图：通过听辨音乐判断音乐画面，是培养学生聆听能力的有效途径，特别是对于三年级的学生来说，聆听感受音乐的意韵，实现"以乐显境"，并能对音乐的情绪做简要描述，是学段教学目标之一。】

二、新课教学

1. 听赏第一主题

①教师画图谱

教师：请同学们继续聆听这一段音乐，边听边和老师一起画图谱，听完告诉老师音乐可以分为几个乐句?

～～～～～～～～～～～

～～～～～～～～～～～～

～～～～～～～～～～～～～～～～

②体验乐句

教师：能不能自己边画图谱边用"噔"来哼唱旋律呢?

教师：现在请同学们闭上眼睛，不同乐句出现时能用不同的动作表现吗?（学生闭眼体验）

教师：现在继续闭眼聆听，用"噔"来哼唱，听到第一乐句音乐时，请第一组的同学举手示意，听到第二句音乐时请第二组的同学举手示意，听到第三句音乐时请第三组的同学举手示意。

③用符号表示该乐段

教师：刚才聆听的三个乐句形成了我们今天学习的第一个音乐主题，能不能用一个图形来表示呢?（板书：▽）

【设计意图：利用图谱、模唱、身体动作等反复体验第一主题，不仅能让学生熟悉第一主题，更让学生感受乐曲的情绪和意境。】

2. 聆听全曲

①完整聆听

教师：刚才聆听的音乐是我们今天听赏作品的一个主题，现在请完整聆听，用自己喜欢的动作表现音乐，看看这一主题在作品中出现几次? 主题每出现一次就画一个▽表示。

教师：同学们有不同意见，我们再来听一遍。（学生再次聆听，每次主题出现时教师书空图谱）

②师生小结并板书：   ▽   ▽   ▽

【设计意图：在聆听过程中用符号表示熟悉的主题，旨在让学生从音乐的角度对乐曲的结构有完整的感知和了解。】

3. 听赏第二主题

①对比聆听

教师：刚才我们聆听的作品除了第一主题，还听到其他不同的音乐，这不同的音乐就是第二主题，听听第二主题，与第一主题相比，什么发生了变

化？（学生聆听，教师画图谱）

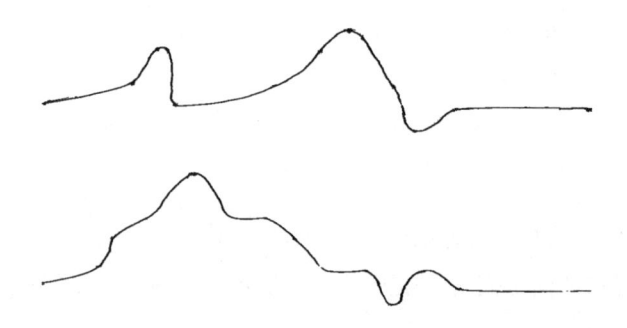

②小结

教师：同学们都听出了第二主题节奏稍显宽疏，主奏乐器也发生了变化，情绪是抒情优美的。（板书如下）

  情绪   抒情优美

  节奏   稍宽疏

  主奏乐器 变化

③认识竹笛与二胡

教师：我们再来听一遍第二主题，边听边画图谱，你能听出主奏乐器吗？

学生：主奏乐器是二胡。

教师：只有二胡吗？再听。

学生：还有笛子。

教师：这个笛子叫做竹笛。听听，竹笛和二胡演奏的音乐有没有相同或不同的地方？

学生：二胡和竹笛演奏的音乐是一样的。

教师：请同学们看视频，记住竹笛和二胡的音色以及他们的演奏动作。（学生观看竹笛和二胡演奏主题的视频）

④听辨竹笛与二胡音色，模拟乐器演奏

教师：现在考考你们的耳朵，不看视频能不能听出音乐是二胡还是竹笛演奏的？请模拟乐器演奏。

教师：竹笛与二胡演奏的旋律就是我们今天听赏的第二主题，能不能也用一个符号表示呢？（板书：○）

【设计意图：通过图谱，引导学生听辨音乐中节奏、音色的变化，节奏拉宽、主奏乐器的变化产生音乐情绪的变化；再通过视听结合、模拟演奏、对比聆听，让学生在喜洋洋的氛围中认识二胡与竹笛，并记忆第二主题。】

⑤体验第二主题

教师：我们合着音乐用"噜"哼唱第二主题音乐吧！（学生随乐哼唱）

教师：能不能跟着钢琴伴奏哼唱主题旋律呢？（出示主题旋律）

1=G 2/4

5. 6 1 | 5. 6 | 1 2 1 6 4 | 5 - |

5. 6 1 2 | 5 2 2 1 | 6 6 5 4 5 6 | 5 - ‖

⑥创编歌词体验

教师：这就是第二主题旋律，听到音乐你想到什么样的场景？同学们能不能编创歌词来唱一唱呢？

学生：春天好呀春天好，我们大家一起去郊游！

教师：你能唱一唱吗？

学生：

5. 6 1 | 5. 6 1 2 1 6 4 | 5 - |
春 天 好 呀春 天 好

5. 6 1 2 | 5 2 2 1 6 6 5 4 5 6 | 5 - ‖
我们 大家 一 起 去 郊 游

教师：还可以怎样编？

学生：喜洋洋呀喜洋洋，我们大家一起做游戏。

……

【设计意图：设计编创歌词旨在进一步感知音乐，理解音乐的内涵，享受创编乐趣的同时表现音乐，升华情感体验，实现情韵表达。】

4. 完整聆听

①感知曲式结构

教师：请同学们再次完整聆听音乐，听听第二主题出现了几次？与第一主题有什么联系呢？请用符号表示。（视情况选择聆听次数）

教师：在这个作品中，第二主题出现了两次，两次出现都是跟在第一主题后。（板书曲式结构图）

▽　○　▽　○　▽

②为作品命名，并出示课题

教师：你能为音乐起名吗？（学生各抒己见）看看音乐家是怎样命名的。（出示课题）

教师：今天我们听赏的作品《喜洋洋》是由二胡、笛子、琵琶等民族乐器合奏的，这种演奏形式称为民乐合奏，作品以鲜明的标题，欢快的旋律和浓郁的风格表现了热情奔放、载歌载舞的喜庆场面。全曲有两个主题，第一主题音乐热烈欢腾，第二主题抒情优美，两个主题音乐交替出现。

③介绍相关文化

民乐合奏《喜洋洋》由作曲家刘明远创作，作品节奏欢快活泼，旋律朗朗上口，是许多音乐会演奏的保留曲目。

三、拓展延伸

教师：现在请同学们再来欣赏一首作品，听听这一首作品与今天学习的作品有哪些相似之处？（聆听民乐合奏《步步高》）

学生：这也是一首民乐合奏作品。

教师：你能听出哪些乐器的音色呢？

学生：竹笛、二胡、琵琶。

学生：还有扬琴、打击乐器等。

教师：我们一起边看视频边听，这一首民乐合奏作品的音乐情绪和《喜洋洋》还有哪些相似之处呢？

学生：两首作品的情绪都是欢快活泼的。

教师：这是一首颇有特色的广东音乐《步步高》，是广东音乐名家吕文成的代表作，旋律轻快激昂，层层递增，节奏明快，音浪叠起叠落，一张一弛，音乐富有动力，给人以奋发向上的积极意义。

四、全课小结

教师：今天我们听赏了民乐合奏《喜洋洋》和《步步高》，同学们认识了竹笛、二胡、琵琶等更多的民族乐器，记住了《喜洋洋》的音乐主题，感受到了《步步高》的音乐特点，同学们课后可以下载聆听更多的民乐合奏作品，把你听到的印象最深的作品分享给其他同学。

【教后反思】

民乐合奏《喜洋洋》是耳熟能详的作品，那欢快的旋律许多人都可哼唱一二。如何利用耳熟能详的作品,发挥声韵的最大作用,引导学生听出新意、听出结构、听出意韵,甚至以此作品为学习载体,"听"出素养,享受音乐,学会听音乐的方法,是笔者设计教学的出发点。鉴于这样的目标,笔者在教学中做了如下三点尝试,收效颇丰。

一、开门见山　聆听主题导入

本课教学一改以往教学的各种导入,开门见山,简洁明了地让学生聆听作品第一主题,让音乐弥漫,让学生始终沉浸在音乐音响的声韵之美中,让音乐音响告诉学生所有的音乐信息。笔者这样设计问题:"听听下面这一段音乐,判断一下这一段音乐符合下面哪一种场景?"学生通过听音乐判断音乐画面,既培养了学生聆听音乐的能力,又感受感知主题音乐的风格特点,为熟悉记忆主题打好"前仗"。

二、选择策略　常态教学为主

本课教学,笔者没有使用花花绿绿的课件,没有使用华丽动听的辞藻,而是立足常态,立足可借鉴、可推广、可落地的"三韵"教学法,通过聆听,听出乐句、听出情绪、听出节奏、听出……其核心是听出变化!依托哼唱、图谱、身体动作,模拟演奏等音乐实践,引导学生反复体验,感受变化,感知音乐的意韵,实现"以乐显境"。如第二乐段的学习,教师通过画简单的图谱,引导学生听辨第二乐段与第一乐段的不同之处,让学生感受到音乐中节奏、音色的变化,节奏拉宽,主奏乐器的变化产生音乐情绪的变化;再通过视听结合、模拟演奏、对比聆听,让学生在喜洋洋的氛围中认识二胡与竹笛,并记忆第二主题。当学生熟悉了第二主题,笔者设计了编创歌词环节,引领学生在积极的编创歌词过程中表达自己对音乐的感受,并尊重学生的独立见解,张扬个性,升华情韵表达。

三、教学内容　体现资源整合

根据教学参考意见,本节课的教学内容是听赏民乐合奏《喜洋洋》,但是一节课一个作品,一节课一首歌,难以实现学生的音乐作品积累,更难以积累学生的聆听经验。本节课笔者整合教学资源,合理利用网络上的音乐学习资源,选择与《喜洋洋》同情绪、同体裁的民乐合奏作品《步步高》让学生拓展聆听,学生可以利用已学知识迁移聆听,积累听觉经验,发展听觉能力,既丰富了课程内容,又优化了教学结构,有效达成教学目标。

【同行观课】

一节好的音乐课，就是让听课老师在课上听得津津有味，在课后回味无穷。林秀芳老师上的湘教版小学音乐教材三年级上册第十一课《喜洋洋》，就是一节这样的好课。

音乐是听觉的艺术。有专家说，歌曲不是教会的，是听会的。音乐教师的作用就是要设计不同的活动让学生去关注音乐、欣赏音乐，也就是说要解决好"听什么"和"怎么听"的问题。上课伊始，林老师就直奔主题，安排了两次卓有成效的"听"，以音乐音响的声韵弥漫，让学生聆听作品第一主题："听听下面这一段音乐，判断一下这一段音乐适合下面哪一种场景？"学生通过聆听判断音乐画面，感受音乐传递的信息。第二遍听赏是在学生自己对音乐初步感知的基础上理解音乐要素，板书显示了几个关键词：节奏、密集。这个听赏活动设计得非常巧妙，首先，学生为了能够准确回答教师的提问，听得格外认真，在聆听中获得愉悦的感受和体验，养成良好的聆听习惯。其次，巧妙地将音响传递的信息与联想画面有机联系，并透过音乐要素去了解音乐内涵，理解作品意韵，避免只停留在感官欣赏层面。再者，学生在活动中不知不觉获得第一主题的感知，可谓"一举三得"。纵观林老师的课，不仅"听"得充分，而且是"听"得深入。通过聆听，感知情绪，听出乐句，感受节奏，辨析音乐要素的变化带来的不同音乐情感体验。这种深切的体验不是林老师口口相传给学生的，而是通过一次次的聆听、哼唱、图谱、身体动作、模拟演奏等音乐实践活动中感悟出来的，这样的学习是深入的、深刻的。

音乐是一门情感的艺术，是用有组织的乐音表达人类的思想感情。林老师深谙此道。课中，林老师借助图谱，形象感知乐句及音乐主题的变化；引导学生听辨音乐中节奏、音色的变化，节奏拉宽、主奏乐器的变化产生音乐情绪的变化；再通过视听结合、模拟主奏乐器演奏、对比聆听、哼唱主题旋律、编创歌词等音乐体验活动，引导学生在音乐的情感中去感悟，并带着情感去表现，节奏、旋律、乐句和乐曲结构等抽象的音乐符号就有了生命的灵性，进而达到情韵的交流与表现。

除了对教学内容本质的把握，对学科特点的精准定位，林老师的教学过程充满人文情怀，她的课堂教学不仅仅停留在知识点和技能传授上，她抓住的是人的发展。课上，林老师通过整合相关的课程内容，引导学生在原有认知、体验的基础上，拓展聆听与《喜洋洋》同情绪、同体裁的民乐合奏作品《步步高》，不仅对课堂教学效果进行有效检验评价，同时学生可以利用已学知识迁移聆听，提高知识迁移使用的能力，丰富音乐学习的内涵，为学生终生喜欢音乐、学习音乐、享受音乐奠定基础。

这样的音乐课，可谓是：在《喜洋洋》中体味喜洋洋的情绪，在喜洋洋的情绪中品味《喜洋洋》的乐章。

福建省德化县实验小学　查婉琼

《北京喜讯到边寨》教学案例[①]

执教：闽侯县实验小学 林秀芳

北京喜讯到边寨
管 弦 乐

郑路、马洪业曲

(乐谱略)

【教材分析】

《北京喜讯到边寨》是人音版五年级下册第二课的管弦乐合奏作品。该曲是我国著名的管弦乐作品之一，为多段体结构，由五个具有鲜明舞曲特征的

[①] 本课曾在福建省小学音乐教学研讨活动中展示，教学设计荣获福建省普通教育教学研究室举办的"小学音乐课堂教学设计"评比一等奖。

主题组成。

乐曲的引子由圆号摹仿牛角号在中音区奏出了粗犷辽阔的旋律。乐曲进入第一主题后，由号角声引导，小提琴、双簧管等乐器齐奏，节奏感强，旋律热情奔放，呈现出一幅热烈欢腾的场面。经过一个轻盈的过渡句，由双簧管奏出第二主题，旋律轻快活泼，与第一主题形成一个鲜明的对比。第三主题，弦乐奏出昂扬而流畅的旋律，较前两主题，更显甜美酣畅。第四主题，同样由双簧管演奏，较第二主题节奏更宽一些，音乐具有歌唱性，给人优美之感。第五主题，两个不同风格的旋律交替出现，诙谐有趣。

最后，乐曲再现第一主题并予以发展变化，乐声辉煌灿烂，把万众欢腾的热烈情绪发展到了顶点。整首乐曲生动明快，富有舞蹈性及浓郁的民族特点和地方色彩。

【学情分析】

五年级下册教材，笔者尝试在四年级下学期教学，学生能够在聆听音乐之后说出音乐的情绪，但由于种种原因，其音乐聆听能力仅限于说出音乐情绪，或在教师的引导下说出个别演奏乐器或部分音乐要素等。基于对学生审美聆听实际情况的认识，在本课教学中按照"感知→体验→认知→表现→创造"的"三韵"教学模式，借用乐器、律动、图谱等多种教学手段与教学方式，引导学生音乐体验，帮助学生理解节奏、速度、力度、音色等音乐要素在音乐情感表达中的作用，进而学习和掌握聆听音乐的方法。

【设计思路】

以"三韵"教学理念为指引，以情感为主线，贯穿教学全过程内容；强调在音乐反复的对比聆听、感知和探究中体验、理解音乐；注重学生多种感官参与音乐体验，强调学生在动中学，在比较、体验中学，并在实践中积累音乐学习经验、发展音乐能力。

"新课标"提出："感受与鉴赏是音乐教学的重要领域，是整个音乐学习活动的基础，是培养学生音乐审美能力的有效途径……教学中应激发学生听赏音乐的兴趣，鼓励学生对所听音乐表达独立的感受和见解，培养聆听的习惯，逐步积累欣赏音乐的经验。"根据以上要求，针对作品篇幅长、课时短的问题，笔者首先从情感入手，利用多种比较法，如通过音乐主题情绪的比较、主奏乐器音色比较、不同主题力度、速度的比较，获得对音乐的理解和知识的建构。其次，运用听、说、动、思等多种体验方式，调动学生视、听、动觉参与音乐的体验，从而在多种体验中培养学生审美能力及聆听习惯。该作品最突出的特点是主题（一）旋律由圆号、双簧管、小提琴、小号等乐器合奏，显得欢快、热烈，极具震撼力。为了突出音乐主题（一）的学习，教学中，笔者摒弃了欣赏教学中"总—分—总"的传统方法，从主题（一）入手，通过听作品、说情绪、辨乐器三个步骤导入整首作品的欣赏。然后采用对比聆听的方法逐一辨析主题，力图在这个过程中让学生理解节奏、速度、力度、音色等音乐要素在音乐情感表达中的作用，并有所侧重地利用演唱、演奏、声势等表现形式体验不同的主题音乐。最后，利用图谱把五个主题音乐及尾声"串连"，实现视觉和听觉的完美结合，学生印象深刻，课毕依然意犹未尽。

【教学设计】

教学内容：欣赏管弦乐合奏《北京喜讯到边寨》。

教学目标：

1. 在聆听、听辨、律动中欣赏并哼唱管弦乐合奏曲《北京喜讯到边寨》的主题旋律，感受其热烈、奔放、激昂的意韵美。

2. 能够用演唱、演奏、声势等形式体验和表现主题旋律。

3. 在音乐感知体验过程中，认识节奏、速度、力度、音色等音乐要素在情感表达中的作用，学习聆听音乐的方法。

教学重点：感受音乐的情绪，并参与体验。

教学难点：听辨五个音乐主题。

教学过程：

一、导入

1. 课前互动

①教师展示不同的面部表情及肢体动作，请学生用相应的情绪术语来表示。

②学生根据教师的要求展示相应的面部表情及肢体动作。

教师：人的情绪有各种各样，音乐也有不同的情绪，请同学们听一段音乐，听完说说音乐的情绪？它让你联想到什么样的场面？同时还要看看哪个同学的耳朵最灵敏，能说说这段音乐是用哪些乐器来演奏的？你了解这些乐器吗？

2. 聆听主题（一）

【设计意图：新课前创设易于学生情感投入的教学情境，初步感受音乐的情绪，唤起已有知识，为新课进入铺垫，与"三韵"教学理念下的欣赏课教学环节之"情境导入，激趣启思"相吻合。】

3. 说音乐情绪

4. 出示主题（一）

师：这段音乐就是我们今天要欣赏的音乐作品的第一个主题，它给人的感觉是欢快热烈、喜庆的。能听出这段音乐是用哪些乐器来演奏的吗？

5. 说主奏乐器

①学生边说乐器的同时，教师边呈现圆号、双簧管、小提琴、小号等乐器图片和相关文字材料；

②分别聆听并赏析乐器的音色特点；

③师生共同小结音色特点。

圆号：优美抒情，厚实中带着柔润温和。

双簧管：音质甜美纯净，带点鼻音，富有表现力。

小提琴：音色近似人声，富于歌唱性。有着丰富的表现力，适于表现各种类型的音乐作品。

小号：音色明亮而锐利，极富光辉感。

6. 引出课题

教师：这种由管乐、弦乐、打击乐演奏的作品，我们称之为管弦乐合奏曲。接下来，我们要欣赏的作品就是以铜管乐器的"号"、木管乐器的"双簧管"、弦乐的"小提琴"为主奏的管弦乐作品——《北京喜讯到边寨》。（板书课题）

二、整体欣赏

1. 完整聆听

教师：下面一起完整欣赏作品，请看聆听要求（课件出示）：

①聆听过程中，请注意音乐主题（一）在乐曲中出现了几次？

②请闭眼聆听，并用不同的体态表现自己的感受。

【设计意图：初步聆听和感知乐曲的情绪，能够发现乐段间的情绪变化，

达到"整体欣赏，感知形象"的目的。】

2. 说音乐情绪

教师：虽然这个作品总体情绪是欢快热烈的，但乐段之间存在着变化，比如音乐主题（一）给人特别强烈、震撼的感觉，让我们"走"进音乐，逐段欣赏。

三、分段赏析

1. 听辨主题（一）

①模唱主题（一）

教师范唱，突出力度感。

教师：你能够像老师这样用"bang"哼唱主题（一）旋律吗？哼唱的同时能够用肢体动作表达自己的感受吗？

②视唱主题（一）

③用其他形式表现主题（一）

教师：你能用自己喜欢的方式为主题（一）伴奏吗？

教师引导学生通过钢琴、葫芦丝、打击乐、寻找身边音源伴奏等方式，特别强调突出重音。

④小结：通过刚才听、唱和奏等活动，我们不仅感知、体验和表现了音乐主题（一）欢快、热烈的情绪，而且发现了这种情绪表达与"力度""速度"等音乐要素的关系，力度是通过所使用乐器的音色、所使用的乐器的量以及演奏的力度产生的。希望在接下来的音乐欣赏过程中，继续关注音乐要素在音乐表现中的作用。

【设计意图：通过演唱、演奏等多种形式，丰富学生对音乐的体验，实现对作品的意韵理解。】

2. 听辨主题（二）

①教师：接下来一起欣赏主题（二），同学们边听边思考（出示问题）：

乐句的开始是由什么乐器演奏的？与第一段对比，有哪些变化？什么发生了变化？引起这样变化的原因？

②聆听主题（二）

学生：演奏乐器变化了，乐器的数量也少了，音乐感觉轻巧。

学生：力度变化了，弱下来了。

③出示主题（二）及情绪术语：轻巧（轻快）

④复听

【设计意图：通过对比聆听，引导学生认识力度变化与使用乐器和乐器数量的关系，以及力度与音乐情绪的关系。】

⑤模唱（用 lu 哼唱）

在学生模唱的同时，教师用手势提示主题（二）与主题（一）力度上的区别。

⑥视唱主题（二）

教师：通过对比，我们认识到了节奏、力度对音乐情绪表达的影响。构成力度的方式有多种，如：作品演奏过程中使用乐器不同、数量不同，产生力度也不同，所塑造的音乐形象也不同。

3. 听辨主题（三）

①出示聆听思考：这个主题与主题（二）有什么不同？

②学生讨论表达观点：旋律酣畅甜美，节奏舒展，旋律弱起。

③出示主题（三）及表情术语（抒情）

教师：能听出是什么乐器演奏的吗？能用动作来模仿它的演奏方式吗？

④复听（学生模拟小提琴演奏的动作）

⑤用"la"模唱主题（三）

⑥小结：从以上音乐主题对比欣赏中大家已了解不同乐器因其音色不同，产生的音响效果也就不相同。下面这段音乐的开始部分也是用双簧管演奏的，请仔细听一听，使用的乐器相同，但它产生的音响效果与主题（二）一样吗？区别在哪？

4. 听辨主题（四）

①聆听主题（四）

教师：请安静聆听，你能说说音乐特点吗？音乐表现了什么样的画面？

②学生听并说感受

音乐优美，具有歌唱性。（出示表情术语：优美）

③对比聆听并思考：主题（四）与主题（二）音乐给人的感觉是否相同？为什么？

④小结：主题（四）与主题（二）对比，速度稍慢些，给人以柔美的感

觉。两段音乐节奏组织方式不同，产生的音响效果也不同，主题（二）的节奏紧一些，音乐较为轻巧；主题（四）的节奏宽一些，音乐给人优美的感觉。

⑤用 lu 模唱主题（四）

5. 听辨主题（五）

教师：第五个主题音乐非常奇特，它由两个旋律构成，请同学们仔细听听这一段音乐有什么特点，两个旋律是怎样出现的？

①聆听主题（五）

学生：两个旋律先后交替出现，第一个旋律强一些，第二个旋律更轻巧，音乐具有诙谐感。（出示情绪术语：诙谐）

②复听

教师：你能创编符合音乐的方式表现音乐吗？

③学生讨论

④学生体验音乐

学生边听音乐，边用响舌和形体动作体验音乐。（男生用强有力的形体动作，女生用响舌合乐伴奏）

教师：听了五个主题音乐，这一首曲子已接近了尾声。大家再听一听，乐曲是用哪一个主题作为音乐结束？它的速度和情绪有变化吗？

6. 听辨尾声

①聆听

②小结：尾声音乐力度渐强，速度渐快，在音乐中加进锣鼓，使音乐变化更加热烈、奔放。

③复听

教师：你们能用打击乐为音乐伴奏吗？

7. 小结

教师：这一首管弦乐合奏曲是由以上这五个主题为素材创作而成的，虽然作品总体音乐情绪是欢快、热烈的，但每一个乐段的情绪都有差异。谁能告诉老师是什么形成了音乐情感的差异与变化？（学生：力度、速度、节奏、音色、声部等）通过今天音乐作品欣赏，我们初步了解了音乐家是如何借助这些音乐手段表达情感、塑造形象的。换句话说，音乐的表现手段赋予乐曲丰富多彩的变化，因此我们在欣赏音乐时，应借助这些音乐手段，去聆听音乐，体验、感受并理解音乐。

四、完整听赏

1. 师生共同回忆每一个主题，出示图谱

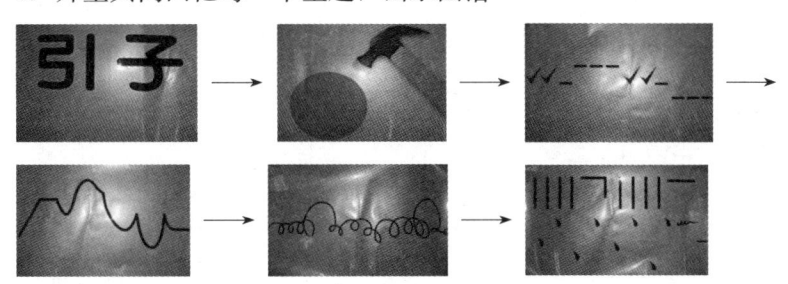

2. 完整复听

教师：现在我们安静地完整聆听作品，进一步感受作品的情绪和乐段的变化，考考自己能记住几个主题，能记住主奏乐器吗？

3. 为乐曲命名

教师：刚才聆听的作品，你觉得可以给它起一个什么样的名字呢？

4. 揭示课题，并介绍音乐相关文化

教师：《北京喜讯到边寨》是由郑路、马洪业作曲的一首管弦乐曲，创作于1976年12月。"喜讯"指的是1976年党中央粉碎了"四人帮"篡党夺权的阴谋，拨乱反正。作曲家用苗族、彝族音乐的素材表现了"喜讯"从北京传到西南边寨，各族人民载歌载舞、万众欢腾的情景。乐曲具有浓郁的民族风格和欢快、热烈的情绪，深受人们喜爱，已经成为音乐会经常上演的曲目之一。

【设计意图：通过完整聆听，升华学生对音乐的情感体验，巩固其对音乐的理解和感悟，感受音乐声韵美和意韵美的同时，享受情韵表达的喜悦。】

五、结课

学生随音乐律动出教室。

【教后反思】

《北京喜讯到边寨》是一首大作品，在教学中，本人注意到音乐的"弥漫性"特点，立足于听，从情绪入手，引导学生通过演奏乐器、演奏方式与音乐要素的结合去听音乐，受课时限制，选择性地、有侧重地聆听不能达成课时目标，因此"听什么、怎么听"就凸显出其重要性。本课在五个主题聆听过程中，体现以下两个特点：1. 注重问题的设计，用问题引导聆听；问题提在疑惑处、关键处，能鼓励学生思考，让学生始终处在一种积极的学习状态。由于作品的音乐主题多，学生容易混淆，难以辨析和记忆，笔者采用了对比手法，并有针对性地设计问题，让学生有目的地聆听。如：主题二与主题一抓住"力度"的不同设计问题，主题三和主题二围绕"音色"的不同提出问题，以及主题四和主题二根据"节奏"的不同引发思考等。2. 结合问题的探究，设计多种参与体验的活动，如模唱、声势、吹奏、伴奏等，引导学生在活动中感知、理解，并学会学习音乐。

其次，本课紧紧抓住了情感这一主线，围绕乐器音色、乐器性能、表现形式等引导学生进行音乐要素的学习与探究，如通过主题一与主题二的对比聆听，让学生明确节奏、力度对音乐情绪表达的影响。此外，知道认识构成力度的方式有多种，如：作品演奏过程中使用乐器不同、数量不同，产生力度也不同，所塑造的音乐形象也不同等。

再者，本课还注重了各种教学方法的整合与利用，图谱的设计与应用是本节课的亮点之一。这样的一部大作品，学生实难记忆，在逐段听辨后，借助"色""型"两全的图谱，帮助学生理解与记忆主题音乐，学生的兴趣大大提高，更为后续学习打下坚实的基础。

总之，本节课从设计到做课，符合音乐学科的特点，遵循音乐学习的规律，较好地达成教学目标。有一点值得注意，因作品篇幅长、难度深，执教者应视具体学情及时调整每一段主题音乐的教学目标，适当降低难度。

【专家点评】

《北京喜讯到边寨》一课曾在福建省中小学音乐课堂教学录像课比赛中获一等奖，并多次在省级教学研讨会上现场交流。本节课的设计有以下几个特点：

一、体现于教学目标与内容组织的切入要素

情绪是音响中最容易反映的内容，也是本作品需要关注的音乐性内容。巧以"情绪表达"为切入点，作品音响变化为线索组织教学，这种易于激发、唤起学习欲望的构课方式，能让学生快速走进音乐内容，积极参与与乐曲的对话。在此基础上，遵循音乐认知规律，教师设计了涵盖三个不同层面发展学习目标的方案：1. 从感官入手，结合着情绪表现问题的音响聆听讨论，感觉音乐情绪的基本特征；2. 从音响本体和表现要素出发，聆听乐曲中的五个不同主题音乐情绪发生变化时，哪些音乐要素起了变化，学生在这样的局部探究实践中发现作品中最独特的艺术语言和表现方法，从而学会聆听音乐的方法。

二、体现于音乐本体与音乐学习的策略选择

音乐是用来记忆的，用来唤起人的情感；音乐又是可以遗忘的，音乐需要记忆声音，记住音响在时间中的展现。教师能正确认识音乐学科的功能与特点，在教学策略选择上"因曲制宜"，摒弃欣赏教学中"总—分—总"的传统方法，从主题一入手，通过听作品、说情绪、辨乐器三个步骤导入整首作品的欣赏。然后，反复采用对比聆听的方法逐一辨析主题，通过音乐主题情绪比较、主奏乐器音色比较、不同主题力度、速度的比较，理解节奏、速度、力度、音色等音乐要素在音乐情感表达中的作用。在这个过程中，学生从模糊到清晰，从简单到丰富，获得对音乐的理解和知识的建构。而后，利用演唱、演奏、声势等表现形式体验不同的主题音乐，完成"音乐体验→音乐探究→音乐再体验"的全过程。最后，利用"色""型"兼具的图谱把五个主题音乐及尾声"串连"，将音乐的听觉表象具体化，再现出作品结构，圆满达成教学目标。

三、体现于动静结合的有效聆听

"新课标"指出："音乐教学是音乐艺术的实践过程。因此，所有的音乐教学领域都应强调学生的艺术实践，积极引导学生参与演唱、演奏、聆听、综合性艺术表演和即兴编创等各项音乐活动，将其作为学生走进音乐、获得音乐审美体验的基本途径。"纵观教学现状，常见整堂课热热闹闹，学生始终处于音乐实践中"动"的状态，看似身心愉悦，情感体验丰富，实则忽略了学习音乐的终极目标——能够安静地聆听音乐，享受音乐。因此，动是手段，静才是目的。本节课教师能够处理好动与静的关系，立足音乐音响的声韵弥漫，有时边聆听边律动，边聆听边画图谱；有时闭眼聆听；有时安静聆听……在动静结合中有效聆听音乐，理解作品意韵，学会聆听音乐的方法。

福建省福州教育研究院　李小瑜

《乡间的小路》教学案例[①]

执教：闽侯县实验小学　林秀芳

乡间的小路

1=D 2/4

叶佳修词曲

3 0 3 | 3 6 6 | 1 6 5 | 6 - | 6 6 6 | 6 6 1 | 2 2 3 | 2 - | 3 3 3 5 | 4 4 |
走 在 乡间的 小路 上， 暮归的 老牛是 我同 伴， 蓝天配朵 夕阳
荷把 锄头 在肩 上， 牧童的 歌声 在荡 漾， 喔呜喔呜 喔喔

3 3 2 1 | 2 - | 7 7 7 6 | 5 5 5 6 | 7 7 6 5 | 6 - | 6 - ‖ 6 · 3 |
在胸　　膛， 缤纷 的 云彩 是 晚霞的 衣 裳。　　　　笑意
他们　　唱， 还有一支 短笛隐约 在吹　响。

6 6 7 6 5 | 5 5 2 | 5 5 6 5 4 | 4 4 3 | 2 1 2 | 3 2 1 2 | 3 - | 6 · 3 |
写 在 脸上 哼一曲 乡居 小唱，任思绪 在晚风中 飞 扬。 多少

6 6 7 6 5 | 5 · 2 | 5 5 6 5 4 | 4 4 5 | 6 5 4 3 | 2 2 | 5 0 | 3 0 3 |
落寞 惆怅 都 随 晚风 飘散 遗忘在 乡 间的 小路上。 走 在

3 6 6 | 1 6 5 | 6 - | 6 6 6 | 6 6 1 | 2 2 3 | 2 - | 3 3 3 5 | 4 4 |
乡间的 小路 上， 暮归的 老年是 我同 伴， 蓝天配朵 夕阳
　　　　　　　　牧童的 歌声 在荡 漾， 喔呜喔呜 喔喔

结束句
3 3 2 1 | 2 - | 7 7 7 6 | 5 5 5 6 | 7 7 6 5 | 6 - | 6 - ‖ 7 7 7 6 |
在胸　　膛， 缤纷 的 云彩 是 晚霞的 衣裳。　　　　还有一支
他们　　唱， 还有一支 短笛隐约 在吹 响。

5 5 5 6 | 7 6 5 | 6 - | 6 - ‖
短笛隐约 在吹 响。

[①] 本课曾在福建省名师送培送教活动中展示。

【教材分析】

《乡间的小路》是新修订人音版五年级上册第五单元唱歌教学内容。这是一首 20 世纪 70 年代流传甚广的台湾校园民谣，原作为叶佳修词曲兼演唱。他以简约的曲调和歌词，歌咏乡间自然小景。在他的歌中涌动着欢乐与童真，他的嗓音，清澈透亮，全无做作，一派天真率性，清纯透明。《乡间的小路》曲调轻松活泼，描绘了一幅浪漫惬意的夕阳牧归图，如诗如画，令人沉醉。歌曲为带再现的三段体结构。第一乐段的旋律比较平稳，但节奏富于变化。第一乐句的八分休止符、第三乐句的三连音、第四乐句的切分音，使原本匀称、齐整的节奏产生了波动，在恬静之中增添了生气。第二乐段的音乐更富于活力，旋律在高音区流动，节奏也更为活跃，歌曲洋溢着舒畅、满足，充满着无忧无虑的乐观情绪。这个乐段以半终止 2　2 ｜ 5　0 ｜ 结束，然后进入第三乐段——第一乐段的再现。最后，尾句连续反复，仿佛短笛声、歌声伴随着夕阳和霞光渐渐消失在天际。

【教学设计】

教学内容：学唱歌曲《乡间的小路》。

教学目标：

1. 能够用轻松活泼的情绪演唱歌曲《乡间的小路》，初步了解台湾校园民谣。

2. 在聆听、哼唱、律动等活动中，产生进一步学习台湾校园民谣的愿望，能用不同形式体验歌曲情绪，并尝试用二声部合唱表现歌曲第二乐段。

教学重点：有感情演唱歌曲《乡间的小路》。

教学难点：能够积极参与歌曲体验。

教学过程：

一、导入：

1. 律动（课前学习简单动作）

①聆听第一乐段音乐，师生律动

教师：请同学们听音乐，听的过程中能模仿老师这样随着音乐做动作吗？（播放第一乐段伴奏音乐）教师邀请一个学生模仿教师律动。

②聆听第一乐段音乐，学生律动

教师：从刚才的律动中，你知道歌曲是几拍子的吗？你能和着音乐把拍子传给下一个同学吗?

③完整聆听歌曲伴奏,师生律动(两个乐段不同律动)

教师邀请一个学生律动,其他学生聆听并观察。

教师:请认真聆听音乐并观察我们俩是怎么跳的,等下看看哪个同学学得最像!

④完整聆听歌曲伴奏,生生合作律动

⑤小结:

教师:同学们跳得真不错!经过几次的律动,同学们对歌曲有一定的印象了。下面这几个图形分别代表乐曲的几个乐段,只是顺序打乱了,你能重新摆一摆吗?

2. 听音乐摆图形

①教师:请同学们聆听音乐,除了前奏和尾声,判断以下哪一个图示与音响最吻合,在( )内打√。(出示下图,学生聆听选择)

聆听音乐,请判断以下哪一个图示与音响吻合,在( )内打√。

A. ▲●▲●▲ (   )
B. ▲▲●▲●▲ (   )
C. ●▲●▲●▲ (   )

②复听,自检,教师摆图形

教师:出现不同意见了,我们再来听一遍音乐。

【设计意图:反复以优质音源刺激学生感官,且每一次都设计不同目标,学生在声韵弥漫中感知音乐情绪、旋律特点、作品结构等,为唱会歌、唱好歌做好铺垫。】

二、新课教学

1. 完整聆听范唱

教师:刚才我们聆听的音乐是今天我们学习的作品《乡间的小路》的一个乐段。(出示课题和曲谱)现在,请同学们边听歌曲边看曲谱,可以张嘴不出声在心里默唱,同时用自己喜欢的动作体验音乐。

2. 学习歌曲第一部分

①学生哼唱旋律

教师:我们先学习歌曲的第一部分,你们能随着钢琴伴奏哼唱吗?(学生

随钢琴伴奏哼唱）

②师生接龙唱旋律

教师：有的同学忍不住想唱歌词了，我们来接龙唱吧。（师生接龙唱歌词）

③学生唱歌词

教师：现在同学们可以自己唱歌词了。（学生随钢琴伴奏唱歌词）

④学生随乐唱歌词

教师：能够随着伴奏音乐演唱吗？（学生随伴奏音乐唱）

⑤对比聆听

教师：同学们音准、节奏都唱对了，听听老师唱得与你们唱得有哪些不同。（教师范唱）

⑥学生唱歌词

【设计意图：在聆听教师范唱、哼唱、接龙唱过程中，进一步熟悉旋律，感知乐句，会唱歌词；再通过对比聆听，相机解决歌曲难点，引导学生理解歌曲意韵。】

3. 学习歌曲第二部分

①教师范唱

教师：听老师唱这一段歌词，你们觉得这一段音乐与刚才那一段音乐相比有哪些不一样？（第一段音乐欢快活泼，这一段音乐抒情优美）

②学生哼唱旋律

教师：你们能不能随着音乐用"噜"哼唱呢？唱的同时用之前的律动表现音乐。

③师生接龙哼唱旋律

教师：我哼唱一句，你们哼唱一句。

④找乐句异同点

教师：老师哼唱的乐句跟你们哼唱的乐句有什么区别呢？

⑤学生唱歌词（根据学生演唱情况调整策略解决难点）

4. 完整唱歌词

①聆听教师范唱

教师：我们已经学习了两个乐段的音乐，现在听老师完整地把歌曲演唱一遍，同学们可以小声地跟老师一起唱。

②学生随乐唱歌词

教师：现在请同学们随着伴奏音乐唱歌词吧！在唱好音准、节奏的同时，还要注意演唱的姿势以及正确的呼吸方法。（教师范唱两个乐句）

【设计意图：学生在聆听、哼唱、对比、模仿等音乐实践活动中唱会歌曲，习得技能，进而自信有感情演唱歌曲，表现音乐。】

三、编创活动

1. 师生合唱

教师：听完同学们的演唱，老师想与你们合作了，你们随乐唱歌词，听听老师为你们添加怎样的音效。

2. 学习二声部旋律

教师：随着老师的琴声，把二声部旋律演唱一遍吧。

3. 师生随乐合唱（教师唱高声部，学生唱低声部）

4. 生生随乐合唱

【设计意图：学习一首歌曲不是音乐课程教学的根本目的，通过一首歌曲的学习，培养学生感受多声部音乐的丰富表现力，提高学生对作品意韵的感知能力，积累与他人合作的经验，是笔者设计二声部教学的出发点。】

四、拓展体验

1. 介绍相关文化（利用微课）

《乡间的小路》是台湾歌手叶佳修创作的，谱曲兼写词，是一首校园民谣。校园民谣出现在 20 世纪 70 年代后期，台湾大学生在"乡土文学"影响下，出现了一股"唱自己的歌"的热潮。这些青年作者所创作的一些表达他们思想感情的歌，被称为"校园民谣"。叶佳修以其清新的风格、动人的旋律，谱写了一首又一首家喻户晓的校园民谣，如《外婆的澎湖湾》《爸爸的草鞋》《赤足走在田埂上》，因节奏明快、旋律朗朗上口，一直传唱至今。

2. 欣赏校园民谣《赤足走在田埂上》

教师：请聆听这一首作品，熟悉的乐句可以唱出来，你能听出这一首作品与《乡间的小路》有哪些相同的地方吗？（学生聆听）

学生：它们都是流行歌曲。

学生：歌词都是讲述校园生活的内容。

教师：这些校园生活场景非常美好，令人难以忘怀。

教师：现在，请同学们再来感受一下这一首校园民谣，可以用自己喜欢的方式来表现音乐。

【设计意图：通过聆听相同体裁的作品，让学生对校园民谣的意韵有更深刻的认识，进而产生进一步学习校园民谣的愿望，为学生享受音乐、创造音乐、表现音乐（情韵表达）打下坚实的基础。】

教师：校园民谣，顾名思义，其或称为"校园歌谣"。这些歌曲因为唱出了校园生活和学子心境或感受，所以广受学生喜爱，一直流传至今。那么，大陆的校园民谣有哪些呢？回去找找听听，看看与台湾的校园民谣是否有区别。

【教后反思】

《乡间的小路》教材呈现为齐唱曲，歌曲旋律清新优美，广为流传，曾被许多学校选为课间播放的音乐，因此五年级的学生也略熟悉并能够哼唱几个乐句。基于这样的学情，笔者把教材内容作为组织教学的素材之一，不限于教教材，而是大胆拓展教学内容，在学会演唱歌曲单声部的基础上叠加第二乐段的低声部旋律，使学生感受多声部音乐的丰富表现力，积累与他人合作演唱的经验，进一步升华学生的情感体验。

美国作曲家艾伦·科普兰所著《如何听懂音乐》一书认为，人们听音乐有三个层次，即感官层次、表达层次和纯音乐层次。感官层次是最基础的听音乐层次，本课教学实施过程以学生的体验性活动为主导，选择第一乐段的音乐作为律动导入，反复以优质音源刺激学生感官，且每一次都设计不同目标，学生在声韵弥漫中感受旋律音响声韵美的同时听出节拍、听出乐段、听出结构。表达层次是将听到的音乐用自己的方式表达出来，即意韵理解。本课教学学生在聆听教师范唱、接龙哼唱、寻找乐句异同点、随钢琴唱过程中进一步熟悉旋律，感知乐句，进而大胆自信演唱歌曲，表达情感。纯音乐层次是最高层次，这一层次的音乐存在于音符本身和对音符的处理当中，笔者理解为情韵表达，升华情感。如学生能够尝试用二声部表现音乐，整节课沉浸在积极愉悦的情感体验中，再通过微课了解台湾校园民谣，表现出对校园民谣强烈的探究欲望，笔者认为，对于小学五年级学生来说，已经难能可贵。

道家哲学"大道至简"这个道理同样适用于音乐教学。本节课没有花花绿绿的课件，没有热热闹闹的场面，没有复杂繁琐的环节，没有苦口婆心的说教，有的只是声音的弥漫与学生的体验，如导入环节的听音乐律动，在律动中体验节拍，在律动中体验乐句，在律动中体验乐段。学习方法始终围绕重复与对比，从易到难，层层递进，如贯穿整节课不同要求的反复聆听与对比聆听，听出乐句的不同，听出教师演唱与学生演唱情绪的不同。学习过程始终尊重学生的内心感受，如引导学生用自己喜欢的方式表现校园民谣《赤足走在田埂上》等。问题设置始终聚焦音乐本体，如聆听歌曲《赤足走在田埂上》的设问："你能听出这一首作品与《乡间的小路》有哪些相同的地方吗？"总之，本节课用最简单并可资借鉴的方法有效达成教学目标。

【同行观课】

这是一节自然实效、可资借鉴的好课。本课充分体现了林秀芳老师的"三韵"教学主张，以聆听为主，让音响的声韵弥漫整节课堂，学生积极参与音乐实践活动，并在形式多样的体验活动中感受歌曲的意韵美，情不自禁地表达对歌曲的喜爱之情。

一、教学目标上，本课突出了一个"明"字

知识目标、能力目标、情感目标明确且有机融合，符合课标要求，符合教材和学生的实际情况，体现了循序渐进的教学规律。

二、教学内容上，本课抓住了一个"准"字

重点难点的确立准确，教学思路清晰，能准确突出重点，在聆听、哼唱、律动等活动中，产生进一步学习台湾校园民谣的愿望，能用不同形式体验歌曲情绪。能有效突破难点，尝试用二声部合唱表现歌曲第二乐段。

三、教学程序上，本课体现了一个"清"字

课前律动、新课教学、编创歌曲（二声部体验）、拓展体验等环节紧紧相连，过渡自然，严谨有序。

四、教学方法上，本课呈现了一个"活"字

1. 教师教法活。教师教法活集中表现在充分利用音乐创设情景。运用对比进行律动体验，运用接龙游戏进行拍号辨别，运用编创进行二声部体验等。

2. 学生学法活。学生学法活表现在学生积极性高，兴趣浓，参与性强，学生活动融入到课堂每一个环节中，歌声优美，表情自然，创编有效。

五、教学技能上，本课体现了一个"强"字

教师形象优美自如的演唱弹奏，显示了较强的音乐教师基本功和驾驭教材的能力。

六、教学效果上，本课体现了一个"好"字

课堂教学效果好，师生关系融洽度高，整节课聚焦核心素养，面向全体学生，密切关注学生的实际获得。

七、教学特色上，本课体现了一个"新"字

教材使用融会贯通，运用得当，把简单的校园歌曲创编成轻松和谐的合唱曲子，既培养学生感受多声部音乐的丰富表现力，又提高学生对作品意韵的感知能力，积累与他人合作的经验。建议二声部学习时多用图谱或手势，以提高二声部学习效率。

综上所述，本节课体现了以学生为主体，音乐为本体，教师为主导。教师密切关注音乐体验，关注学生实际获得，是一节值得推广的好课。

福建省福州市仓山区第一中心小学　李征

《鳟鱼》教学案例

执教：闽侯县实验小学　林秀芳

鳟鱼

舒巴尔特 词
〔奥〕舒伯特 曲
金帆 译配

1=B 2/4　中速

（乐谱略）

1. 明亮的小河里面有一条小鳟鱼，快活地游来游去像箭儿一样。我站在小河岸上静静地朝它望，在清清的河水里面它游得多欢畅，在清清的河水里面它游得多欢畅。

2. （那）渔夫带着钓竿也站在河岸旁，冷酷地看着河水想把鱼儿钓上。我暗中这样期望只要河水清又亮，他别想用那钓钩把小鱼钓上，他别想用那钓钩把小鱼钓上。

【教材分析】

《鳟鱼》是湖南文艺出版社四年级下册第六课欣赏内容，是舒伯特根据同名诗歌创作的一首艺术歌曲，在这首歌曲中不仅用伴奏音型塑造了鳟鱼悠然自得的形象，而且用分节歌的叙事方式揭示了歌词深刻的寓意，表达了对鳟鱼命运无限同情与惋惜的心情。歌曲旋律为两段体结构，第一段五个乐句，以明快活泼的旋律表现出天真无邪、活泼可爱的小鳟鱼在水中尽情遨游的神态，画面淡泊恬静。第二段转为吟诵式的富于激情的曲调，原先"无忧无虑"的流水般的音调受到干扰，力度加强，采用了激动的宣叙调，将全曲推向高潮，然后逐步趋向平静，淋漓尽致地刻画出小鳟鱼上当受骗时作者爱莫能助的无奈心情。

【教学设计】

教学内容：

1. 欣赏艺术歌曲《鳟鱼》。

2. 聆听《鳟鱼五重奏》第四乐章的主题、第一变奏和第二变奏。

教学目标：

1. 能认真听赏歌曲《鳟鱼》，学会有感情演唱歌曲的第一乐段。

2. 在聆听、律动、哼唱、画图谱等音乐实践活动中感受第一乐段的乐句变化及旋律走向，感受不同情绪音乐描绘的不同音乐形象，体验作品的意韵美。

3. 听赏《鳟鱼五重奏》的主题、第一变奏和第二变奏，初步了解变奏的创作手法，产生进一步学习舒伯特作品的愿望。

教学重点：欣赏艺术歌曲《鳟鱼》。

教学难点：感知作品的结构，记忆并能够演唱第一乐段音乐。

教学过程：

一、导入

1. 学生聆听律动（播放德文歌唱版第一乐段歌曲）

教师：请同学们边听音乐边走起来，当歌声响起时开始走。

2. 对比观察

教师：现在我们再听音乐，看看老师是怎么走的？（师生聆听，教师律动，音乐无重复）

学生：老师是和着音乐按节拍走的。

学生：老师走几步就停下来。

3. 聆听律动

①感知节拍

教师：你们能模仿老师这样走吗？你能听出音乐是几拍子的吗？（师生听音乐律动）

②感知乐句

教师：难度加大了，你能听出老师什么时候停下来吗？（音乐无重复）

学生：歌声停下来时，老师也停下来。

教师：确切地说是一个乐句结束时停下来，你们能模仿老师这样走走停停吗？边听边数，我们停了几次？（师生听音乐律动）

学生：停了5次。

教师：说明这一乐段音乐有5个乐句，现在我们围成圈，边听音乐边走动，每一个乐句结束时摆个 pose 吧！

4. 图谱体验

教师：刚才同学们用身体动作表示音乐，好像摆的 pose 不止 5 次呀！这怎么回事呢？答案就在音乐中，请听！（播放音乐，教师画图谱）

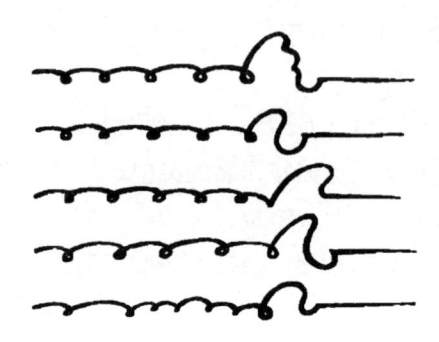

教师：请伸出你们的小手，边听音乐边和老师一起书空图谱吧！

学生：音乐有重复。

教师：其实音乐只有 5 个乐句，只是音乐重复了一次。

【设计意图：立足聆听，以作品音乐音响的声韵弥漫，从初次参与体验，感受音乐的情绪，到观察对比与教师律动的不同之处，再次参与体验节拍、乐句、旋律等都是在聆听中完成，且每一次聆听目标明确，从易到难，层层递进，为正确演唱第一乐段音乐打下坚实的基础。】

二、新课教学

1. 介绍音乐文化，揭示课题

教师：听到刚才的音乐，你眼前仿佛出现了什么样的画面呢？你能听出是什么语言演唱的吗？（学生各抒己见）

教师：刚才听到的音乐是德文演唱的歌曲，是著名的"歌曲之王"莫扎特根据德国诗人舒巴尔特的作品《鳟鱼》而创作的艺术歌曲。（出示课题）这首《鳟鱼》作品描述的是一幅什么样的场景呢？请听……（教师深情朗诵《鳟鱼》）

明亮的小河里有一条小鳟鱼，

快活地游来游去，像箭儿一样！

我站在小河岸上朝它望，

在清清的河水里面，它游得多欢畅。

那渔夫带着钓竿，也站在河岸旁，
冷酷地看着河水，想把鱼儿钓上。
我暗中这样期望，
只要河水清又亮，
他别想用那钓钩把小鱼钓上。
但渔夫不愿久等，浪费时光，
立刻便把那河水搅浑，
我还来不及想，他就已提起钓竿把小鳟鱼钓到水面。
我满怀激动的心情，看鳟鱼受欺骗。

【设计意图：这是一首艺术歌曲，高境界的文学诗词和优美人声以及伴奏织体是最具感染力的音乐要素。安排朗读歌词这一环节，旨在创设情境，让学生入情入境，不仅激发学生学习兴趣，更有利于学生与学习内容产生强烈的情感共鸣，增强学生的情感体验，为理解歌曲的意韵，最终表现音乐做好铺垫。】

2. 完整聆听

教师：现在请同学们完整聆听这一首艺术歌曲，歌曲可以分为几个乐段呢？你是怎么分的？与刚才聆听的歌曲有什么不同呢？（聆听童声版歌曲）

学生：这是小孩子唱的，刚才的音乐是男声唱的。

教师：男声演唱与童声演唱带给你的感受一样吗？

学生：童声演唱的第一乐段更活泼一些。

教师：刚才听的音乐只有一个乐段，童声演唱的有两个乐段。

3. 学习第一乐段音乐

①出示曲谱，聆听范唱

教师：音乐家是怎样表现小鳟鱼的形象呢？让我们走进音乐，去探个究竟吧！这是第一乐段的曲谱，（出示曲谱）请听范唱，你们张嘴不出声，在心里默唱。

②用 du 哼唱旋律

教师：同学们听得很认真，跟老师一起和着音乐用 du 哼唱旋律吧。（师生模唱）

教师：能不能跟老师接龙唱呢？老师先唱，第二次你们先唱。（师生接龙

唱)

教师：要求提高了，同学们能不能自己哼唱呢？

③学生尝试唱

教师：现在，跟老师接龙唱歌词吧！注意演唱姿势，模仿老师这样的声音。(师生接龙唱)

教师：相信同学们可以自己唱了。(学生随钢琴伴奏唱)

教师：同学们对自己的演唱感到满意吗？

④对比聆听，解决难点（根据课堂生成及时解决难点）

教师：这位同学说不知道从哪里接进去唱歌词，认真听前奏，听听老师是从哪里开始演唱的。

……

⑤学生随伴奏音乐唱歌词

教师：可以随着伴奏音乐唱吗？请做好演唱准备，认真听音乐。

【设计意图：第一乐段是作品《鳟鱼》的经典主题，学会演唱主题是为了记忆《鳟鱼》音乐，同时为拓展聆听《鳟鱼五重奏》，初步了解变奏的创作手法做一个有效的过渡。在学习演唱过程中，遵循音乐的审美性和实践性原则，让音乐音响的声韵不断弥漫，用不同方式模唱感知音乐，实现情韵表达——能够有感情演唱第一乐段歌词。】

4. 聆听第二乐段

教师：我们学会了演唱《鳟鱼》的第一乐段，现在请听赏下一乐段音乐，与第一乐段相比，有哪些相同与不同之处呢？(学生聆听)

学生：第二乐段力度发生了变化，情绪很激动。

教师：乐句有相同之处吗？

学生：第二乐段最后两个乐句与第一乐段的最后两个乐句相同。

5. 完整聆听

教师：这是一首文学诗词与优美人声完美结合的艺术歌曲。接下来，请同学们再次完整聆听作品，感受乐段变化及音乐的感染力。

三、拓展聆听

1. 聆听《鳟鱼五重奏》第四乐章片断（主题、第一变奏及第二变奏）

教师：《鳟鱼》这一个作品，音乐家不仅用不同的人声来表现音乐，还用了器乐演奏来表达情感。请欣赏下面这一段音乐，你能听出与歌曲第一部分相似的旋律吗？这些旋律是由什么乐器主奏的呢？你能模拟乐器的演奏姿势吗？（学生聆听，模拟乐器演奏）

2. 观看演奏视频（播放《鳟鱼五重奏》第四乐章视频片断）

教师：到底是哪些乐器参与演奏呢？请认真欣赏，记住这些乐器的音色及演奏方法。

3. 小结

教师：这是舒伯特创作的《A大调钢琴五重奏》，这部为钢琴、大、中、小提琴和低音提琴所做的作品共有五个乐章，今天聆听的是最著名的第四乐章的片段。首先是小提琴演奏的主题旋律，其他弦乐器伴奏，描绘了小鳟鱼在清澈的水中无忧无虑游动的情景；然后是第一变奏，由钢琴在高音区主奏，其他乐器衬托，表现河水清澈透明的景象；接着是第二变奏，由中音提琴演奏主题，其他乐器伴奏呼应，依然描绘小鳟鱼在水中嬉戏的情景。音乐还有第三变奏、第四变奏、第五变奏。"变奏"是音乐创作的一种手法，同学们熟悉了主题，后来又听到有变化的相似的主题，这就是变奏。今后，我们将进一步学习聆听变奏曲。

四、结课

教师：今天我们聆听了舒伯特的艺术歌曲《鳟鱼》，学会了演唱歌曲的第一乐段，还聆听了《鳟鱼五重奏》第四乐章的片断音乐，同学们回去可以下载聆听完整的《鳟鱼五重奏》，进一步感受舒伯特作品的艺术魅力。

【教后反思】

《鳟鱼》一课，教学笔者以"三韵"教学理念为指导思想，遵循"三韵"教学原则，让学生在音乐实践中感受、体验音乐美，内化理解作品的意韵，外化表现表达情韵之美。整节课师生始终沉浸在音乐音响的声韵弥漫中，学习兴趣浓厚，学习效度高，较好完成教学目标。笔者较为满意的有以下几点：

一、注重选择有效的审美切入点

这是一首艺术歌曲，在许多国家传唱，笔者选择德文版歌曲作为审美切入点，一句"当歌声想起来时请你们随音乐走动"，让学生即刻与音乐亲密接触。选择德文版歌曲是为了避免学生过于聚焦歌词而忽略作品旋律及伴奏织体，是为了让学生能集中注意力全方位感知音乐的律动感。而后通过聆听观察教师的随乐律动，进一步感知体验音乐的节拍、旋律的起伏及乐句的走向等，最后在围成圈行进与乐句结束摆 pose 的活动中熟悉了作品第一部分的旋律。短短几分钟时间，学生呈现出积极的学习兴趣和探究音乐的欲望，为记忆主题、歌曲演唱打下坚实的基础。

二、注重选择基于聆听的意韵理解策略

《音乐欣赏教学法》一书中提出："音乐欣赏需从聆听入手。为了使学生们把握音乐'结构'的美感，音乐欣赏应该以聆听音乐的各种构成要素及其对比作为入门的'线索'。""三韵"音乐教学同样提出立足聆听，以各种体验活动直抵音乐内涵，理解作品意韵。为此，笔者在执教《鳟鱼》过程中，始终以聆听音乐音响贯穿教学活动，每一个环节都设计不同目的的聆听，如导入环节的聆听，在聆听中感知歌曲的声韵美，在聆听中体验节拍，在聆听中感知乐句，体验旋律走向。再如新课教学环节的聆听，在聆听中感知乐段的不同，在聆听中熟悉歌词，在聆听中接龙哼唱，在聆听中解决歌曲学习的难点，在聆听中学会有感情演唱歌曲的第一乐段。

三、注重学生演唱方法的指导

"新课标"提出："3—6 年级的学生要能够用正确的演唱姿势和呼吸方法唱歌，培养良好的唱歌习惯。"良好唱歌习惯的培养应落实到每一节不同类型的音乐课中，并非只是唱歌课的教学任务与要求。《鳟鱼》一课是湖南文艺出版社四年级下册第 6 课欣赏内容，属于感受与欣赏领域。笔者在执教中并不满足于学生记忆主题旋律、能够哼唱主题旋律和歌词，而是在体验活动、对比聆听过程中唱好旋律，有表情演唱歌词表现音乐，甚至请个别学生独唱，以检阅教学目标的达成度。如，当学生熟悉了旋律，唱准了节奏和音准，笔者这样说："同学们音准、节奏都唱对了，听听跟老师唱的还有哪些不一样呢？"学生在对比聆听中明确了演唱姿势的不同造成声音效果的不同，从而养成良好的唱歌习惯。

本课拓展聆听时，笔者截取了《鳟鱼五重奏》第四乐章的主题音乐和第一、二变奏，旨在让学生初步了解变奏的创作手法，认识《鳟鱼五重奏》的演奏乐器，虽然环节目标圆满完成，但是否让学生完整聆听第四乐章值得尝试。

【同行观课】

林秀芳老师执教的四年级欣赏课《鳟鱼》，全面呈现了"三韵"理念下音乐课堂的新面貌，林老师立足聆听，与学生一起在音乐音响中构筑起悠悠声韵、美美意韵、浓浓情韵，以聆听、律动、哼唱、表现等方式，让学生尽情感受音乐美，深入体验音乐要素在作品中的作用，不断提升学生的审美意识与审美水平。

一、注重构筑情境

林老师采用了开门见山的导入方式，通过聆听音乐《鳟鱼》，用叙述故事的形式让学生各抒己见，给予学生充分的想象空间。创设课堂音乐故事情景，为学生呈现音乐的发生、发展、结局等情节要素与音乐变化，带来听觉、视觉上的直观了解，产生丰富的情境联想。林老师深知音乐欣赏不仅仅满足于让学生听会一首乐曲，更要启发学生联想和想象，感受歌曲的艺术形象，因此她注重培养学生听音乐的专注力，将歌曲的德语版本和中文版本相结合，引导孩子随音乐律动、行进，让学生跟随轻松、活泼的旋律踏步，在游戏中感受乐句的走向，享受音乐给予的快乐，根据音乐感受自行编创各种 pose，更是激发了学生的学习兴趣，引导学生深入音乐情境，在美美情韵中为后面的教学埋下铺垫。

二、突出主题教学

一直以来，"唱"都是学生在音乐课中最能接受的音乐体验方式。为解决记忆主题旋律这个教学难点，林老师重视学生的学习过程，关注教学细节，运用主题聆听、跟琴哼唱、乐句接龙等各种有效的教学手段，引导学生有效地参与音乐活动，学生在不知不觉中熟悉了音乐作品的主题旋律，加深了对音乐作品的印象，学会了有感情演唱，培养了学生的演唱能力以及音乐的记忆能力。林老师善于激励学生，能及时给予学生适当的鼓励和肯定，让学生懂得歌唱、爱上演唱、大胆歌唱，让学生在悠悠声韵中感知音乐、体验音乐、享受音乐。

三、巧用现代媒体

林教师将现代化信息技术与音乐教学深度融合，一方面充分利用视听结合、声像一体、资源丰富等优点为欣赏教学服务，通过多媒体放送音乐会视频的方式引导学生聆听《鳟鱼》钢琴弦乐五重奏第四乐章，向学生介绍小提琴、中提琴、大提琴及低音提琴，在这种教学情境调动下，学生学习兴趣被激发，既丰富了学生的想象力，又使课堂充满生机与活力，达到预期的教学目标,更起到锦上添花的作用。另一方面课件特别简洁,很多页面只有音频播放键,吸引学生将所有的注意力都集中在聆听上,无形中提高了学生聆听的专注力与效果,有助于培养学生良好的听觉习惯。

四、应用生成精彩

课堂中,教师往往为了教授知识内容而忽略了学生的课堂回馈,忽略学生在课堂中的状态呈现,一味地讲解灌输。林老师在课堂中能根据学生的现场反馈,及时对预设的环节进行调整,在主题歌曲演唱教学过程中,发现学生识谱学唱能力足够时,便将主动权交给他们,让学生自学第二段歌词,这样不仅能让学生学得更快更好,还调动了学生的学习积极性,达到事半功倍的效果。

音乐是听觉艺术,听觉体验是学习音乐的基础。发展学生的音乐听觉应贯穿于音乐教学的全部活动中,林老师用自己的课堂实践为与会教师诠释了欣赏教学的效度指标,给一线教师欣赏教学方向的引领。

福建省连江县实验小学　王诚忠

《可爱的家》教学案例[1]

执教：闽侯县实验小学　林秀芳

可爱的家

〔美〕J. 培　恩词
〔英〕R. 比肖普曲
邓映易译配

1=♭E　4/4
中速

| 1 2 | 3. 4 4 5 | 5 — 3 5 | 4. 3 4 2 |
纵然　游遍美丽的宫　　殿，享　尽富贵荣

| 3 — 0 1 2 | 3. 4 4 5 | 5 — 3 5 | 4. 3 4 2 |
华，　　但是无　论我在哪　里，都　依恋我的

| 1 — 0 5 5 | 1. 7 6 5 | 5 — 3 5 | 4. 3 4 2 |
家，　　好像天　上降临的声　音，向　我亲切召

| 3 — 0 5 5 | 1. 7 6 5 | 5 — 3 5 | 4. 3 4 2 |
唤，　　我　走遍游角天　涯，总　想念我的

| 1 — 0 | 5 | 4 — 2 | 1 — | 2 — |
家。　　家，　　家啊，可　　爱　　的

| 3 — 0 5 | 1. 7 6. 5 | 5 — 3 5 | 4. 3 4 2 | 1 — 0 ‖
家！　我　走遍海角天　涯总　想念我的　家。

【教材分析】

《可爱的家》是人教版三年级下册第二单元第一首歌曲。"家"是艺术家们最常表现的题材之一：诗人用优美的诗句讲述了对家的思念；画家用色彩描绘了美丽的家园；音乐家用优美的旋律表达对家的眷恋。这里的"家"的概念是宽泛的，既包含一个家庭的"家"，也包含故乡的"家"。本单元以"可爱的家"为主题，选用了四首经典音乐作品，培养学生对"家"的热爱

---

[1]　本课曾在南京第22届"现代与经典"全国音乐教学观摩研讨活动以及福州市小学音乐名师大讲坛活动中展示，课例荣获中央电化教育馆举办的"中国教育电视优秀教学课例"评选二等奖。

情感。

《可爱的家》是一首经典的流行于世界的英国歌曲，选自歌剧《克拉丽》，也翻译成《甜蜜的家》。很多人认为它是一首民歌，实际上它是19世纪作曲家比肖普和英国诗人、剧作家培恩合作，为歌剧《克拉丽》写的主题歌。

歌曲为大调式，四四拍，一段体结构，共六个乐句。除第五乐句外，其余四个乐句的开始都是弱起小节，形成一种流动感。第一、二乐句旋律基本相同，以级进为主，在中音区环绕，营造了一种柔和的氛围。第三、四乐句旋律基本相同，向上发展形成一个小高潮。第五乐句节奏舒展，使歌曲情绪更加优美、温暖，第六乐句为第四乐句的变化再现。整首歌曲旋律优美、流畅，表达了人们对家的怀念和对宁静家庭生活的向往。

【教学设计】

教学内容：学唱歌曲《可爱的家》。

教学目标：

1. 能够有感情地演唱歌曲《可爱的家》。

2. 在聆听、哼唱、律动、旋律增减游戏等音乐实践活动中，感受弱起小节以及重复节奏型乐句带来优美流畅的音乐情绪，尝试进行二声部合唱表现音乐。

教学重点：感受体验相同节奏型的乐句在情感表达中的作用。

教学难点：有感情演唱歌曲《可爱的家》。

教学过程：

一、导入

1. 谈话：

①教师：非常高兴认识大家，我想这样介绍自己，你能不能模仿老师用屏幕上第二行这样的句子介绍你自己呢？（字幕出示）

教师：

非常｜高.兴 认识｜大 - 家 我｜名.叫 林 秀｜芳 - 0‖

学生：

非常｜高.兴 认识｜老 - 师 我｜名.叫 × × ｜× - 0‖

学生：老师，我的姓与名只有两个字，怎么办？

教师：谁能帮忙解决这个问题呢？

学生：在姓名前加一个"小"字。

学生：也可以把姓读长一些，读两拍。

教师：真棒！同学们都会创作了。

②师生互相介绍三次

2. 师生律动（播放前四乐句伴奏音乐）

教师：

如果｜我.们 一 起｜游－戏请｜跟.我来律｜动－0‖

（教师用不同的体态动作表示四个乐句）

教师：接下来，你们能像老师刚才那样合着音乐做动作吗？（学生合乐律动）

【设计意图：创设真实情境，在情境中生成问题，解决问题，突破歌曲学习的节奏难点；在解决节奏难点的基础上随乐律动，感知乐句，体验乐句中相同的节奏型，为歌曲学习做好铺垫。】

二、新课教学

教师：

如果｜我.们 一 起｜游－戏请｜跟.我 唱－｜

唱－0 先｜听.我 唱－｜唱－0‖

1. 唱旋律一

①教师唱，辅以柯尔文手势和伴奏音乐。（出示曲谱）

$1=C \frac{4}{4}$

$\underline{1\,2}$｜3－－－｜5－－－｜4－－－｜3－－$\underline{1\,2}$｜

3－－－｜5－－－｜4－－－｜1－0 $\underline{5\,5}$｜$\dot{1}$－－－｜

5－－－｜4－－－｜3－0 $\underline{5\,5}$｜$\dot{1}$－－－｜5－－－｜

4－－－｜1－0‖

②教师：从歌声中，你感受到了怎样的音乐情绪？你是从哪里感受到的？

学生：音乐的情绪是优美流畅的，因为节奏比较宽疏。

学生：音乐比较美，速度不快。

学生：林老师的声音很美！

在学生回答的基础上，教师提炼音乐要素并板书：节奏宽疏、中速、情绪优美。

③学生唱（教师柯尔文手势辅助）

教师：我们一起体验一下这一段音乐吧！

④对比聆听

教师：同学们的音准还不错，老师想考考你们的耳朵，听听林老师唱的和你们唱的有什么不一样？

⑤小结：唱旋律时除了要唱好音准，还要注意呼吸。（板书：气息）

⑥教师再次示范，学生复唱。

2. 唱旋律二

①出示曲谱

$1=C \ \frac{4}{4}$

$\underline{1\ 2}\ |\ 3--5\ |\ 5--5\ |\ 4--2\ |\ 3-0\ \underline{1\ 2}\ |$
$3--5\ |\ 5--5\ |\ 4--2\ |\ 1-0\ \underline{5\ 5}\ |\ \dot{1}--5\ |$
$5--5\ |\ 4--2\ |\ 3-0\ \underline{5\ 5}\ |\ \dot{1}--5\ |\ 5--5\ |$
$4--2\ |\ 1-0\ \|$

教师：难度升级了，瞧！旋律发生了怎样的变化呢？

学生：多了几个音。

教师：比上一条旋律多了几个音，呼吸的位置也发生了变化，只要我们关注到呼吸，认真听伴奏音乐，像老师这样用柔美的声音来演唱，相信大家一定能唱好。（学生随乐唱）

教师：我准备填词："你—好"。（教师唱）

除了用"你—好"填词，还有许许多多的词可以填在这儿，老师这儿有四个词"宫殿、哪里、声音、天涯"，请你们唱唱，看看哪个同学既能唱准节奏，又能关注到气息。

②接龙唱

教师：同学们唱得真好听，老师忍不住想和你们玩接龙游戏了。我们把这几个词送到旋律中唱一唱，老师唱旋律，你们接龙唱这些词。

3. 唱旋律三

①出示曲谱

1=C 4/4

1 2 | 3. 4 4 5 | 5 - 3 5 | 4. 3 4 2 | 3 - 0 1 2 |
3. 4 4 5 | 5 - 3 5 | 4. 3 4 2 | 1 - 0 5 5 | i · 7 6 5 |
5 - 3 5 | 4. 3 4 2 | 3 - 0 5 5 | i · 7 6 5 | 5 - 3 5 |
4. 3 4 2 | 1 - - 0 ‖

教师：难度继续升级，看看这一条旋律又发生了怎样的变化呢？先听老师唱一唱，你们张嘴不出声，在心里默唱。

学生：旋律又多了几个音。

②师生接龙唱旋律

教师：我们来接龙唱旋律吧，老师唱一句，你们唱一句。

③学生尝试唱旋律

教师：我看到许多小朋友非常专注地聆听音乐，该轮到你们表现了。一起美美地把这条旋律唱一遍吧！注意唱歌的姿势，还要关注到呼吸。

【设计意图：在反复聆听中，通过旋律递增感知旋律的声韵美，从简单的旋律到复杂的歌曲旋律，从易到难，层层递进，符合三年级学生的年龄特点，学生在不知不觉中完成了歌曲第一乐段旋律的感知和记忆。】

4. 记忆旋律三

①出示隐藏部分音符的旋律三（用卡通图片遮住若干唱名）

1=C 4/4

1 2 | 3 ■ 5 | 5 - 3 ᵛ 5 | 4 ■ 2 |
3 - 0 ᵛ 1 2 | 3 ■ 5 | 5 - 3 ᵛ 5 | 4 ■ 2 |
1 - 0 ᵛ 5 5 | i ■ 5 | 5 - 3 ᵛ 5 | 4 ■ 2 |
3 - 0 ᵛ 5 5 | i ■ 5 | 5 - 3 ᵛ 5 | 4 ■ 2 |
1 - 0 |

教师：终于把这条旋律唱下来了，在这条旋律里有几个调皮的小音符，想和你们玩躲猫猫的游戏，看看谁藏起来了？你还记得它吗？

学生：有几个音符藏起来了，我会唱。

②学生随乐唱，教师柯尔文手势辅助

③出示隐藏更多音符的旋律三（用卡通图片遮住更多唱名）

```
1=C 4/4
1 2 | 3 🎓🌲 | 5 🎓🌲 | 4 🎓🌲 |
3 - 0ⱽ 1 2 | 3 🎓🌲 | 5 🎓🌲 | 4 🎓🌲 |
1 - 0ⱽ 5 5 i | 3 🎓🌲 | 5 🎓🌲 | 4 🎓🌲 |
3 - 0ⱽ 5 5 i | 3 🎓🌲 | 5 🎓🌲 | 4 🎓🌲 |
1 - 0 |
```

教师：小音符对我们班的小朋友刮目相看了，她还想继续挑战你们，有勇气接受挑战吗？

学生：老师，我来，我来……（学生争先恐后）

④学生随乐唱，教师柯尔文手势辅助

教师：不知不觉中我们已经记下了旋律，小音符已经很愿意和你们交朋友了，不过她希望你们帮忙解决一个难题。像这样优美动听的旋律，给它起一个什么样的名字呢？

【设计意图：旋律递减游戏，学生倍感兴趣，在和谐融洽的游戏氛围中学生体验了节拍、节奏以及乐句的特点，同时记忆了旋律，不仅为歌曲学习打下坚实的基础，更提高了学生听记音乐的能力。】

5. 师生给乐曲起名，出示课题

教师：我们班同学起的名字都有意义，看看作曲家给它起什么样的名字？（板书课题）

教师：我们刚才唱的旋律只是这首曲子的一个乐段，作曲家还应用了下面这样的旋律来歌唱家的温馨。

6. 出示歌曲第二乐段

①教师边唱旋律边画第五乐句图谱

教师：这两个乐句与刚才学习的乐句有哪些相同或相似的地方？你能唱一唱吗？（学生尝试哼唱旋律，教师画图谱或指挥）

教师：再听听老师唱的和你们唱的有哪些不一样。（解决节奏难点）

②一个学生尝试唱第五、六乐句旋律

③全班学生唱第六乐句旋律

【设计意图：引导学生在对比聆听过程中发现乐句间的相似之处，利用图谱让学生感知旋律走向、节奏变化，学生在动、画、听等体验活动中理解歌曲的意韵，降低歌曲学习难点的同时，培养学生的听辨能力。】

④学生尝试唱歌词

教师：我走遍海角天涯，总想念我的家（唱）。多么真挚的情感啊！你们静静地听一听，作曲家是怎样完整地表达对家的想念。听的过程中，合着音乐做自己喜欢的动作。

7. 完整聆听歌曲范唱

教师：就是这样优美抒情的旋律和饱含深情的歌词融合在一起，让我们对可爱的家产生了深深的眷念，我们就带着这种眷念之情朗读歌词吧。

教师：真是声情并茂的朗读啊，一起随着音乐唱一唱，注意演唱姿势，音色柔美，正确呼吸。（学生随乐唱歌曲，教师指挥）

8. 解决难点

学生自我评价后随机解决难点。

①唱准附点八分音符

②唱准第六乐句与第四乐句相似处的附点节奏

③气息的调控

9. 学生再次随乐唱，教师合乐拉伸收拢皮筋

教师：难点解决了，请同学们再来演唱歌曲，认真听音乐的同时，注意老师手中的皮筋走向（如下图），看看哪个同学表现得最好。

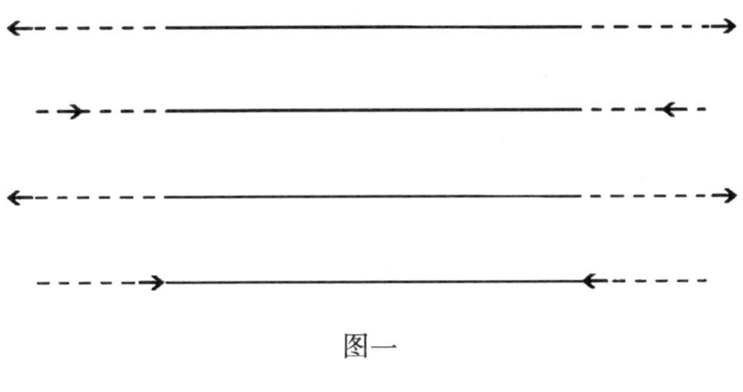

图一

图二

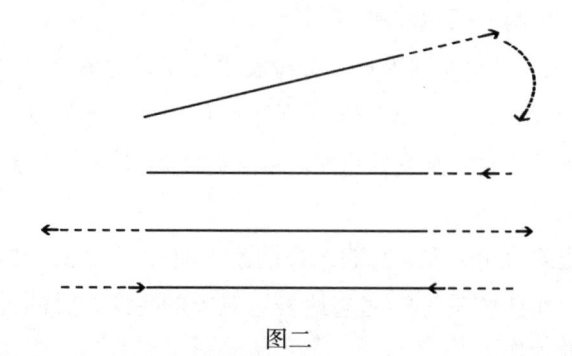

拉伸收拢说明：第一乐句皮筋随乐向两端拉伸（见图一），至第三小节第三拍"3"处稍向中间收拢（见图一第二条图示），第四拍"5"处稍向外拉伸（见图一第三条图示），第四小节至乐句结束向中间收拢；第二乐句同上。第三乐句向右上方拉伸（见图二）然后向下，至第三小节第三拍"3"处稍向中间收拢（见图二第二条图示），第四拍"5"处皮筋两端稍向外拉伸（见图二第三条图示），第四小节至乐句结束向中间收拢；第四乐句同上。

【设计意图：通过皮筋合乐拉伸收拢，发挥学生视听联觉的作用，让学生对音乐的意韵产生更完整的感知感觉，进而大胆表现，升华情感，实现情韵表达。】

三、拓展

教师：从你们的歌声中老师感受到了连绵不断的思乡之情，老师又想和你们合作了，还记得我们唱过的第一条旋律吗？

1. 出示伴奏谱（即旋律一）

可爱的家

1=C 4/4
中速

1 2 | 3 - - - | 5 - - - | 4 - - - |
lu lu lu   lu   lu

3 - 0 1 2 | 3 - - - | 5 - - - | 4 - - - |
lu   lu lu lu   lu   lu

1 - 0 5 5 | 1̇ - - - | 5 - - - | 4 - - - |
lu   lu lu lu   lu   lu

3 - 0 5 5 | 1̇ - - - | 5 - - - | 4 - - - |
lu   lu lu lu   lu   lu

1 - - 0 |
lu

教师：我们用"lu"哼唱一遍。

教师：能够用这样的旋律为歌曲的第一乐段伴唱吗？

2. 出示带伴唱旋律的总谱（伴唱旋律为用灰色块标记）

3. 学生为歌曲伴唱（教师口风琴吹奏伴奏谱）

教师：乐曲因为有了你们的伴唱，显得更加美满和谐，这就是合唱艺术的美妙。

四、结课

今天,我们学习的英格兰民歌《可爱的家》,作曲家就是用这样优美流畅的旋律寄托远离家乡的人们对家的深深眷念,在你们的歌声中老师也感受到了这种情感,谢谢同学们。

【教后反思】

《可爱的家》旋律抒情优美,由西西里尼民歌音调写成,虽然歌曲具有相当的艺术魅力,但对于活泼好动的三年级学生来说,教学策略的选择远比歌曲的学习更为重要。歌曲第一、二乐句旋律基本相同,第三、四乐句旋律亦基本相同,向上发展形成一个小高潮。基于乐句的特点,笔者遵循从易到难的原则,利用游戏对歌曲旋律进行缩减、扩增再缩减,学生倍感兴趣,争先恐后表达自己的观点,表现自己的情感。在这个过程中,教师辅以柯尔文手势,引导学生有感情演唱旋律,反复感知歌曲的声韵美,在有效解决音准问题的基础上,培养学生听辨与听记能力,直抵音乐核心素养。

其次,本节课生成性凸显。叶澜教授提出的好课标准之一是生成性,一节课不完全是预先设计好的,而是在课堂中有教师和学生真实的、情感的、智慧的投入,有互动的过程。弱起节奏是歌曲的难点之一,笔者在导入环节创设了师生问好的真实情境,学生"入境"容易,模仿简单。可贵的是在这种情境中生成了新问题,学生提出如果名字只有两个字怎么办?在教师引导下由学生解决问题,既突破歌曲学习的节奏难点,又让学生享受到发现问题、解决问题的成功,还激起了学生创作意识的萌芽,用音乐的形式表达自己的情感。

第三,本节课为达成教学目标,笔者多措并举,除了旋律增减游戏,还充分利用了图谱、皮筋、体态动作等方法引导学生体验音乐,直抵音乐内涵,感知弱起节奏的流动感以及乐句的异同点等,在声韵弥漫的氛围中,师生关系融洽,学生的情感表达感人至深,在教师口风琴伴奏下完成简单的二声部合唱,较好达成教学目标。

【专家点评】

本课主题"可爱的家",通过富有意境的歌曲,让学生在声韵弥漫的音乐实践活动中,悟家之亲情与温暖,表家之眷恋与深情。本课通过听、唱、奏、动、创等实践活动组织实施音乐课堂教学，教学过程自然流畅，教学方法丰富多样且行之有效，力求从常态课的角度出发，引导学生在以感知、聆听、表现为主的音乐实践与创造活动中完成一堂既有意义，又有实效的音乐课。本课遵循"三韵"教学原则，是"三韵"教学基本模式落地实践的一节示范课。该设计主要在以下几方面值得同行们借鉴与学习：

一、用情之音　蕴情于教

音乐是听觉的艺术，音乐是情感的音响，音乐不仅通过人类的听觉器官引起各种反应，音乐更直指人的内心，引起人情绪和情感上的体验。而音乐的情感体验，应从多样化的文化语境出发，根据音乐艺术的表现特征，引导学生对音乐表现形式的整体把握，领会音乐要素在音乐表现中的作用。唱歌教学不应只停留在表面教会学生唱会歌，唱会歌是初级目标，应让学生在音乐实践活动中产生各不相同的属于他们自己的感动。本课充分挖掘作品中表情达意的核心音乐要素，并通过多样化的教学策略将歌曲旋律不断弥漫，直至学生熟悉并唱会。值得一提的是，在熟悉旋律的过程中，情感的体验始终伴随着音乐本体的实践融合进行。在情感升华体验与实践活动中，教师有效地引导学生从感受不同音乐要素的表达方式中体悟音乐所表达的对家的眷恋与热爱之情感。

二、以声传情　以学定教

在欣赏（听觉发展）永远领先的音乐课堂教学中，音乐教师应引导学生从丰富的音乐聆听与欣赏活动中，感知音乐要素的变化，激发内心的情感产生联想与想象。也就是说，一切的音乐实践活动必须紧紧围绕音响进行，以声传情；心中有生，以生为本，以学定教，真正体现音乐课堂教学是为了学生主体的发展。值得借鉴的是，本课通过以听觉为先导的聆听活动与视觉感官进行联结，将无形的音乐化为有形的可视的形态，将抽象的意韵理解化为形象的情韵表达，即通过橡皮筋的拉伸感受歌曲旋律的连贯、张力与力度变化，同时感受歌曲的结构特点，通过学生亲身的联觉体验进而唤起感知的迁移，做到知识技能无痕渗透在音乐体验活动中，在活动中获得对音乐的感受与理解。在整个课堂教学中，通过聆听、联觉体验，律动、朗诵等实践活动，多方位、多层次地引导学生提高美感的自觉性与审美修养，使学生在自我感受、体验中发展对音乐的感受力、想象力。

三、化繁为简　循序渐进

中年级的音乐课堂，无论是欣赏教学还是唱歌教学，都面临着有限的课时数、有限的课堂时间和丰富的音乐作品（篇幅较大的音乐作品）之间的博弈，这就要求教师们能够在有限的时间内准确挖掘作品的内涵价值，在教学中关注与突出音乐本体，在体验中渗透知识与技能学习的同时有效地整合教学资源，将大的作品化繁为简，难的作品由浅入深，从简到难，循序渐进地进行教学。《可爱的家》一课，执教者巧妙地以情感发展与体验为主线，充分提取影响乐曲情感及风格的要素进行体验，引导学生理解音乐的表现形式和情感内涵，领会音乐要素在音乐情感表现中的作用，一节课的内容既有宽度的积累又有深度的体验，主次分明，教学目标明确。在歌曲学唱的过程中化繁为简，层层递进，环环相扣，通过提取旋律骨干音并依次叠加，在每一个环节的温故中知新，引导学生在由浅入深、从简到难的学习环境中进行高效的体验与教学。

福建省普通教育教学研究室　刘晨曦

《春晓》教学案例[①]

执教：闽侯县实验小学　林秀芳

春　晓

作词：孟浩然（唐）
作曲：谷建芬

1=E 4/4

欢快　活泼

(5 36 5 3 | 1 3 1 6 | 5 1 3 6 | 5 - - - |

5 36 5 3 | 1 3 1 6 | 2 - - - | 5 0 0 0)|

‖: 5 5 3 1 | 5 - - - | 5 5 53 31 | 2 - - - |
　　春眠　不觉　晓，　　　　　处处　闻啼　鸟。

5 5 6 5 6 | 5 1 3 0 | 32 2 5 2 | 1 - - - :‖
夜来　　风雨声，　花 落 知 多 少。

5 5 6 5 6 | 5 1 3 0 | 32·2 - 5 2 2 - - | 2 - - - |
夜来　　风雨声，花　落　知多

1 - - - | 1 0 0 0 ‖
少。

【教材分析】

歌曲《春晓》是由著名作曲家谷建芬根据唐诗《春晓》谱写而成，歌曲节奏平稳，速度稍快，曲调优美流畅又不失活泼，与诗句结合自然、贴切，充满生机活力。歌曲构思精妙，由三部分构成。第一部分有四个乐句，8个小节；第二部分为衬词，8个小节；第三部分是第一部分的变化重复，结束句节奏平稳，速度徐缓。本节课执教者截取了第一、三部分作为教学内容，选用它，并通过诗、歌、画的完美结合，突出音乐特点，关注学科综合，通过具

[①] 《春晓》课例曾在福州市名师工作室优质课网络展播活动中展播；荣获中央电化教育馆举办的"中国教育电视优秀教学课例"评选二等奖。

体的音乐材料建构起与其他艺术门类的有机联系，有利于拓展学生的艺术视野，深化学生对音乐艺术的理解。

【学情分析】

本课时执教者选择福州市闽侯县实验小学三年级学生为执教对象，三年级学生已经积累一定的阅读量和音乐信息量，对音乐的感知能力日渐增强，大部分学生能积极主动地参与音乐体验，并能用不同的情绪表达自己对音乐的感受。该校从二年级开始学习校本乐器紫竹笛，经过一年多的学习，学生已经能够吹奏简单的乐曲，并能够为歌曲编配伴奏。

【教学设计】

教学内容：

1. 学会用紫竹笛吹奏《春晓》主歌，学唱《春晓》主歌。

2. 聆听感受歌曲《春晓》。

教学目标：

1. 学会演唱歌曲《春晓》主歌。

2. 感受节拍、节奏、速度等音乐要素对情感表达的作用，学会用不同的情绪表达对春天的感受。

3. 在聆听、歌唱、探索、表现和创造等音乐实践活动中，产生进一步学习以古诗为题材的现代音乐作品的愿望。

教学重点：学会用不同的情绪表现歌曲。

教学难点：能够用音乐材料创造性地表达对春天的感受。

教学过程：

课前背景音画播放：春天

一、导入

教师：刚才播放的是什么画面？

教师：确实是一幅春暖花开、生机勃勃的画面，现在我们也处在春的季节。今天，我们要学习的内容也与"春"有关系。下面，先请同学们聆听一个作品，然后告诉大家歌曲带给你什么样的感受。

1. 初听歌曲伴奏音乐

2. 学生闭眼聆听后说感受

3. 声势感知节拍

教师：同学们都说音乐的情绪是欢快活泼的，又不失优美，让人感觉沐浴在春天的美景中。能够模仿老师这样合着音乐做动作吗？（拍手、拍腿、捻指、拍腿）

①师生随乐声势律动

②学生独立声势律动

教师：这一次同学们可以自己合着音乐做动作吗？听完音乐能告诉大家音乐是几拍子的吗？（教师板书：$\frac{4}{4}$）

③哼唱旋律

教师：现在难度加大了，同学们能不能边律动边哼唱旋律呢？

【设计意图：立足音乐本体，通过音响的声韵让学生体验音乐的节拍、节奏、情绪、旋律走向等，为接下来的歌曲学习做好铺垫。】

二、新课教学

1. 学法选择

教师：同学们都表现得很好，"春天"这个话题对大家来说并不陌生，同学们也欣赏过以"春天"为题的艺术作品，诸如诗歌、散文、舞蹈、绘画等。今天，我们要学习的《春晓》是一首歌唱作品（出示曲谱）。请同学们认真地把曲谱看一遍，有不明白之处可以提出来。（学生提出问题，教师及时解决问题）

教师：关于《春晓》的学习，林老师想改变过去的学习方式，把学习的决定权交给大家，你们觉得怎样学习歌曲呢？

教师：许多同学提出先用紫竹笛吹奏旋律，老师赞同大家的观点。

（1）吹奏旋律

①学生自主吹奏旋律，同伴互助，教师个别辅导

②个别学生视奏

教师：哪位同学能先视奏一遍旋律呢？其他同学边听视奏边用无声的音乐小棒（双手食指）为他打节拍。

③集体评价

④解决难点（根据具体情况解决难点，特别是结束句的节奏问题，教师利用声势律动，与第四乐句对比聆听等方法引导学生把握好节奏）

⑤学生吹奏旋律，教师钢琴伴奏

【设计意图：把学习的主动权交给学生，既激发学生学习的积极性和主动性，又发挥乐器进课堂的作用，引导学生用吹奏学习旋律，表现音乐。】

（2）朗读歌词

教师：学会了吹奏歌曲旋律，演唱歌词就容易多了，同学们美美地把歌词读一遍吧。

（3）演唱歌曲

①教师范唱

教师：听老师把歌曲完整唱一遍，你们张嘴不出声，在心里默唱，同时用刚才的动作表现音乐。

②师生接龙唱歌词

教师：我们一起来做个接龙游戏吧，老师先唱，结束句一起唱。（第二遍学生先唱）

③学生独立唱歌词

④学生自我评价，教师视学生演唱情况及时解决演唱中的难点

⑤学生随乐背唱歌词

3. 张扬个性

教师：同学们虽然都唱会了歌曲，但实际上每个人对春天的感受都不一样，比如听到第一声春雷，有的同学会高兴地跳起来："冬天过去了，我们可以穿上漂亮的春装了！"比如林老师，看到课前播放的音画，我的第一反应是："哇——真美呀！"于是，我就情不自禁地吟唱出："春眠不觉晓，处处闻啼鸟……"（教师以优美连贯的歌声演唱）那么，你们的感受呢？说给大家听听，然后用你的歌声表现出来……

①创设情境，引导学生用不同的情绪演唱春天

感觉春天优美如画——用连贯抒情的声音演唱，中速，力度适中。

感觉春天充满生机——用活泼、跳跃的情绪演唱，速度较快，力度中弱。

感觉春天雨多潮湿易发病——用低沉的情绪演唱，速度较慢，力度稍强。

……

教师：刚才大家都用不同的情绪演唱对春天的不同感受，现在我们把它连起来唱一遍，就唱前四句，注意听前奏，并用你喜欢的动作表示前奏音乐。

②小结

第五章 "三韵"教学案例举隅　　171

教师：我们用不同的情绪演唱，所表达的音乐形象也不相同。那么，是什么引起音乐情绪的变化呢？

教师：力度、速度、音色等要素的变化会影响音乐的情绪，产生不同的音乐形象。同学们可以尝试选择一些歌曲用不同的情绪演唱，看看会有什么样的效果。

【设计意图："张扬个性，尊重学生对音乐的独立感受"是"三韵"教学的实施原则之一，引导学生用不同的情绪演唱《春晓》，感受春天的丰富多彩，引发学生不同的情感共鸣。】

4. 创造性表现歌曲

教师：我们刚才所做的仅仅是用不同的情绪演唱春天，春天的美不仅是停留在画面上，还体现在各种音响中，风声、雨声、笑声、鸟叫声、读书声……声声入耳，能不能创造一些不同的音效来表现春天呢？也可以从我们的身边寻找音源，加入《春晓》演唱中，让歌曲所表现的春天更加形象、生动。

【设计意图：此环节设计旨在引导学生把握作品的内涵，学会表现音乐的方法，在"接受优质音源—内化产生意象—外化表达情感"的过程中感受音乐，感知音乐，理解音乐，激发情韵表达，实现以美育人。】

①学生小组讨论

②小组展示（以下呈现部分课堂情境，分别以一个乐句为例）

情境一：春游的情景，一拨又一拨的人群，一浪又一浪的笑声，怎样用音乐表现呢？（轮唱，学生轮唱前四乐句歌词）

情境二：一年之计在于春，春天的校园，书声琅琅，歌声悠扬。（叠加读书声）

$$\begin{cases} \frac{4}{4}\ 5\quad 5\quad 3\quad 1\ |\ 5\ -\ -\ -\ | \\ \phantom{\frac{4}{4}}\ \text{春}\quad \text{眠}\quad \text{不}\ \text{觉}\ \text{晓,} \\ \phantom{\frac{4}{4}}\ 0\quad 0\quad 0\quad 0\ |\ \underline{\text{春眠}}\ \underline{\text{不觉}}\ \text{晓}\ 0\ | \end{cases}$$

情境三：春天的小雨沙沙下……（歌唱中叠加风声、雨声、鸟叫声）

$$\begin{cases} \frac{4}{4}\ 5\quad 5\quad 3\quad 1\ |\ 5\ -\ -\ -\ | \\ \phantom{\frac{4}{4}}\ \text{春}\quad \text{眠}\quad \text{不}\ \text{觉}\ \text{晓,} \\ \phantom{\frac{4}{4}}\ 0\quad 0\quad 0\quad 0\ |\ 0\ 0\ \underline{2\ 2}\ \underline{2\ 2}\ | \\ \phantom{\frac{4}{4}}\text{沙沙}\ \text{沙沙} \end{cases}$$

情境四：鸟语花香的春晓……（利用紫竹笛吹奏，模拟杜鹃鸟叫声）

③探讨结束句的表现方法

教师：春天的音乐真是丰富多彩，如何表现歌曲的结束句呢？

学生：可以合唱，渐慢渐弱；也可以在最后四小节加入朗诵声，渐弱直到音乐结束。

5. 完整表现歌曲

教师：现在老师把我们班的同学分为四个声部，按照刚才编创的音效、节奏一起完整地表现春天，第一声部唱歌词，第二声部叠加有节奏的朗读声，第三声部叠加沙沙　沙沙（2 2　2 2），第四声部用紫竹笛吹奏（6 5　6 5），结束句一起唱。（出示完整谱例，以下仅呈现一个乐句）

6. 听赏《春晓》合唱

①完整听赏

教师：音乐的表现形式是多种多样的，我们一起来欣赏其他同学演唱的《春晓》。同学们可以轻声跟着唱，同时继续用刚才的动作表现音乐，你能听出这个作品的演唱形式与刚才我们学习的《春晓》有什么不同吗？（播放合唱版《春晓》）

②学习演唱副歌高声部

教师：同学们都听出了这个版本的《春晓》作品，既有齐唱，又有合唱，合唱也是丰富音乐表现的方法，你们能随着音乐哼唱合唱部分的高声部旋律吗？

③学生随乐哼唱副歌部分高声部旋律

④师生随乐完整演唱合唱版《春晓》（合唱部分学生唱高声部，教师唱低声部）

【设计意图：引导学生完整感知《春晓》歌唱作品，丰富学生音乐体验的同时建构二声部的听觉概念，培养学生二声部的内心听觉。】

三、结课

教师：音乐与诗歌的结合是人类最古老的综合艺术形式之一，《春晓》这首歌曲就是音乐与诗歌的完美结合，旋律优美动听，歌词朗朗上口，百唱不厌。通过学习，同学们探讨了许多方法表现作品，让音乐更加丰富，以后我们还要继续学习这样的作品。这节课我们就上到这里。现在，请同学们听着《春晓》的音乐，加上你们自己创作的乐音离开音乐教室吧。

【教后反思】

音乐是一种高级的、社会性的审美艺术。课堂教学必须以相应的声韵感知能力和意韵想象能力为基础来理解音乐作品的声韵美、意韵美和情韵美，才能学会欣赏音乐、享受音乐的方法。因此，执教者在教学中以聆听为基础，以体验为主要手段，听出情绪、听出节奏、听出节拍；再引导学生用不同的情绪演唱春天，感知体会不同音乐要素的变化对音乐情绪和音乐形象所产生的作用；然后创设情境，充分发挥想象力和创造力，用轮唱、叠加音效等自己喜欢的形式表现歌曲的意境，创造性地表现春天的丰富多姿，从而明确音乐要素对作品的影响，理解歌曲的意韵。经过"接受优质音源—内化产生意象—外化表达情感"这样的一个过程来感受音乐与古诗的完美结合，理解音乐，激发情韵表达，产生进一步学习以古典诗词为题材的现代音乐作品的浓厚兴趣。

《春晓》歌词浅显易懂，朗朗上口，旋律更是优美动听，家喻户晓。但是熟悉旋律不等于能唱好歌曲，因此执教者在引导学生学法选择上颇费一番工夫，即让学生选择自主吹奏紫竹笛的方式让学生进一步熟悉旋律，掌握节奏，尤其是第四乐句与结束句的节奏，容易混淆。学生在小组学习、同伴互助，你奏我听、我奏你评的过程中把握好节奏难点，掌握曲调，为较快唱会歌曲打下坚实的基础。

唱会歌、唱好歌只是歌唱教学过程中的一个阶段，唱歌教学更需要的是学生对作品产生积极的情感体验，以学习作品为载体，学会唱歌的方法。本课教学执教者在学生唱会歌的基础上，拓展聆听了合唱版的《春晓》作品，既增强了学生与人合作的意识，又培养了学生二声部的内心听觉，更发展了学生创造音乐、表现音乐的能力，最终实现"会唱歌"。

"新课标"提出："突出音乐特点，关注学科综合。音乐教学的学科综合，包括音乐课程不同教学领域之间的综合；音乐与诗歌、舞蹈、戏剧、影视、美术等不同艺术门类的综合……"《春晓》一课并非本地区使用教材学习内容，笔者选择这个作品作为教学内容，旨在拓展学生的艺术视野，深化学生对音乐艺术的理解。

综上所述，本课教学策略使用新颖灵活，课堂气氛灵动自然，妙趣横生，学生兴趣盎然，情感态度积极愉悦，较好达成教学目标。值得注意的是，学生在创造性表现音乐时演唱的音色、音准略显逊色，怎样正确有感情演唱歌曲还有待进一步探讨提升。同时，还可以根据学情拓展学习作品副歌部分。

【专家点评】

本堂课以学生为主体，面向全体学生，注重人人参与。教学中紧紧围绕"春"为主题，以学生的兴趣为出发点，通过"听春天""唱春天""赞春天""创春天""赏春天"来引导学生探索和体验春天。

一、关注音乐，突出音乐学科特点，以音乐审美为核心

中小学音乐课程标准把以音乐审美为核心的理念放在十大理念之首，足以证明以音乐审美为核心是我们音乐教学的重中之重。音乐课程最核心的目标是丰富学生的情感体验，培养学生的审美情趣。本节课以"春天"为主题，从情境导入的"听春天"，新课教学的"唱春天"，张扬个性的"赞春天"，创编表现的"创春天"，到最后的"赏春天"，音乐审美一直贯穿始终。整堂音乐课时刻关注音乐，以音乐为本，让声韵弥漫；以育人为本，体现音乐学科的审美性特点。

二、有效教学，融入音乐实践活动，以双基教学为重点

音乐课的知识与技能是不可或缺的。本堂课改变了音乐课程中那种单纯传授知识和训练技能的倾向，把它放在具体的音乐实践活动中，同情感、态度、兴趣等因素紧密融合，即以各种体验活动让学生感知理解歌曲的意韵。比如在导入环节，学生通过声势律动来感受歌曲的节拍、节奏、情绪、旋律

走向等。在主旋律学习环节，充分发挥演奏体验音乐的作用，利用紫竹笛吹奏学习旋律，在小组合作过程中感知旋律、学习旋律。歌唱技能的训练上也巧妙融合在具体的音乐活动中，在学生的情感体验中完成。

三、明确内容，结合多种教学形式，以有机结合为目的

本堂课的教学内容很明确，学唱《春晓》，并在唱好歌曲的基础上进行创编。执教者在明确"教什么"的基础上，再根据内容去选择方法和形式。整堂课通过情境创设法、声势律动法、自主学习法、乐器辅助法、小组讨论法、创编法等多种方法和形式，为实现教学目标服务，为学生有效掌握学习内容服务，既重视了形式，又关注了教学内容，达到二者的有机结合。

四、提倡改变，关注学习主动参与，以探究交流为手段

本堂音乐课学习方式多样化，乐于探究，主动参与、勤于动手，交流合作，课堂上多次出现师生互动、平等参与的生动局面。在主旋律学习环节，教师将学习的主动权交给学生，引导他们用紫竹笛吹奏并学习主旋律，既激发学生学习的积极性和主动性，又发挥了乐器进课堂的作用。引导学生用不同的情绪演唱《春晓》，感受春天的丰富多彩，引发学生不同的情感共鸣。张扬个性，尊重学生对音乐的独立感受。在创编环节，引导学生把握作品的内涵，学会表现音乐的方法，集思广益，发散思维，尊重个性发展，实现情韵表达。

综上所述，这是一堂具有独特教学风格、教学方法和独到教学设计的音乐课。

福建省福州教育学院附属第一小学　林琴

《农家乐》教学案例（三课时）

执教：闽侯县实验小学　林秀芳

【教材分析】

　　《农家乐》是新修订人音版教材五年级上册第三课内容，本课围绕"音乐与生活"这一人文主题，以"农家乐"为主线，选编了四首不同民族、不同地域的中外音乐作品，让学生从音乐中感受与体验农家丰收的热闹场面和丰收带来的欢乐，培养他们热爱音乐、热爱生活的情感态度。

　　《丰收锣鼓》是一首节奏鲜明、曲调欢快的民族管弦乐曲作品，乐曲吸取了我国民间吹打音乐的素材，充分发挥了民族打击乐器丰富多彩的表现功能，既有民族风格，又具时代特点。乐曲分为四个部分，以其热闹、高亢的打击乐声，把学生带入喜庆丰收的情境之中。根据黄梅戏曲调改编的器乐小曲《打猪草》，以明快的音调，板胡与三弦的俏皮"对话"，表现农家孩子劳动生活的场景和情趣。

　　新疆塔塔尔族民歌《丰收的节日》和朝鲜歌曲《苹果丰收》特色鲜明，曲调热情、奔放，又各具民族韵律，表达了人民载歌载舞、欢庆丰收的喜悦之情。让学生体验和感受新疆塔塔尔族民歌和朝鲜歌曲的旋律特点，通过音乐作品了解其相关文化，培养学生热爱少数民族音乐的感情。本课内容分为三课时完成。

【教学设计】

第一课时

教学内容：

1. 聆听民族管弦乐《丰收锣鼓》。
2. 聆听器乐曲《打猪草》。

丰收锣鼓
民族管弦乐

彭修文 蔡惠泉编曲

① 1=G

$\frac{2}{4}$ 3 5　6 | 5653　235 | 3 5　6 | 5653　235 | 6i　2̇ | 1̇2̇16　561̇ |

6i　2̇ | 1̇2̇16　561̇ | 6·6 6 1̇ | 2̇3̇2̇1̇ 6 | 6·6 6 3 | 2̇3̇26 1̇ |（后略）

② 1=D

$\frac{2}{4}$ 3 － | 5 － | 3 13 2 － | 1· 7̣ 6̣15 | 2 － | 2 － |（后略）

③ 1=D

$\frac{2}{4}$ 5 561̇ | 5 5 5 | 1̇1̇ 2̇6 | 5 5 5 | 1̇ 5 | 6 3 2 | 35 61̇ | 2̇ － |（后略）

④ 1=D

$\frac{2}{4}$ 6̣· 3 3 3 | 53 2 1 3 | 6̣· 3 3 3 | 53 2 1 6 |（后略）

教学目标：

1. 在聆听、听辨、律动中欣赏并哼唱民族管弦乐《丰收锣鼓》的主题旋律，感受欢庆丰收的喜悦之情。

2. 引导学生感受民族管弦乐器的音色及演奏形式，理解节奏、速度、力度、音色等音乐要素在音乐情感表达中的作用，学习聆听音乐的方法。

3. 能听辨器乐曲《打猪草》第二乐段中乐器对答的形式，用自己的语言描述音乐情绪的变化。

教学重难点：

听辨主题的变化，感受音乐的情绪并参与体验。

教学过程：

一、课前导入

1. 锣鼓传情

①出示堂鼓、锣、小镲等

教师：同学们，你们认识这些乐器吗？我们一起来试一试。

②学生创编节奏体验打击乐器

③教师选择节奏，学生分声部练习后合作

```
鼓：‖×××│×××│××  ××│××   ×‖
锣：‖0  × │0  × │0× 0× │0×  ×‖
镲：‖×  × │×  × │×0 ×0 │×0 ×0‖
```

④探索情境

教师：这样的场景你见过吗？是什么样的场面呢？

2. 小结：这样的场景时常是表现抢收果实、享受成果、欢庆丰收等喜庆的场面。今天，我们学习的内容与刚才同学们探讨的问题有关，接下来先请同学们听一首器乐作品，看看音乐家要与我们分享哪些生活的体验。

【设计意图：通过节奏创编、锣鼓镲的合奏，创设"丰收"的场景，唤起学生生活记忆，链接音乐与生活经验，引出学习内容，诱发学习兴趣。】

二、聆听第一部分音乐

1. 学生初听第一部分音乐

教师：请同学们听听这一段音乐，听完说说音乐的情绪。你从哪里听出这样的情绪？（引导学生说出部分演奏的乐器，特别强调加入了笛子、唢呐、锣鼓、镲等，凸显欢快热烈的气氛）

2. 学生复听第一部分音乐

教师：音乐让你联想到什么样的场面？看看哪个同学的耳朵最灵敏，能说出这段音乐分为几个主题，两个主题音乐情绪相同吗？

3. 小结：音乐把人带进喜庆丰收、热烈欢腾的场面，第一主题热烈欢快、节奏紧促，第二主题旋律回旋起伏，略显流畅抒情。

【设计意图：立足聆听，让学生初步感知第一部分音乐，产生积极的情感体验，凸显声韵"以音生乐"的特点。为聆听全曲，熟悉第一主题，理解乐曲结构埋下伏笔。】

三、完整聆听作品

1. 学生完整聆听作品

教师：刚才聆听的音乐是下面这首作品的主部主题，现在请同学们完整聆听作品，思考两个问题：作品分为几个部分？各部分音乐情绪相同吗？主部主题出现时请举手示意；聆听过程能用自己喜欢的方式表现音乐呢？

2. 熟悉主部主题

教师：你能哼唱一句主部主题吗？（或用你熟悉的乐器演奏）

①出示主部主题

$$3\ 5\ 6\ |\underline{5653}\ \underline{23}\ 5\ |3\ 5\ 6\ |\underline{5653}\ \underline{23}\ 5\ |6\ \dot{1}\ \dot{2}\ |\underline{\dot{1}\dot{2}\dot{1}6}\ \underline{56}\ \dot{1}|……$$

②学生随琴模唱主题，模拟锣鼓伴奏

教师：这个作品分为四个部分，由主部主题穿插其间，你能根据音乐的情绪为作品起名吗？

3. 出示课题，介绍音乐及相关文化

【设计意图：完整感受作品风格特点，领略民族打击乐器丰富多彩的表现功能以及乐段间的变化，为分段听辨奠定基础；借助问题的设置加深学生对主部主题的熟悉；再通过模唱、演奏等手段理解作品的内涵（即作品的意韵），同时增强对主部主题的记忆。】

四、分段聆听

1. 聆听第二部分音乐

①对比聆听第二部分的两个主题。

教师：该主题是由什么乐器演奏的？你能随乐哼唱吗？

②出示两个主题

第一主题

$$3\ -\ |5\ -\ |3\ \underline{1\ 3}\ |2\ -\ |1\cdot\ \underline{7}\ |\underline{6\ 1}\ 5\ |\overset{\frown}{2\ -\ |2}\ -\ |$$

第二主题

$$\underline{6\cdot 3}\ \underline{3\ 3}\ |\underline{5\ 3}\ \underline{21}\ 3\ |\underline{6\cdot 3}\ \underline{3\ 3}\ |\underline{5\ 321}\ 6\ |$$

③体验与思考

教师：第一主题是由弦乐和管乐演奏，第二主题由弹拨乐器演奏。请同学们完整聆听第二部分音乐，主题出现时边听边模拟乐器演奏，听到锣鼓镲响起的乐句用你们刚才创编的锣鼓节奏伴奏，同时思考：与第一部分音乐主题对比，哪里发生了变化？是什么引起这样的变化？（第二部分主题与第一部分主题相比，节奏稍宽疏，主奏乐器不同，情绪优美抒情）

【设计意图：通过对比聆听，引导学生认识节奏变化、乐器使用与音乐情绪的关系，在哼唱、模拟演奏等音乐实践活动中熟悉主题，加深对作品的理解。】

2. 聆听第三部分音乐

教师：这一部分音乐的主奏乐器是什么？你能模拟乐器演奏吗？（视频适

时出示竹笛与云锣）你联想到怎样的画面？（清澈明朗的竹笛声以散板的节奏描绘出田园景色，云锣使人联想到波光粼粼的水面……）

【设计意图：通过认识乐器，模拟吹奏，引导学生明确音色、速度、力度等对音乐情绪表达的影响。】

3. 聆听第四部分音乐

①学生初听

教师：这一部分音乐的情绪是怎样的？你联想到怎样的场面？

学生：这个乐段音乐的情绪热烈欢腾，表现了欢庆丰收的壮观场面。

②设疑

教师：第一部分的音乐情绪也是热烈欢腾的，第四部分音乐与第一部分相比，一样吗？不同在哪里？

③复听

教师：第四部分是全曲的高潮，表现了欢庆丰收的宏伟场面，与第一部分相比，音乐的速度加快，力度加强，因此情绪更加激越高昂。

五、完整聆听

教师：现在我们再一次完整听赏作品，聆听过程中，大家可以轻声哼唱熟悉的主题，也可以用动作等不同的方式表现音乐。

教师：这是一首民族管弦乐曲，作品由四个部分组成，虽然作品总体音乐情绪是欢快、热烈的，但每一个乐段的情绪有差异。谁能告诉老师是什么形成了音乐情绪的差异与变化（力度、速度、节奏、音色等）？通过这个音乐作品欣赏，大家知道音乐的表现手段赋予乐曲丰富多彩的变化，因此我们在欣赏音乐时，应借助这些音乐手段，去聆听音乐，体验、感受并理解音乐。接下来，我们再来欣赏一首作品，听听这一作品又带给你什么样的感觉？

【设计意图：通过全曲复听，巩固学生对音乐意韵的理解和感悟，升华学生对音乐的情感体验。在聆听过程中轻声哼唱，或用自己喜欢的方式表现音乐，是情韵表达的有效途径。】

六、听赏《打猪草》

1. 学生聆听

教师：乐曲带给你怎样的感受？（引导学生说出戏曲韵味、诙谐等）

教师：根据刚才同学们所说的，歌曲诙谐，颇具戏曲韵味，其实乐曲就

是根据黄梅戏《打猪草》中"对花"的曲调改编的。（出示曲名）

2. 复听

教师：与《丰收锣鼓》对比，演奏的乐器有什么不同？演奏形式有什么特点？

（学生聆听、作答）

3. 总结与音乐相关的文化

教师：乐曲是以演奏黄梅戏的竹筒胡琴与弹拨乐器三弦的对答演奏，（屏幕出示乐器的同时师模拟演奏动作）勾画出在打猪草时俏皮幽默的对话，表现了劳动者享受幸福生活的场面。

【设计意图：通过巧设问题，对比聆听，引导学生感知了解"对答"演奏形式。】

七、全课小结

教师：今天，我们听赏的是以农家乐为主题的民族器乐曲，从音乐中我们体验到了农家庆丰收的热闹场面和丰收带来的喜悦，知道了节奏、速度、力度、音色等音乐要素在音乐情感表达中的作用，今后我们还将进一步学习民族器乐作品。

【教后反思】

《丰收锣鼓》一课教学，笔者践行"三韵"教学理念，根据"三韵"教学基本模式中的欣赏课教学环节设计教与学，即情境导入，激趣启思；整体欣赏，感知形象；分段听赏，体验情感；整体欣赏，升华情感；艺术拓展，表现创新。教学过程中师生关系融洽，学生求知欲望强烈，积极参与音乐体验，有效达成教学目标。

1. 民族管弦乐曲《丰收锣鼓》吸取了我国民间吹打音乐的素材，因此感受体验打击乐器丰富多彩的表现功能是本课时的目标之一。课前导入创设了"锣鼓传情"的情境，通过节奏创编、锣鼓镲的合奏，创设"丰收"的场景，唤起学生生活记忆，链接音乐与生活的经验，引出学习内容，诱发学习兴趣。

2. 作品由多段旋律和锣鼓部分组成，全曲分为四个部分，主部主题频频穿插其间。本课教学打破传统的欣赏教学的"总—分—总"模式，而以主部主题为突破口，先初步感知第一部分音乐，熟悉第一主题，为聆听全曲、理解乐曲结构做好铺垫。

3. 音乐是听觉的艺术。在教学中，笔者注意到音乐的"弥漫性"特点，立足于听，听出情绪、听出乐器、听出力度、听出节奏、听出音乐形象，充分发挥了声韵对感官的刺激作用。由于作品篇幅较长，主题音乐多，学生容易混淆，难以辨析和记忆，笔者采用了对比手法，并有针对性地设计问题，让学生有目的地聆听。如：对比聆听第二部分的两个主题，抓住乐器的不同设计问题；第一部分与第四部分的情绪对比等。问题提在疑惑处、关键处，能鼓励学生思考，让学生始终处在一种积极的学习状态。

4. 笔者在立足"听"的同时引导学生用模唱、模拟乐器演奏、声势等表现形式体验音乐，理解作品的意韵，鼓励学生对所听音乐有独立的感受与见解，引导学生大胆表现音乐，学生在快乐中学会了听赏音乐的方法。

总之，本节课从设计到做课，符合音乐学科的特点，遵循音乐学习的规律，凸显"三韵"教学风格，较好地达成教学目标。当然，在执教过程中，也发现一些缺陷，如本课时还安排听赏《打猪草》，内容多、难度深，执教者应视具体学情及时调整每一段主题音乐的教学目标，适当降低难度。

第二课时

教学内容：

1. 学唱歌曲《苹果丰收》。
2. 能够积极参与发声练习。

苹果丰收

〔朝〕白仁俊词
〔朝〕金永道曲
方培人 薛 范译配

明快地
1=♭E 4/4

教学目标：

1. 感受歌曲欢快喜悦的音乐情绪和充满律动感的舞曲风格特点。
2. 能用恰当的音色、欢快而有弹性的声音演唱歌曲《苹果丰收》。
3. 在演唱活动中，体验和了解多声部演唱形式与方法。

教学重难点：

有感情演唱歌曲《苹果丰收》，体验多声部演唱形式与方法。

教学过程：

一、情境导入

1. 出示月夜情境图

①教师：这样的情境如果用音乐的方式来表现，你会怎么做？（学生编创）

②教师：我想这样唱。（出示曲谱，然后请学生唱）

$$1=C \quad \frac{2}{4}$$

mp
3 4 5 5 | 5 — | 3 4 5 5 | 5 — |
月亮 爬上 来，   月亮 爬上 来，

mf   p
5 6 5 4 | 3 4 5 | 3 4 3 2 | 1 — ‖
月亮 月亮 爬上 来，月亮 爬上 来，

教师：我还可以与大家合唱。（出示曲谱，学生唱高声部，教师唱低声部）

③学生学习低声部

④师生合唱（学生唱低声部）

⑤生生合唱（教师用柯尔文手势提示每个小节的第一个音）

【设计意图：情境创设激发学生创编兴趣的同时自然导入发声练习，既渗透音色、力度等音乐要素的要求，又增加发声练习的趣味性，同时为学生理解歌曲的意韵做好铺垫。】

2. 改编发声练习曲

①出示曲谱

[乐谱: 1=C 2/4

34 55|5 - |34 55|5 - |56 54|34 5|
太阳爬上来，　太阳爬上来，　太阳太阳爬上来

12 33|3 - |12 33|3 - |34 32|12 3|

mp
5 5 6 7|1 - |x' - |x 0‖
太阳爬上来，　哟　　　嗬

mp
5 5 6 7|1 - |x' - |x 0‖]

②教师范唱（凸显与前一首练声曲力度、音色等区别）

教师：这一条练声曲与第一条有什么区别呢？

【设计意图：从音乐要素入手，引导学生关注力度、旋律的变化以及衬词的使用而引起情绪的变化，为新课的音乐实践活动打下基础。】

二、新课教学

1. 初听伴奏音乐

①教师：太阳升起了，新的一天到来，远处传来了这样一种声音，同学们请听，你听到了什么？

②教师选择 x.x　x x x x x|x x　x.x　x x|的节奏型用长鼓分别为两个乐段音乐伴奏

教师：这是一首明朗轻快充满律动感的音乐，老师用长鼓为乐曲伴奏，节奏分别是"x.x　x x x x x"和"x x　x.x　x x"。（出示节奏条）

③节奏练习

引导学生用敲桌子模拟长鼓进行节奏练习。

2. 复听伴奏音乐

①教师：我们再来听听这一首音乐，听到这样的音乐你联想到什么？请选择这两种节奏为音乐伴奏，然后告诉大家你选择的理由。

②学生聆听并为歌曲伴奏后说出选择的理由。

教师：乐曲明快活泼、热情奔放，让人想到载歌载舞、欢庆丰收的场面。乐曲有两个乐段，第二乐段节奏更舒展些，情绪也稍加抒情，可以选择不同的节奏为乐曲伴奏。

【设计意图：复听伴奏音乐加深了学生对音乐的感知，选择不同节奏为音乐伴奏感受不同乐段的音乐情绪，目的是为了歌曲意韵理解，即为了进一步

了解朝鲜音乐的风格特点。】

3. 揭示课题

①出示曲谱

②按节奏朗读歌词

第一遍教师按节奏读，第二遍学生按节奏读，教师在第一乐段的句尾处叠加不同衬词（哟、嘿、嗬、哈），第二乐段合唱。

【设计意图：叠加衬词有助于丰富歌曲的音乐表现，调动学生的学习积极性，激发学生体验歌曲的情韵表达。】

4. 聆听范唱

教师：接下来，请大家聆听下面这一首歌，思考歌曲的演唱形式是什么。

5. 学习第一乐段

①教师范唱

教师：你能听出旋律有什么特点吗？特别能表达走进果园时开心兴奋的情绪与旋律、节奏的关系。（小组讨论）

②师生小结

教师：每一句开头基本以附点节奏开始，较密集，旋律轻快，节奏型相同，朗朗上口，句尾以长节奏（两拍）结束，富有舞蹈性，唱着，跳着，愉悦心情。

③练习第一乐句节奏（放慢速度）

④学生按节奏朗读歌词，按"×· ×　×　×　×　×　×"敲桌子伴奏

⑤学生随琴唱歌词

⑥学生随伴奏音乐唱歌词

【设计意图：引导学生在聆听中自主发现曲调特点：节奏较密集，速度较快，每一个乐句基本以附点节奏开始。引导学生理解歌曲风格特点的形成是与节奏、速度、旋律等音乐要素息息相关的。】

6. 学习低声部曲调

①教师完整演唱歌曲

教师：注意听第一乐段的结束音与第二乐段的起始音，你发现了什么？

【设计意图：从听觉入手，提示学生合唱时找到低声部的音高位置，让学生学会唱歌的方法。】

②学生学习低声部曲调，教师用柯尔文手势提示骨干音

③隐去低声部旋律，教师用柯尔文手势提示骨干音，学生记忆旋律

④学生随钢琴伴奏演唱低声部歌词

⑤学生记忆歌词

7．师生互动

教师唱高声部，学生唱低声部。

8．学习高声部

①学生随钢琴伴奏模唱旋律（放慢速度）

②教师用柯尔文手势提示骨干音，学生学唱旋律

③学生随钢琴伴奏视唱旋律

④隐去旋律，教师用柯尔文手势提示骨干音，学生记忆旋律

⑤学生随钢琴伴奏唱歌词

⑥师生互动

学生唱高声部，教师唱低声部。

9．学生合唱

①教师用柯尔文手势分别提示两个声部的骨干音，学生合唱旋律

②学生随钢琴伴奏合唱歌词

③学生随音乐完整演唱歌曲，教师指挥

④学生自我评价

⑤再次随音乐完整唱歌曲，引导学生用自己喜欢的形式表现音乐

三、编创活动

1．介绍音乐相关背景

《苹果丰收》是朝鲜影片《金刚山的姑娘》中的一首插曲，歌曲最大特点是每一个乐句基本以附点节奏开始，歌曲具有舞蹈性，曲调明快活泼，表现了苹果丰收的季节里，朝鲜族姑娘喜摘苹果时欢乐的劳动场面。（播放歌舞等视频片段）

【设计意图：发挥视听联觉的作用，增强学生对地域、民族音乐文化的理解，为创编活动积累经验，为升华情感推波助澜。】

2．学生即兴创编

教师：学会了演唱歌曲，还可以用什么方式来表现音乐，让歌曲更加丰富呢？

预设一：编创节奏利用身边音源为歌曲伴奏。（完成教材练习 2）

预设二：用简单的长鼓舞动为歌曲伴奏。

预设三：用叠加衬词的形式有节奏地朗读第一乐段歌词，然后唱歌曲（句尾处均可叠加欢庆丰收的象声词）。

【设计意图：尊重学生的个性，鼓励学生积极参与音乐创编实践，以自己的方式表达情智，升华学生对音乐的审美体验。】

四、结课

教师：今天，我们学习的是朝鲜歌曲《苹果丰收》，让我们在朝鲜姑娘背着长鼓欢庆丰收载歌载舞的场面中结束今天的音乐课吧！（播放音乐）

【教后反思】

笔者在执教《苹果丰收》一课时，立足聆听，让学生充分感受歌曲浓郁地域特色的声韵之美；依托实践，让学生在聆听、哼唱、伴奏等音乐实践活动中理解歌曲的意韵，感知音乐要素在情感表达中的作用；最后在创编活动中表现音乐，升华情感。具体阐述如下：

1. 《苹果丰收》是朝鲜歌曲，歌曲速度较快，旋律明快、朗朗上口，节奏特点突出，二声部的和声进行使曲调更为丰满，舒展热烈，地域特色明显。鉴于此，本课教学从情境式发声练习开始，以月亮与太阳的不同情境引导学生入情入境。学生兴趣盎然，在唱好二声部的同时感受音色、力度、旋律等音乐要素变化对情绪的影响，再通过旋律改编巧妙导入歌曲节奏的感知，为唱准二声部、体验音乐打下坚实的基础。

2. 节奏是音乐的灵魂。本课以节奏特点为抓手，感受体验音乐情绪为主线，聆听伴奏音乐选择合适的节奏为音乐伴奏；聆听范唱提炼总结节奏特点；朗读歌词叠加衬词，利用身边的音源模仿鼓点为歌曲伴奏等一系列音乐实践活动，让学生始终沉浸在听音乐的情境中，在体验音乐的过程中唱会歌、唱好歌、会唱歌。

3. 本课充分利用柯尔文手势，分别提示二声部的骨干音颇见实效，有效突破了二声部教学难点。

4. 音乐教学是音乐艺术的实践过程，本课教学学生学习兴趣浓厚，尤其是即兴创编活动，学生争相发言，充满自信表现音乐，彰显良好的合作意识。

第三课时

教学内容：

1. 学唱歌曲《丰收的节日》。
2. 能够合乐编创与活动。

丰收的节日

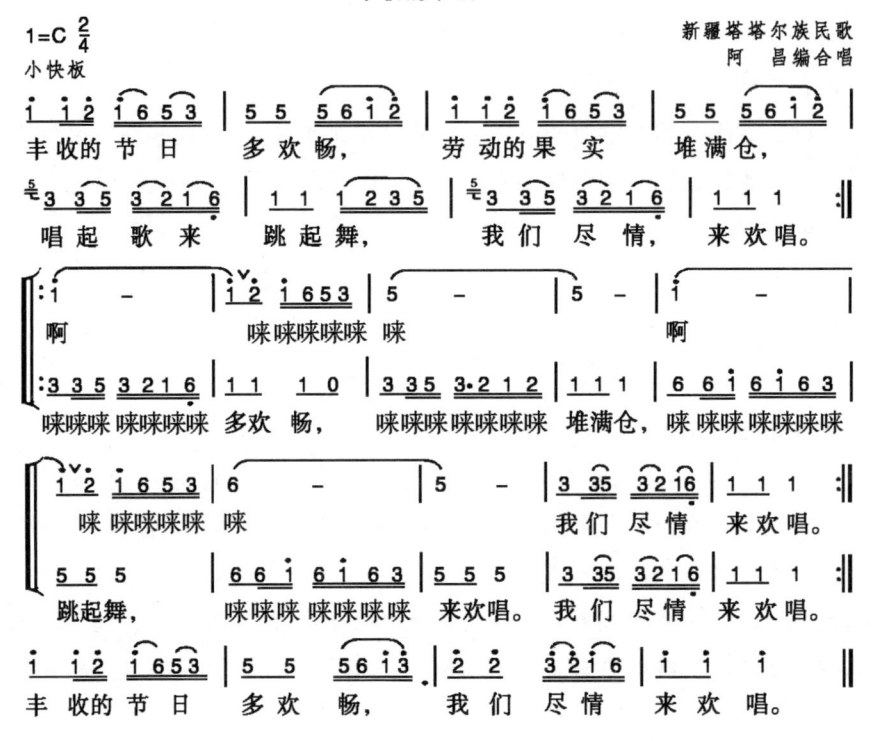

新疆塔塔尔族民歌
阿 昌编合唱

1=C 2/4
小快板

教学目标：

1. 能够用轻松、欢快的声音演唱歌曲《丰收的节日》，感受歌曲明快的节奏和民族韵律特点。

2. 初步了解新疆塔塔尔族舞蹈，并能用简单的舞蹈动作体验音乐，并产生进一步学习新疆歌曲的愿望。

教学重难点：

唱好歌曲的二声部，体验歌曲的风格特点。

教学过程：

一、导入

1. 谈话

教师：上一节课，我们走进朝鲜族感受丰收的喜悦。今天，我们一起再来唱一首丰收的歌谣。请同学们听一段音乐，看看谁能听出这是哪一个民族的音乐，你是怎样听出来的？

2. 聆听伴奏音乐

3. 学生畅所欲言（教师及时捕捉与音乐相关的信息，但不给正确答案）

4. 复听

教师：听到这样的音乐，特别是听到"咚.嗒 咚嗒｜咚.嗒 咚嗒｜"这样的节奏，老师就情不自禁地舞起来……（学生聆听，教师做新疆塔塔尔族简单舞蹈动作）

教师：听着音乐，看着舞蹈，现在能确定这是哪一个民族的音乐吗？

5. 揭题

教师：这是我们今天要学习的新疆塔塔尔族民歌——《丰收的节日》，歌曲旋律优美，节奏明快，小快板，"咚.嗒 咚嗒｜咚.嗒 咚嗒｜"的节奏极具舞蹈性，彰显浓郁的新疆歌曲风格特点。（出示曲谱）

【设计意图：通过两次聆听，学生感受音响的声韵之美，再辅以新疆特点的舞蹈动作，唤起学生已有的知识经验，体验音乐特点，正确判断乐曲地域风格。】

二、新课教学

1. 复听伴奏音乐

教师：下面，我们再一次聆听歌曲伴奏音乐，能不能边听边读"咚.嗒 咚嗒｜咚.嗒 咚嗒｜"为乐曲伴奏。（学生聆听并声势伴奏）

2. 聆听范唱

①学生模仿教师听音乐用打击乐器和声势伴奏

教师：现在我们听听歌曲，歌曲可以分为几个部分？听的时候能不能模仿老师做动作呢？（左手叉腰，右持铃鼓，按拍点左右拍肩，旋律上行的一字多音处铃鼓自下而上摇动）

②学生聆听后作答

【设计意图：反复聆听，用声势和打击乐器伴奏，让学生感受体验歌曲的节奏特点，感知新疆歌曲的风格特点，既熟悉旋律，又增强节奏感，为唱会歌奠基，实现从声韵聆听到意韵理解的目的。】

3. 学习歌曲前半部分

①教师放慢速度范唱曲谱

教师：请同学们认真聆听这八小节的旋律，你发现了什么？

学生：第三、四小节旋律、节奏与第一、二小节相同；第七、八小节旋律、节奏与第五、六小节相似。

②出示旋律基本节奏，学生练习

$\frac{2}{4}$ ×× ×××× | ×× ×××× | ××× ×××× | ××× ‖

③学生随钢琴伴奏视唱旋律，教师读"**咚.嗒 咚嗒｜咚.嗒 咚嗒｜**"为学生伴奏

【设计意图：学生在聆听中发现曲调的基本节奏及旋律相同之处，感知重复的创作手法对音乐表现所起的作用，同时有效降低教学难点。】

④教师范唱歌词

教师：听老师唱歌词，请你们用这样的动作表示音乐。（左手叉腰，右手掌模拟铃鼓，按拍点左右拍肩，旋律上行的一字多音处"铃鼓"自下而上摆动）

⑤学生随钢琴伴奏唱歌词

⑥学生随乐唱歌词

4. 学习合唱部分（出示曲谱）

①教师范唱高声部

教师：请同学们再读"**咚.嗒 咚嗒｜咚.嗒 咚嗒｜**"为老师伴奏；听完告诉大家，高声部的曲调有什么特点？

【设计意图：引导学生从聆听中感受两个乐句的相似之处，并在声势伴奏中建立起节奏概念，为二声部演唱打好基础。】

②学生视唱（教师用柯尔文手势辅助提示骨干音及呼吸记号等）

③隐去曲谱，学生记忆高声部旋律（教师用柯尔文手势辅助提示骨干音）

④学生背唱衬词

⑤师生互动合唱二声部（学生唱高声部）

⑥学生自主学习低声部（视唱或乐器吹奏），重点解决以下四小节

3 35 3216 | 1 1 0 | 3 35 3212 | 1 1 1 |

⑦学生背唱低声部歌词

⑧师生互动合唱二声部（学生唱低声部）

⑨生生互动

第一步：借助乐器吹奏，一个声部吹奏，另一声部演唱。

第二步：教师利用柯尔文手势分别提示两个声部的骨干音，学生合唱旋律。

第三步：随钢琴无旋律伴奏合唱歌词。

第四步：随乐合唱歌词。

【设计意图：听、奏、唱、动等是学生体验音乐、理解歌曲意韵的有效途径，教学环节从易到难，层层递进，有效解决二声部的难点。】

5. 学习结束句

①教师范唱结束句

教师：结束句的前两小节与歌曲前半部分的第一、二小节对比，有哪些相同点与不同点？

②出示两条旋律短句

$$\dot{1}\ \dot{1}\dot{2}\ \dot{1}653\ |\ 55\ 56\dot{1}\dot{3}\ |$$

$$\dot{1}\ \dot{1}\dot{2}\ \dot{1}653\ |\ 55\ 56\dot{1}\dot{2}\ |$$

③教师唱旋律

④学生自主学唱

【设计意图：通过对比聆听，明确旋律的异同点，降低自主学习的难点。】

6. 随钢琴伴奏完整演唱歌曲，学生自我评价

三、活动拓展

1. 随乐演唱《丰收的节日》，教师提示咬字、音色、速度等，请部分学生表演新疆舞蹈动作

2. 介绍音乐相关背景

教师：歌曲《丰收的节日》是新疆塔塔尔族民歌，其以欢快活泼、热情奔放的情绪，表现塔塔尔族人民丰收后载歌载舞的喜悦心情。让我们走进塔塔尔族，再次领略他们欢庆丰收时的热闹场面吧。（视频或图片简要介绍塔塔尔族载歌载舞场景）

3. 学生即兴创编动作或节奏为歌曲伴奏

教师：你能根据对这个民族的了解创编动作或节奏为歌曲伴奏吗？（除创编动作外，还可以引导学生边唱边用 x．x　x x | x．x　x x | 的节奏敲桌

模拟手鼓伴奏）

【设计意图：拓展是对教材的补充和延伸，旨在积累学生的审美经验，让学生更深入理解塔塔尔族音乐风格特点，从而产生进一步学习塔塔尔族音乐的愿望。】

四、结课

教师：今天，我们学习了新疆塔塔尔族民歌——《丰收的节日》，感受到了新疆歌曲的风格特点：节奏明快，民族韵律感鲜明，让人情不自禁地载歌载舞。当然，以"丰收"为主题的曲目还有很多，如：唢呐独奏《庆丰收》，板胡独奏《幸福年》以及歌曲《丰收之歌》《欢庆丰收》等，同学们课后可下载聆听，看看与今天学习的歌曲相同在哪、不同在哪。

【教后反思】

1. 陶行知说："发明千千问，起点在一问。"导入教学即以"听听是哪个民族的音乐"为切入点，引导学生聆听伴奏音乐，初步感知作品的声韵美，学生争相发言却不给答案，再次复听辅以舞蹈动作后才揭示答案，所谓"不愤不启，不悱不发"！学生经历这样感知感受的过程，对歌曲的意韵，特别是对新疆塔塔尔族音乐特点、音乐风格的记忆甚为深刻。

2. "咚.嗒 咚嗒｜咚.嗒 咚嗒｜"的手鼓节奏贯穿教学过程的始终，反复聆听，在感知体验乐曲风格特点的基础上声势伴奏，既熟悉旋律，又增强节奏感，为唱会歌、唱好歌奠定基础。特别是二声部的曲调，高声部节奏较为舒展，与低声部形成鲜明的对比，模拟手鼓节奏的伴奏促进了声部的和谐。

3. 合唱教学先分声部学习，反复吟唱，借助柯尔文手势记忆旋律，背唱歌词；再与教师互动，乐器互动，从易到难，层层深入，扫清二声部教学的障碍，把握作品内涵与韵律；然后再拓展延伸，创设生动有趣的活动表现音乐，升华情感，形成"三韵"氤氲的课堂，较好达成教学目标。

【专家点评】

本课从设计到课堂实施，符合音乐学科的课程特点，遵循音乐学习的规律，较好地达成了教学目标。在教学过程中，可以清晰地感受到"三韵"教学模式"感知→体验→认知→表现→创造"落地课堂，形成鲜明的"三韵"教学风格。值得一提的是，本课设计者在设计方案的过程中针对方案进行多次课堂教学，在教学实践中不断调整策略，值得关注的有以下两点：

一、创设情境，唤醒记忆

创设情境教学法是常见的音乐课堂教学方法，旨在唤醒学生生活经验与学习经验的联系，使其置身于情境中，激发学生的学习兴趣，更好地感受音乐、理解音乐。在民族管弦乐曲《丰收锣鼓》一课的教学过程中，课前导入创设了"锣鼓传情"的情境，通过节奏编创、锣鼓镲的合奏，创设"丰收"的场景，唤起学生生活记忆，引出学习内容。设计者打破了传统的欣赏教学"总—分—总"模式，以主部主题为突破口，先初步感知第一部分音乐，熟悉第一主题，为聆听全曲、理解乐曲结构做好铺垫。在第二课时的导入设计中，创造性地使用了教材中的发声练习，将发声练习进行改编，以月亮升起与太阳升起的不同情境引导学生入情入境，兴趣盎然，在唱好二声部的同时感受音色、力度、旋律等音乐要素变化对情绪的影响，再通过旋律改编巧妙导入歌曲节奏的感知，为唱准二声部、体验音乐打下坚实的基础。

二、弥声入耳，漫之有道

音乐是听觉的艺术，在教学中，设计者充分利用音乐的"弥漫性"特点，立足于听，让声韵反复刺激感官，从多次的聆听中听辨乐器、力度、节奏，感知音乐情绪与音乐形象，让音乐不断地弥漫在学生的耳边。由于作品篇幅较长、音乐主题多，致使学生容易混淆，难以辨析和记忆。设计者对此采用了对比手法，并有针对性地设计问题，引导学生有目的地聆听。如：对比聆听《丰收锣鼓》第二部分的两个主题，抓住乐器的不同设计问题，感知第一部分与第四部分的情绪对比等。同时，问题提在疑惑处、关键处，能鼓励学生思考，让学生始终处在一种积极的学习状态。立足"听"的同时引导学生用模唱、模拟乐器演奏、声势等形式体验和表现音乐，鼓励学生对所听的音乐有独立的感受与见解，重视学生的情韵表达，学生在快乐中学习了听赏音乐的方法。《丰收的节日》一课，设计者以手鼓节奏贯穿教学过程的始终，反复聆听，在感知体验乐曲风格特点的基础上利用声势伴奏，既熟悉了旋律，又感知了节奏特点，为唱会歌、唱好歌奠定了基础。特别是二声部的曲调，其高声部节奏较为舒展，与低声部形成鲜明的对比，配合模拟手鼓节奏，实现了声部的和谐。

福建省普通教育教学研究室　刘晨曦

《我是小小音乐家》教学案例[①]

执教：福州市仓山区第一中心小学 李 征

我是小小音乐家

英国歌曲
陈孝同译词
李丹芬配歌

1=F 2/4
中速 活泼地

5 ‖: 1 1　2 2 | 3 3　5 4 | 3 3　2 | 1.　ⱽ5 ┐ 注意换气
1. 我　是个　小小　音乐家，　住在伦　敦。我
2.(我) 是个　小小　音乐家，　弹得　最　好。我

1 1　2 2 | 3　5 4 | 3 3 3 2 | 1　0 ⱽ5 4 |
打起　手鼓　能　奏出　美妙的音　乐。特隆
吹起　小喇　叭能　奏出　美妙的音　乐。特隆

3 3　3 4 3 | 2 2　2 5 4 | 3 3　3 4 3 | 2 2 2 |
嘭嘭　嘭特隆　嘭嘭　嘭特隆　嘭嘭　嘭特隆　嘭嘭嘭，
嘀嘀　嗒特隆　嘀嘀　嗒特隆　嘀嘀　嗒特隆　嘀嘀嗒。

5　3 1 | 2　1 | 5　3 1 | 1 ⱽ5 4 |
跳　哟唱哟，　跳　哟唱哟, 特隆
跳　哟唱哟，　跳　哟唱哟, 特隆

3 3　3 4 3 | 2 2　2 5 4 | 3 3　2 2 |1. 　5 :‖1.
嘭嘭　嘭特隆　嘭嘭　嘭特隆　嘭嘭嘭嘭　我
嘀嘀　嗒特隆　嘀嘀　嗒特隆　嘀　嗒嘀　　嗒。

【教材分析】

《我是小小音乐家》是人教版第五册第四单元唱歌教学内容，这是一首曲调欢快、活泼，歌词简练，富有童趣的美国儿童歌曲。歌曲生动地表达了孩子们一个美丽的愿望和共同的心声——"我是小小音乐家"。歌曲四二拍子，一段体结构，弱起节拍贯穿全曲。第一乐句从弱起开始，四度跳进旋律上行，继而下行，曲调流畅，情绪欢悦，即刻点明了主题——"我是小小音乐家"。第二乐句是第一乐句的变化重复，仅在节奏上做了紧缩的变化。第三乐句是五度跳进和后十六分音符的连续出现，激进的旋律配以乐器演奏时发出的象声词，使得歌曲的情绪欢快而又热烈。第四乐句突出"跳、唱"两句，把孩子尽情欢唱的情绪推向高潮，最后再现了第三乐句的旋律，歌曲在充满欢乐

[①] 本课例曾获福建省"一师一优课"评选一等奖。

的气氛中结束。

【学情分析】

中年级学生正处于由形象思维到抽象思维的过渡时期，虽然能进行一定的抽象思维，但仍以形象思维为主，随着生活范围和认知领域进一步扩展，学生体验感受与探索创造能力增强，能发现生活中的各种音响、简述音乐的变化，模仿力极强，乐于表现自己，能用自己的声音模仿喜欢的音响。故可增加模仿乐器音响、演奏动作、创编歌词等教学环节，以吸引学生注意力。

【教学设计】

教学内容：

1. 学唱歌曲《我是小小音乐家》。
2. 表演歌曲《我是小小音乐家》。

教学目标：

1. 感受歌曲的情绪，能够用欢快的情绪演唱歌曲。
2. 认识八分休止符并能唱准弱起后十六节奏。
3. 能够较准确地表达歌曲并表演出来。

教学重点：能够用欢快的情绪完整地演唱歌曲。

教学难点：唱准弱起后十六音符节奏。

教学准备：

1. 收集多媒体课件素材，并加工、制作。
2. 图谱、卡片。
3. 口风琴。

教学过程：

一、互动激趣

教师：快乐的音乐课就要开始了！让我们一起来玩个互动游戏吧！请闭上眼睛，注意听老师是怎么拍的。

教师拍节奏：xx|x x x|（分别用实掌与空掌拍击相同节奏，学生模仿）

教师：两种拍法不同，发出的音色不同，这节课我们就用第一种拍法（实掌）表示赞同、认可，用第二种拍法表示鼓励、加油，如果大家同意就给个认可的掌声吧。（学生实掌拍击）

教师：我们一起加油！（教师空掌拍击）

教师：按这个节奏，大家描绘一下声音，好吗？

学生：啪啪｜啪啪 啪。

教师：我这样说：砰砰｜砰砰 砰，你会吗？注意观察老师的表情和说话的声音。（学生模仿）

教师：我还会这样说：钢琴｜叮咚 响｜，你会创编吗？（学生模仿拓展）

【设计意图：导入环节设计节奏互动游戏，既关注声音变化又激发学生学习兴趣，同时在潜移默化中感知体验了后十分音符节奏，有效链接了本课新知——弱起节奏。】

二、整体感知

1. 创设情境

教师：大家模仿得可真棒！你们精彩的模仿吸引了两位小客人，他们带着乐器，唱着歌儿来到了我们的音乐课堂，一起来看看吧。（教师出示课件）瞧！客人们给大家问好了："大家好！我带来了它们，大家认识吗？"（播放歌曲，观看课件）

2. 模拟演奏动作与声音

①手鼓

教师：这是手鼓，听听它的声音是怎样的。（课件播放，学生感受音色）我们一起来模仿它的演奏动作，好吗？（学生模仿）

②小喇叭

教师：这是小喇叭，它的声音是怎样的呢？（课件播放，学生感受音色）我们一起来模仿它的演奏姿势吧！（学生模拟演奏）

③出示节奏并巩固拍击

教师：你能用 ×× ｜× × × ｜模仿这两种乐器的声音边拍边读出声音吗？（学生练习、展示）

【设计意图：聆听歌曲，学生在音响的声韵弥漫中感受歌曲的音乐情绪，同时利用多媒体课件认识手鼓和小喇叭，为引入新课做好铺垫。】

三、歌曲学习

1. 聆听范唱，揭示课题

教师：大家都认识了两位客人带来的乐器，下面请大家认真聆听他们带

来的歌曲，听完告诉老师你的心情是怎样的？（学生聆听音频范唱）

学生：我的心情是愉悦的。

教师：这两位小客人不仅会演奏还会唱歌跳舞，所以他们都自信地说自己是小小音乐家，我们班上也有许多学乐器的孩子，你们想说什么呢？相信你们也一定能成为小小音乐家！今天，我们就一起学习这首美国歌曲《我是小小音乐家》。（出示课题）

2. 复听范唱，划分乐句

教师：下面，请同学们再听老师唱一遍歌曲。你能听到歌曲中模拟乐器发出的声音吗？这些声音出现在哪一乐句呢？（学生再次聆听）

学生：听到了"嘭嘭嘭、滴滴答"的声音，它们出现在第三乐句。

教师：这些乐器的声音到底出现在哪一句呢？让我们随着音乐律动，在律动中寻找答案吧！先看看老师是怎么做的。（教师律动）

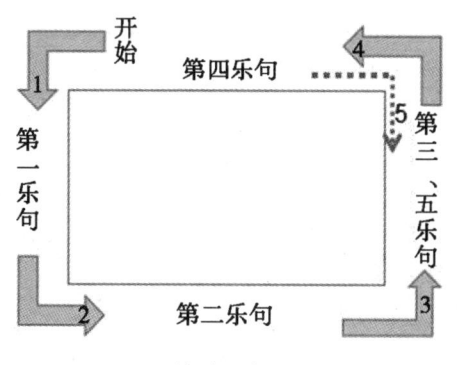

律动示意图

教师：你们找到了吗？请跟着音乐一起找找吧！（学生听音乐律动）

学生：第三乐句、第五乐句在同一个方向律动，都是模仿乐器声音的乐句。

教师：是的，描写声音的乐句在第三、五乐句。

教师：第三、五乐句完全一样吗？（学生再次律动）

学生：第三、五乐句结尾不一样。

教师：是的，音乐家把这种创作手法称为变化重复。大家再次聆听歌曲，找一找其他三个乐句是否也运用了这种创作手法。（学生聆听后回答）

3. 学习八分休止符

教师：接下来，请同学们跟着伴奏轻声哼唱乐曲，找找曲谱里有哪些没

学过的音乐符号。(出示曲谱，学生哼唱，并观察曲谱)

学生：第二行第三小节的休止符没学过。

教师：这是八分休止符，我们来体验一下。

①划拍练习

②教师示范用"跺脚"的动作表现停半拍，边模拟乐器的声音哼唱边用手拍击节奏（学生模仿）

③用"闻花香"的动作表示停半拍

④学生随音乐完整练习

4. 学习歌谱

①学生用口风琴熟悉曲谱

教师：请同学们拿出口风琴，看看自己能否吹奏旋律。（学生自主吹奏）

②张口不出声视唱

教师：现在能随着音乐伴奏张嘴不出声视唱旋律吗？

③纠正音准（用对比聆听的方法解决音准难点）

④完整演唱曲谱

教师：现在能不能完整演唱曲谱呢？

5. 学习歌词

①学生小声随音乐一起唱

教师：现在能尝试小声唱歌词吗？

教师：你们对自己演唱的感到满意吗？

②解决演唱中的难点

教师：听老师唱这一乐句，能像老师这样边画边唱吗？

跳 噢哟 唱 哟　　　跳 噢哟 唱 哟

③跟着伴奏完整演唱全曲

【设计意图：歌曲学习环节充分利用律动和画旋律线的方法让学生感知乐句，熟悉旋律，了解变化重复的创作手法，解决歌曲学习中的难点。学生在反复不断的音乐实践活动中逐步理解歌曲的意韵，为唱会歌、唱好歌打下坚实的基础。】

四、编创活动

1. 创编歌词

教师：客人们要回家了，请你们根据图片中的乐器编创歌词演唱，作为送给客人的"礼物"吧！（出示钢琴、笛子、铜鼓等乐器图片，学生分小组讨论编创）

2. 小组展示

教师：下面请各小组派代表展示"礼物"吧，小组间可以互相评价一下。

学生：我是个小小音乐家住在福州，我弹起钢琴能奏出美妙的音乐，叮叮咚咚咚，叮叮咚咚咚，叮叮咚咚咚……

学生：我是个小小音乐家住在福州，我吹起笛子能发出美妙的音乐，滴滴滴滴滴，滴滴滴滴滴，滴滴滴滴滴，滴滴滴滴滴……

【设计意图：利用拓展活动让学生再次熟悉歌曲的旋律，进一步理解歌曲的意韵，升华情感，有效增强学生音乐表现的自信心，培养学生良好的合作意识和团队精神。】

五、结课

教师：这节课我们不仅学习了后十六分节奏、前八分休止符等音乐知识，还认识了手鼓、小喇叭两件乐器，聆听了它们的音色，模仿了它们的演奏方式，甚至还自编自创了歌词表现音乐，同学们真棒！课后大家可以下载欣赏一些描写各种各样声音的歌曲，如《森林水车》《小杜鹃》等，听听音乐家是怎样用音乐表现大自然中的声响的。

【教后反思】

这是一节通过歌曲和歌表演培养孩子们音乐兴趣的音乐课，本人执教的是本节课的第一课时。本课时主要是让学生学会用轻松自然的声音、活泼欢快的情绪来演唱歌曲。根据歌曲特点，本人在教学中以节奏游戏、律动探究、创编拓展为主线，引导学生参与巩固节奏、学习新知、演唱表演歌曲等系列学习活动，充分调动学生自主学习热情，激发学生积极性与主动性，课堂效果良好，达到了教学目标。反思教学过程，以下几点是较好达成教学目标的主要策略。

一、节奏游戏带领学生趣味学习

游戏在儿童生活中具有十分重要的意义。高尔基认为："游戏是儿童认识世界的途径。"中低年段的音乐教学，可以把音乐学习的过程变成一个个好玩的游戏，以调动学生的学习积极性，集中学生学习注意力，增强学习趣味，活跃课堂气氛。古希腊哲学家柏拉图在《国家篇》中说过："节奏与乐调有最强烈的力量浸入心灵的最深处。"鉴于此，本节课本人设计了"说乐器"等音乐节奏游戏，让学生在活动中边玩边学，引发学生联想、激动、共鸣，学生学习兴趣浓厚，注意力保持良久。

二、自主探索促进学生能力发展

"新课标"所体现的核心理念之一就是改变学生的学习方式，让学生通过主动参与，自主探索，更好地感受音乐、体验音乐、理解音乐、表现音乐。在这个过程中，教师就是一个设计者的角色，尽量地把音乐教学环节设计成一个个有利于学生主动参与的音乐故事活动。本课设计了一系列学生喜欢的音乐活动，如节奏创编声音、发现变化重复乐句、前八分休止符的唱法以及歌词创编等，学生都经历了自主学习、探究的过程，体验到了成功的喜悦，在享受满足感中习得知识与技能，形成能力，促升音乐素养。

三、创编表演点燃学生创造火花

"新课标"指出：中小学音乐课程中的音乐创造，目的在于通过音乐，开发和培养学生的形象思维能力。因此，教师要最大限度地发挥学生的创造潜质。本课设计的音乐活动中，很多地方都提供了学生的创造空间，比如探索乐器音色，鼓励学生大胆尝试不同的敲击方法，打破传统的思维方式，让学生探索乐器发出的不同声响。又如创编歌词，当学生能完整有感情地演唱歌曲后，我让学生把自己想象成一个小小音乐家，改编原来的歌词，自信、大胆地向大家介绍自己心爱的乐器。创造中的体验、表现带给学生无穷的乐趣，诱发了学生积极愉悦的情感体验。

【专家点评】

本课教学设计李老师以"小音乐家来做客"为主线，张弛结合，以"接受挑战、解决问题"为教学链来贯穿整堂课，各项活动在音乐音响中进行，学生兴趣浓厚，课堂气氛活跃，有效达成教学目标，以下几点值得学习。

一、创设情境引趣

情境教学是本课的主要教学手段。本课教学设计在"挑战小音乐家"的情境中展开音乐学习。让学生通过律动、画旋律线、模拟乐器演奏等方法全方位地感受音乐作品，理解歌曲意韵。李征老师首先用"节奏互动"作为切入点，融音乐与生活为一体，唤起学生已有的情感体验。如，教学一开始，李老师创设了有朋自远方来的情境，让学生初听乐曲找出疑惑。再以"接待客人"为由用旋律图谱感受歌曲旋律，从易到难、层层递进，有效突破了教学过程中的旋律难点。然后再次创设情境，用美丽的画面把学生带进歌曲，引导学生自然朴实表达情感。最后用依依惜别的"送客"自然引入到创编活动。这个创编活动，跨越了空间，从模仿认识西洋乐器链接到中国乐器，让中国的乐器也"唱"起歌来，加大了课堂容量，拓展了音乐文化。整节课师生关系融洽，学生在听音乐、玩乐器中直抵音乐内涵，最后深情表现，情韵表达令人满意。

二、自主探究激趣

本节课李老师充分尊重学生的感受，尽量让学生自己去发现、提出、解决问题，而自己所扮演的角色只是一个引导者、参与者和鼓励者。因此，不管是歌曲动作的设计，还是节奏的创编，到进一步拓展编创，都是学生自主探究的结果。在李老师营造的探究氛围下，学生的探究和表现欲望强烈，且信心满满，创意多多。如通过三次聆听发现三、五乐句为变化重复乐句后，教师放手让学生自主学习，根据律动寻找一、二乐句的变化重复关系，探索歌曲创作的美妙，拓展了音乐学习内容，让学生享受音乐学习的乐趣。

三、合作创编赏趣

在创编活动中，李老师通过小组讨论的形式，激发学生积极参与合作创编，指导学生进行音乐活动。如导课时的节奏创编及拓展环节的歌词创编，教师均能放手给学生一个自由充分发挥的空间，促使学生的思维一直处于一种积极、活跃、主动的思考状态。在小组表演、他组评价中增强学生的创造意识，培养学生的合作意识和团队精神。

总之，李老师的教学设计朴实有效，课堂组织活而不乱且环环相扣；教师语言生动，教风严谨，重视学生的主动参与，音乐体验式学习贯穿整节课。李老师在教学中充分发挥学生的想象力，激发学生的创造力和表现力，并在活动中培养学生良好的合作能力和在群体中的协调能力，体现"新课标"的核心理念"培养学习能力"和"鼓励音乐创造"精神，是一节值得借鉴的好课。

福州教育学院附属第一小学　林琴

《梅花》教学案例

执教：福清市瑞亭小学 卢小洪

梅 花

1=F 2/4
中速

（宋）王安石诗
郑秋枫曲

墙　角　数枝梅，凌寒　独自　开。

遥　知　不是雪，为有　暗香　来。

墙　角　数枝梅，凌寒独自　开。　　遥知

不是雪，为有暗香　来。　为有暗香　来。

【教材分析】

《梅花》是人教版五年级下册第五单元《古韵新声》的歌曲。歌曲为两段体，大调式。第一乐段由两个乐句构成，第一乐句的"墙"字很有特点，从时值上看，是一拍半，但作曲家却没有按常规使用附点四分音符，而是用了切分节奏，在以 mi 为主的一拍半中，又用了一个十六分音符的 fa，不仅使音乐显得有生气和活力，而且强调了第一个字的语气，使音乐的开篇即有独到之处。第二乐句给人一种柔美的感觉，在节奏上是第一乐句的重复，保持了旋律进行的统一。第二乐段的节奏和旋律都发生了较大的变化，特别是第一乐句出现了最高音 sol，同前一句形成了鲜明的对比，把情绪推向了高潮，表现了"梅花凌寒独自开"的坚强性格。接着的第二乐句旋律逐渐下行，情绪逐渐平稳，结束在主音上。第二乐段反复一遍，更加突出了梅花坚强的性格。

【教学设计】

教学内容：

1. 学唱歌曲《梅花》。

2. 聆听器乐曲《梅花三弄》片段。

教学目标：

1. 能够用连贯优美、饱满、富有力度对比的声音演唱歌曲《梅花》。

2. 在师生传递梅花的过程中感受歌曲的旋律走向、乐句特点；在聆听、哼唱、表现等音乐实践活动中体验古诗与音乐融合的意韵美，产生进一步了解以梅花为主题音乐作品的愿望。

教学重点：能用连贯的声音有感情地演唱歌曲《梅花》，感受古诗的意境和音律。

教学难点：能积极参加音乐实践活动，并大胆、自信表现音乐。

教学准备：钢琴、多媒体课件、六枝梅花。

教学过程：

一、揭示课题

教师：中国是诗的国度，老师带来一首好听的歌曲，歌曲中唱的是哪个时期的哪一首古诗呢？（播放歌曲，学生聆听）

教师：这就是根据宋代诗人王安石的古诗《梅花》谱写的古诗新唱，也就是我们这个单元《古韵新声》中要学习的歌唱作品。（出示课题）

二、传递梅花

1. 教师随乐传递梅花

教师：今天，卢老师把梅花君子请到了我们的音乐课堂，你们看，梅花动起来啦！

（教师随歌曲按乐句传递梅花）

教师：卢老师传递了几朵梅花？

学生：老师传递了六朵梅花。

教师：老师在音乐的什么地方开始传递的？请你们再听一次。（教师再次随乐传递梅花）

学生：老师在歌曲每个乐句的结尾传递梅花。

2. 学生随歌曲传递梅花

教师：你们都知道老师在每个乐句的末尾传递梅花，谁能来模仿老师这样传递梅花呢？（个别学生随歌曲传递梅花）

教师：做的跟老师一样吗？你有想法吗？（根据学生评价请学生再次体

验）

学生：跟老师做得不一样，没有在每个乐句的结尾部分传递。

教师：谁来当个小老师，像老师刚才那样传递梅花？（个别学生再次体验随歌曲传递梅花）

3. 随歌曲伴奏传递梅花

教师：传递得非常棒，现在加大难度，音乐变化了，看老师怎么传递梅花。（教师随着歌曲伴奏传递梅花）

教师：谁能模仿老师这样传递梅花呢？（个别学生随歌曲伴奏传递梅花）

【设计意图：在音乐音响的声韵弥漫中传递梅花，先聆听歌曲传递梅花，再聆听伴奏传递梅花，从易到难，层层递进，学生兴趣盎然的同时感受了作品的韵律美，感知了乐句特点，熟悉了歌曲旋律，为唱会歌、唱好歌奠定了坚实的基础。】

4. 感知乐句

教师：现在请你们模拟传递梅花，在每一个乐句的末尾处做一个传递的动作，然后告诉老师歌曲可以分为几个乐句？（学生随歌曲模拟传递梅花）

学生：歌曲可以分为六个乐句。

【设计意图：通过形象直观的传递梅花活动，让学生感知歌曲的乐句及作品的结构，进一步理解把握歌曲的意韵。】

三、学唱歌曲

1. 随乐吟诵古诗

①教师吟诵

教师：听到这么优美的旋律，老师忍不住要随着音乐吟诵一下这首古诗，听听老师吟诵了几遍？每一次吟诵的力度一样吗？哪一次吟诵的力度最强呢？（教师随歌曲旋律吟诵）

学生：老师吟诵三遍，每一遍的力度都不一样，第二遍吟诵的力度最强。

②学生吟诵

教师：我看到很多同学忍不住也想吟诵了，来吧，像老师这样用美美的声音吟诵它。（学生随歌曲旋律吟诵）

【设计意图：教师随乐深情吟诵《梅花》，在音乐音响的声韵弥漫中把学生带入古韵悠悠的情境，提高了学生对作品的意韵理解能力。】

2. 选择乐句学习

教师：美极了！梅花君子邀请你用优美的情绪，饱满的声音来唱唱她。请大家再听歌曲，把六个乐句中你最喜欢的乐句分享给大家。（学生聆听歌曲）

学生：我最喜欢第一乐句！

教师：你能把最喜欢的乐句分享给大家吗？（学生唱最喜欢的乐句）

教师：这位同学唱得美吗？

学生：美！

教师：音准节奏都唱对了，老师也想唱唱，听听老师唱的与这位同学唱的有哪些不同？

学生：老师唱得特别优美连贯。

教师：那么，你们也像老师这样美美地唱这一乐句吧。（学生随钢琴伴奏唱该乐句）

【设计意图：第一乐句的切分节奏和旋律跳进对学生来说有一定的难度，教师在教学时让学生自主选择喜欢的乐句分享给大家，在此基础上有目的地选择第一乐句作为切入点进行歌曲学习，有效降低了歌曲学习的难度。】

3. 师生接龙唱

教师：同学们唱得真不错！你还能找出歌曲中节奏相似的乐句吗？

学生：第二乐句和第一乐句的第一、二小节节奏是一样的。

教师：老师唱第一乐句，你能接龙唱第二乐句吗？（教师根据实际情况利用对比聆听法，引导全班同学唱好该乐句）

教师：歌曲中还有重复或相似的乐句吗？

学生：第三乐句和第五乐句是完全重复的，第四乐句和第六乐句是相似的。

教师：我们来接龙唱这四个乐句吧，老师先唱。（师生接龙唱）

教师：同学们对刚才演唱的感到满意吗？再听听音频，与你们唱的有哪些不一样？

学生：结束句速度变慢了，音高也发生了变化。

教师：现在老师再和你们玩接唱游戏吧，请你们接唱结束句部分。（师生接龙唱）

教师：能随着老师的钢琴伴奏把歌曲完整唱一遍吗？（学生随钢琴伴奏唱歌词）

4. 聆听教师范唱

教师：同学们唱得还不错！卢老师忍不住也想唱一遍，你能听出老师唱的跟你们唱的有什么不一样吗？（教师范唱）

学生：老师唱得连贯优美，力度有变化。

5. 学生随伴奏音乐完整唱歌曲

教师：你们能听出音乐的变化，相信一定能唱好歌曲，一起用抒情连贯的声音赞美王安石笔下的梅花吧！

【设计意图：该环节首先反复使用师生接唱法，突出音乐的整体性和弥漫性。其次立足聆听，尤其是对比聆听教师的演唱，让学生进一步感受理解歌曲的意韵，而后在教师的语言情境中引发学生的情韵表达。】

6. 鼓励个别演唱

教师：听到你们的歌声，梅花君子开心极了，要走到你们的中间。梅花盛开在谁的面前，谁就接唱下一乐句。（教师随乐唱着歌曲，在乐句的结尾部分把梅花传递给学生，由这位学生传唱下一乐句）

【设计意图：用传递梅花的形式鼓励个别学生表现音乐，既是对教学目标达成的检阅，又是学生情韵表达的升华。】

四、拓展

1. 欣赏流行风格版《梅花》

教师：今天我们学习的是教材第五单元《古韵新声》中的歌曲《梅花》，许许多多的曲作者为古诗《梅花》谱曲，形成了经典被传唱。听，下面一首《梅花》又带给你怎样的感受呢？（学生观赏流行风格版《梅花》视频）

2. 欣赏器乐曲《梅花三弄》片段

教师：同学们知道这是流行风格版的歌曲，不一样的演唱风格带给我们不一样的体验，古琴又是怎样演绎《梅花》呢？请听古琴独奏的《梅花三弄》。（学生观赏《梅花三弄》视频片段）

【设计意图：选取和手语相结合的流行版《梅花》，截取古琴演奏的《梅花三弄》的部分音乐，给予学生不同的音乐体验，积累听觉经验的同时发展学生的听觉能力，升华学生的音乐情感。】

五、结课

教师：心中有梅花，唱响《梅花》，传承经典。

【教后反思】

五年级的学生有一定的视谱演唱能力和音乐表现能力，本节课是基于学情思考与教学内容在本单元中的地位而设计的。唱歌教学《梅花》一课，笔者通过聆听、观察、对比、思考、演唱等一系列音乐实践活动，让学生获得对音乐的直接经验和情感体验，积累正确演唱的基本知识和技能。下面，就教学情况进行反思：

在音乐音响的声韵弥漫中传递梅花，旨在让学生反复聆听、感受、体验音乐。首先，师生在聆听歌曲中传递梅花，从而感知音乐情绪，感知旋律走向，感知不同乐句。然后，加大难度，在歌曲伴奏中传递梅花，进一步熟悉乐句的旋律，理解歌曲的意韵，获得美好的音乐情感体验。

通过对比吟诵的教学手段、富有激励性的教学语言，引导学生关注音乐的节奏特点、力度变化等，在聆听中找出相似和相同乐句，感受歌曲的创作手法和结构特点——简约而不简单的古诗词重复赋予音乐的外衣带来不一样的感受，从而理解歌曲的意韵，能用连贯柔美的声音唱出《梅花》的古诗韵味。

拓展环节是对歌曲《梅花》的声韵感知、意韵理解、情韵表达的升华，通过体验不同风格、不同演唱形式的《梅花》，欣赏器乐演奏版《梅花》，给予学生不同的音乐体验，使学生的音乐学习能力得到进一步提升。

【同行观课】

《梅花》是人教版五年级下册第五单元《古韵新声》的一节唱歌课，本课教学设计科学合理，遵循了"感知→体验→认知→表现→创造"的教学模式，符合"三韵"教学理念。该教学案例实效性强，可资借鉴，以下几个方面较为突出：

一、立足聆听，依托体验

教师能够以音乐为本体，以学生为主体，立足聆听，运用传递梅花的音乐活动，让学生感性体验音乐。教师在歌曲每个乐句的结尾处传递梅花，让学生在听音乐过程中发现梅花与乐句的关系，从而明晰歌曲的结构，明确音乐有六个乐句。从教师传递、学生传递、加大难度在歌曲的旋律中传递梅花，从易到难，层层递进，每一遍的聆听都有不同要求，在音响的声韵弥漫中形成声音景观，在生生互动、师生互动中丰富了学生对音乐文本声韵、意韵、情韵的理解与表达。

二、歌曲教学，入情入境

整节课设计定位精确，实施过程精致，环环相扣。通过对比吟诵的教学手段、富有激励性的教学语言，引导学生关注音乐的节奏特点、力度变化等，根据学情创设情境，采用聆听、观察、分析、对比等方法帮助学生理解歌曲创作手法、结构特点等。与歌曲应景的梅花传递、吟诵力度的对比、富有感染力的教学语言，入情入境，学生深受感染。比如，在吟诵古诗环节，教师通过不一样的力度吟诵三遍《梅花》，激发了学生的情感，在吟诵力度最强时，学生仿佛身临其境，惊喜异常。结束句的分析对比，学生在聆听中发现音高和速度发生了变化，音乐的情绪也随之变化，学生的情感体验也发生了变化，能够用柔和的声音、悠长的气息来演唱结束句，学生的意韵理解与情韵表达浑然自成。

三、拓展延伸，升华主题

这节课卢老师十分关注高年级学生歌唱教学的课程标准要求，关注学生演唱能力的培养，关注学生听辨能力的培养，引导学生用最适合、恰当的声音演唱歌曲，在听、动、诵、唱、辨中抓住音乐的核心要素，进行音乐核心素养的培养。值得关注的是拓展部分的内容选择很有新意，流行风格版的演唱形式和器乐版的演绎形式带给学生不一样的视听感受，既紧扣了本单元《古韵新声》的主题，又让人耳目一新，是对整个单元的主题学习的延伸和拓展，更是情韵的升华。

福建省福州市长乐区吴航中心小学　张少白

《渔舟唱晚》教学案例[①]

执教：福建师范大学附属小学　陈晓梅

渔舟唱晚
古筝独奏

娄树华编曲

A
1=D 4/4
慢板

3 5̲6̲2 2 | 3̲5̲ 3̲2̲ 1 1̲6̲ | 5̲ - 6̲1̲5̲6̲ 1 1 |

6̲1̲6̲5̲ 3̲ | 5̲6̲6̲ 5̲6̲6̲ | 1 2 3 - | ……

B
1=D 2/4
慢板

3̲5̲6̲1̇ 5̲5̲ | 2̲3̲5̲6̲ 3̲3̲ | 1̲2̲3̲5̲ 2̲2̲ |

6̲1̲2̲3̲ 1̲1̇ | 5̲6̲1̲2̲ 6̲6̲ | 3̲5̲6̲1̲ 5̲5̲ | ……

C
1=D 2/4
稍快

1 1 1 3̲2̲1̲ | 6̲6̲ 6̲6̲5̲3̲ | 2 2 2̲5̲3̲2̲ | 1 1 1̲6̲5̲ |

3 3 3̲6̲5̲3̲ | 2 2 2̲2̲1̲6̲ | 5 5 5̲1̲6̲5̲ | 3 3 3̲1̲6̲5̲ | ……

【教材分析】

《渔舟唱晚》系人教版五年级下册第五课欣赏曲，作品源自教材，音源选自网络。《渔舟唱晚》是一首古筝独奏曲，其标题选择来自唐代诗人王勃《滕王阁序》中的"渔舟唱晚，响穷彭蠡之滨"。乐曲意境优美，好像一幅水墨画，表现了夕阳西下，落日余晖映照在湖面上，远处青山朦朦、白帆点点，随风飘来阵阵欢快的渔歌声，渐渐地，歌声远去，湖边只留下一片寂静。

全曲共分三段。第一段慢板奏出了悠扬而富于歌唱性的旋律，配合左手

[①] 本课曾在2019年福建省义务教育音乐教学指导意见解读会现场展示，并被评为2019年福建省优质课。

揉、吟等装饰手法，抒发了作者内心的感受和对湖滨晚景的赞美。第二段音乐速度加快，旋律从第一段上下八度跳进的曲调中发展而来。从全曲上看，"徵"音是旋律的中心音，在这段中用了清角音（4），出现了暂时的离调，转入下属调，形成对比和变化，形象地表现了渔夫荡桨欢歌、破浪行舟的欢乐情绪。第三段快板，奏出一连串模进音符，形象地表现了荡桨声、摇橹声和浪花飞溅声。随着音乐的发展，音乐速度逐步加快，力度加强。同时，作品运用古筝独特的演奏方法花指表现出渔舟近岸、渔歌飞扬的情景。尾声音乐在高潮处突然收住，尾声旋律缓缓流出，这是第二段旋律中一个乐句的缩奏，最后结束在宫音上。力度减弱，好像最后一个涟漪消失在月色之中，湖边只留下一片幽静，意境深远。

【教学设计】

教学内容：欣赏乐曲《渔舟唱晚》。

教学目标：

1. 在聆听、律动、哼唱等体验活动中，感受乐曲的意韵美以及乐曲所表现的音乐形象，产生进一步聆听古典音乐的愿望。

2. 能够听辨和听记乐曲的第二主题和第三主题。

3. 认识弹拨乐器古筝，了解古筝演奏的基本技法。

教学重点：能够积极参与音乐体验，并能听辨第二主题和第三主题。

教学难点：听辨主题中古筝颤音、花指技法。

教学过程：

一、完整聆听

1. 聆听全曲

教师：听说我们班的同学音乐素养特别好，老师想考考大家。请听一首音乐作品，听完告诉老师音乐带给你怎样的感受？你的眼前仿佛出现什么样的画面？

学生：音乐非常优美，我仿佛看到了西湖划船的画面。

教师：其他同学有不同感受吗？

学生：我感受到音乐是欢快活泼的！

教师：同学们都能说出自己听完音乐的感受，真棒！你还能听出音乐是由什么乐器演奏的吗？

教师：大家都听出是古筝演奏的，了不起！根据音乐带给你的画面感，你会为这首乐曲取个什么样的名字呢？

学生：我给乐曲取名《高山流水》。

学生：我认为可以取名《漫步森林中》。

【设计意图：从乐曲声韵入手，以最优质的音源刺激感官，让学生调动自己的联觉去欣赏音乐，展开联想，整体感知乐曲的情绪、韵味及其乐器音色等。】

教师：你们的想象力都非常丰富，这是著名作曲家娄树华先生创作的一首乐曲，它是用我国民族乐器古筝演奏的，你们了解古筝吗？

2. 介绍古筝

教师：古筝是古老的汉民族乐器，已经有2500多年的历史了。哪位同学愿意上来体验一下古筝的音色呢？（请个别学生上台弹拨）

教师：同学们看到了古筝可以弹，可以拨，因此我们说古筝是一件弹拨乐器，它的音色优美清亮，一会儿我们可以跟着音乐进一步了解古筝。

教师：刚才有的同学说这音乐是优美抒情的，有的同学说音乐是欢快活泼的，到底是怎样的呢？让我们一起到音乐里寻找答案吧！

【设计意图：通过聆听、观察和体验，了解古筝，认识古筝这一古老的乐器，为之后的聆听与学习做好铺垫。】

二、分段聆听

（一）聆听《渔舟唱晚》第一乐段

1. 聆听音频第一乐段

教师：请同学们听这一段音乐，你觉得音乐表现了什么样的画面？你可以用自己喜欢的动作和乐表现吗？

学生各抒己见。（预设画面：划船、打太极、练书法、小河流水等）

2. 体验A主题（聆听A主题音乐，教师选用2—3个学生编创的动作与学生共同体验）

教师：这位同学说音乐适合打太极时的画面，那么我们边听音乐边模仿打太极动作吧。（师生和乐模拟打太极拳。）

【设计意图：引导学生用自己喜欢的动作体验音乐，旨在链接音乐与生活的联系，同时不断熟悉A主题旋律。】

3. 弹唱主题，了解古筝技法。（出示 A 主题）

$$3\ \underline{5\ 6}\ 2\ 2\ |\ \underline{3\ 5}\ \underline{3\ 3}\ \underline{2\ 1}\ 1\ \underline{6}\ |\ \underline{5}\ -\ \underline{6\ 1}\underline{5\ 6}\underline{1\ 1}\ |$$
$$\underline{6\ 1}\underline{6\ 5}\ \underline{3}\ |\ \underline{5}\ \underline{6\ 6}\ \underline{5\ 6\ 6}\ |\ 1\ 2\ 3\ -\ |$$

教师：刚才体验的音乐就是我们今天学习的 A 主题，现在请同学们听老师边弹边唱，听的过程中注意观察老师的左手，思考左手动作跟音乐有哪些联系。

学生：老师的左手在颤动，声音也有颤动的感觉。

教师：你说的"颤动"就是古筝的颤音，这也是古筝常用的技法，按、揉、吟、颤，（教师分别示范后板书）通过揉弦、颤音等技法，将右手弹奏的余音延伸出去，这样能使音乐听起来更有韵味儿，哪位同学想上来试试呢？

4. 体验颤音

教师：左手立在琴弦上，与琴弦呈 90°，右手弹奏后，左手轻轻地颤动琴弦，将余音扩散出去……（教师示范），请同学们伸出左手，用左手指尖点右手手指，轻轻颤动感受颤音，我们边颤动边唱主题 A。

【设计意图：在模拟颤音过程中，了解古筝技法揉弦、颤音，模仿古筝的韵味哼唱主题 A 旋律，学生兴趣盎然，音乐主题记忆与音色听辨有效。】

5. 听辨音色

教师：体验了古筝的颤音，老师想用钢琴演奏这段旋律，同学们听听钢琴演奏与古筝演奏有什么区别。

学生：古筝弹奏更有韵味。

教师：你说得特别好，古筝这一古老的乐器弹奏听起来更有韵味儿，同学们可以跟着老师的古筝弹奏一起唱一唱 A 主题吗？记得要带着颤音的感觉来演唱。

【设计意图：在模拟揉弦中了解颤音技法，在反复聆听中感受古曲的意韵美，在音色的对比聆听中，记忆古筝这一古老乐器的特点。】

（二）聆听《渔舟唱晚》第二乐段

1. 聆听第二乐段

教师：接下来，我们继续聆听下一段音乐，你能和着音乐用自己喜欢的动作表现吗？哪个乐句给你留下最深刻的印象呢？（主题处教师画图谱）

2. 复听

教师：我们再来听一次这个乐段音乐，听到熟悉乐句时边用 lu 哼唱边书空图谱。

3. 唱主题 B

教师：我们画图谱的这个乐句就是今天我们学习的主题 B，（出示主题）我们已经用画图谱的方法体验了这个主题，现在同学们能不能跟着古筝直接唱这个主题呢？唱的同时思考一下，这个乐句在旋律走向上有什么特点呢？

学生：旋律像在走楼梯的感觉。

学生：旋律在往下走。

教师：这是音乐家创作音乐的一种方法，叫模进。（出示纵向排列谱）

4. 再次唱主题

教师：我们再来唱一遍主题吧，体验一下模进的创作手法，可以边唱边用身体动作表示。（学生摇头晃脑或其他动作表现音乐）

【设计意图：在聆听、哼唱、画图形谱等实践活动中体验主题 B 的旋律走向，感知模进创作手法的同时熟悉主题、记忆主题。】

（三）聆听《渔舟唱晚》第三乐段

1. 完整聆听第三乐段

教师：我们继续欣赏乐曲的下一个乐段，对比前面的两段音乐，它有什么不同呢？（速度越来越快）在这段音乐里，反复运用了古筝的一种技法，你能听出这种技法是怎样演奏的吗？（学生各抒己见）

2. 体验花指技法

教师：你能听出这个演奏方式，你的耳朵真灵！哪位同学愿意上来试试呢？（邀请两个学生分别体验花指奏法。）

教师：这两位同学做得很好！这个技法在古筝里叫做花指，刮奏的一种，用＊表示。

①学生模拟花指演奏

教师：我们先伸出右手，握成拳头慢慢松开呈圆形，虎口打开，大拇指关节立起来，用大拇指轻轻地在古筝弦上向前推动。

②学生模拟花指演奏声音

教师：我想和大家玩一个接龙游戏，老师弹唱这个主题旋律，同学们在花指的地方用"嘚儿"接龙哼唱。大家边哼唱边试着在左手掌上模拟刮奏，注意轻声唱"嘚——"。

【设计意图：用象声词"嘚儿"模拟花指演奏的声音，学生兴趣浓厚，反复哼唱"嘚儿"把课堂气氛推向高潮，学生在轻松愉悦的氛围中记忆古筝花指技法，熟悉主题 C，情韵表达炙热真实。】

3. 出示主题

教师：这就是我们今天学习的主题 C，大家能不能唱一唱呢？花指可以继续用"嘚儿"哼唱。

‖: 1 1 1 ＊ | 6 6 6 ＊ | 2 2 2 ＊ | 1 1 1 ＊ | 3 3 3 ＊ | 2 2 2 ＊ |

5 5 5 ＊ | 3 3 3 ＊ | 6 6 6 ＊ | 5 5 5 ＊ | 1 1 1 ＊ | 5 5 5 ＊ |

6 6 6 ＊ | 3 3 3 ＊ | 5 5 5 ＊ | 2 2 2 ＊ | 3 3 3 ＊ | 1 1 1 ＊ |

2 2 2 ＊ | 6 6 6 ＊ | 1 1 1 ＊ | 5 5 5 ＊ :‖

4. 感受主题 C 速度变化

教师：同学们已经会唱这个主题了，现在老师把刚才这段音乐完整弹奏一遍，你能听出主题 C 一共出现了几次吗？每一次都有什么变化呢？（教师完整弹奏第三乐段旋律）

学生：主题 C 出现了三次，一次比一次快。

教师：这位同学说的特别好，大家能不能唱出主题的变化呢？

5. 感受五声调式

教师：主题第三次出现时，同学们是不是觉得唱有点困难呢？是啊，因为速度太快了，老师教给大家一个秘诀，第三次主题出现时可以这样唱。（PPT 出示主干音 1 6 2 1 3 2 5 3……教师弹奏）

教师：我们用这种唱主干音的方法再试一次吧。唱的时候注意观察，这条旋律有什么特点呢？我们学过的唱名在这条旋律里都出现了吗？（教师快速弹奏主题 C）

学生：少了两个音，旋律里只有 1 2 3 5 6 五个音。

教师：对了！这一主题用的是我们中国传统的五声调式，只用五个音写成，让我们一起体验一下五声调式吧！

6. 体验尾声

教师：听到这里你们觉得乐曲结束了吗？

教师：音乐还没有结束，作曲家还创作了这样的乐句。（PPT 播放音频）

教师：这就是作品的尾声。

7. 出示课题，完整聆听

教师：刚才我们分段聆听的音乐组成了这首乐曲，大家都根据自己的联想为歌曲取了好听的名字，作曲家娄树华先生也为作品取了个这样的名字——《渔舟唱晚》，他通过音乐描绘了夕阳西下，渔夫捕鱼满载而归的丰收场面。现在让我们完整聆听全曲，观赏演奏，听到熟悉的主题时可以用自己喜欢的动作表示出来。（播放演奏视频）

【设计意图：引导学生在对比聆听过程中发现主题 C 的速度变化，在花指哼唱体验中让学生感知旋律走向、速度变化，学生在动、唱、听等体验活动中理解歌曲的意韵，降低乐曲学习难点的同时培养学生的听辨能力。】

三、拓展

教师：《渔舟唱晚》发展至今，古今中外的作曲家都把它改编成不同乐器演奏版本的音乐。现在请你们聆听这一段音乐，你能听出它是由什么乐器演奏的吗？你能听出熟悉的主题吗？（播放小提琴演奏的主题 B 音乐）

学生哼唱主题 B 旋律。

四、结课

教师：《渔舟唱晚》不仅是古筝独奏、小提琴独奏，还有二胡、琵琶等乐器演奏的版本。同学们可以下载聆听，感受一下不同乐器演奏相同作品带来的不同感觉。

【教后反思】

《渔舟唱晚》是一首古筝独奏曲，乐曲意境优美，古朴典雅的古筝音色与旋律合成了一幅流动的水墨画。如此优美的乐曲最忌说教，因此在教学过程中，需要突出音乐音响的声韵弥漫，用哼唱、律动、图谱等有效的方法引领学生沉浸在音乐中，感受乐曲的意韵美以及乐曲所表现的音乐形象，产生进一步聆听古典音乐的愿望。

首先，遵循"总—分—总"的欣赏教学法，先是纯音乐的安静聆听，听出音乐的总体情绪，听出主奏乐器，听出画面感，尤其在感受情绪与画面感时，充分尊重学生的音乐感受。然后，分段聆听，体验古筝技法的同时感受不同乐段的主题，哼唱不同的主题，记忆 B 主题旋律。最后，再完整听赏全曲，观看演奏视频，发挥视听联觉的作用，让学生在进一步熟悉主题的基础上了解作品结构。

蒲柏声说："音乐只对安宁的心境最具魅力。"《渔舟唱晚》作为一首经典的民族乐曲，安静认真地聆听尤为重要。笔者通过身体动作、画图谱、哼唱等多种方式引导学生体验音乐后，不忘安排学生安静聆听音乐的机会，培养学生安静聆听音乐的良好习惯。如导入环节的闭眼聆听，出示课题时的再次完整聆听，拓展环节的安静聆听等。

音乐缘于生活，生活中处处有音乐。本课力图架起音乐与生活的桥梁，如第一乐段的感受体验，教师设问直抵生活场景："听到这样的音乐，你的眼前仿佛出现什么样的画面呢？"有的学生说仿佛看到了划船的画面，有的同学说仿佛在森林漫步，有的同学说仿佛在练习太极拳……学生所言皆符合音乐表现的画面感。此时，趁机选择学生描述的动作体验音乐，经过不同层次、不同要求的反复聆听及体验后，学生内化感受音乐，外化表达情感。

值得一提的是，A 主题旋律的音色听辨，笔者分别用古筝和钢琴弹奏，学生异口同声地说出钢琴弹奏缺乏一种古朴的韵味，这韵味就是古筝和旋律组织的完美结合，在这样对比聆听过程中，学生对作品的意韵理解水到渠成。如果再次执教这节课，我将更加重视音乐的聆听与体验，少一些教师自身的哼唱与带唱，以确保学生感受体验古韵悠悠的作品风格。

【专家点评】

《渔舟唱晚》是五年级下册教学内容，陈晓梅老师选择执教的对象是四年级学生，在执教过程中，教师立足音乐本体，引领学生始终浸润在音乐音响的声韵弥漫中，反复使用了对比和重复的学习方法，通过聆听、律动、哼唱、图谱等体验方式，让学生认识弹拨乐器古筝，了解古筝演奏的基本技法，感知体验 A 主题，熟悉 B 主题和 C 主题。课堂氛围与作品韵味适切，师生关系融洽，学生探究古典音乐的愿望强烈。本课特别值得关注与推崇的有以下几点。

一、不同层次的"听"——有效

美国作曲家艾伦·科普兰所著《如何听懂音乐》一书认为，人们听音乐有三个层次，即感官层次、表达层次和纯音乐层次。感官层次是最基础的听音乐层次，本节课立足聆听，每一次听都有不同的目标，且层层递进，从整体感知（多感官体验）到局部探究（多层次展开）再到多元综合（全方位表现），都是建立在听觉基础上的。如第一次感官层次的完整聆听要求是听出对音乐的感受，听出音乐画面，听出演奏乐器。表达层次是将听到的音乐用自己的方式表达出来，笔者认为就是意韵理解。如聆听第一主题音乐，学生用太极拳动作、划船动作等表现出来。纯音乐层次是最高层次，这一层次的音乐存在于音符本身和对音符的处理当中，笔者觉得就是情韵表达，升华情感。如第三乐段的教学，花指的大量使用烘托了作品欢快热烈的气氛，陈老师巧妙运用了象声词"嘚儿"哼唱，激发了学生学习兴趣，音乐主题记忆在学生情不自禁的哼唱中实现。

二、不同形式的"动"——有用

《西方音乐史》一书提出："音乐不像绘画和雕塑，人人得以看见，一座雕塑可以被人们的目光注视几千年，而音乐，它必须通过表演才能被聆听和感受，一首歌，一段曲，只存在于我们听到它们的时候，随后就消逝了。"因此，动起来对小学生来说尤为重要，这里的"动"就是音乐实践体验。在这节课上，"动"贯穿了教学过程的大多环节，用身体动作表示对音乐的感受，在古筝上体验弹拨技法，用右手指在左手掌上颤动体验颤音以及哼唱、画图谱等等，学生乐在"动"中，情在"动"中。

三、不同方式的"达"——有情

音乐是情感的艺术，《关注音乐实践》一书中提到：音乐的价值存在于，以音乐描述人类情感的声音模式，或使情感具体化的能力。学生在聆听了一个作品后能留下的东西，或者说能记住的东西，才是真正形成学生音乐素养的东西。欣赏能力和表现能力是学生学习音乐的重要能力，陈老师深谙此理，在分段聆听三个主题之后，安排观看了《渔舟唱晚》演奏视频。此次听赏陈老师建议学生安静聆听，但是从学生怡然自得的神情中，从学生轻微的手指动作中，可以感受到音乐赋予的情感在心中升华。当听到小提琴版的《渔舟唱晚》第二乐段时，有的学生哼出主题，有的学生书空图谱，有的学生摇头晃脑……不同方式的表达不仅仅是在表达音乐，更是在声韵熏陶、意韵理解后的情韵升华。

福建省闽侯县实验小学　林秀芳

《杨柳青》教学案例[①]

执教：闽侯县实验小学　张文娟

杨　柳　青

1=C 2/4

稍快　　　　　　　　　　　　　　　　　　　　　　　　　　　江苏民歌

| i 6 5 | i 6 5 | 6 i 5 6 | 5 3 1 | 2 3 2 1 | 2 — |

1. 早(啊)晨　下(啊)田　露(啊)水 多(嘘)　(嘀嘀依嘀 嘀)，
2. 人(啊)民　有(啊)了　共(啊)产 党(嘘)　(嘀嘀依嘀 嘀)，

| 2·3 5 | i 2 6 | 5 3 | 2·3 5 | 3·5 3 2 | 1 1 1 0 |

点　点　露水　润麦　苗（啊）。(杨柳叶子　青啊 嘘，
幸　福　生活　就步　步　高（啊）。

| 5 3 5 6 | 1 1 1 0 | 3·5 6 i | 1 1 1 0 | 6 i 6 5 | 6 i 6 5 |

七搭 七呢　嘣啊嘘，　杨柳 石子　松啊嘘，　松又 松嘘　嘣又 嘣嘘

| i i i 6 | 5 3 5 6 | i 2 i | 6 5 3 2 | 1 1 1 0 ||

松松 么青又　青哪哥哥　杨柳　叶　子　青啊 嘘。)

【教材分析】

《杨柳青》是人音版四年级下册第三课表演内容，这是一首江苏地区广为流传的民间小调，它以衬词"杨柳叶子青"而得名。歌曲抒发了美好生活带来的喜悦之情和对家乡的热爱。歌曲为五声宫调式，全曲欢快、活泼、热情、风趣，衬词在歌曲中占有十分重要的地位，是扩充乐句的重要手段。第一、二两个乐句均为六小节，其中结尾两小节均为衬词，第三、四乐句则全由具有浓郁地方方言特色的衬词构成，造成了一种诙谐的情趣，凸显了江苏民歌"吴侬软语"的风格特点。

[①] 本课例荣获"福建省第二届中小学优质音乐课评选活动"小学组一等奖。

【教学设计】

教学内容：

1. 演唱歌曲《杨柳青》。
2. 学习用紫竹笛吹奏歌曲第二部分旋律。

教学目标：

1. 能够用轻快、活泼的声音演唱歌曲《杨柳青》，尝试用扬州方言演唱歌曲，感受江苏民歌的风格特点。
2. 学会用紫竹笛演奏《杨柳青》的旋律，并在演奏、聆听、哼唱表演等音乐实践活动中，产生进一步学习江苏民歌的愿望。

教学重点：

1. 尝试用扬州方言演唱歌曲。
2. 能合理运用吐音和连音演奏歌曲旋律。

教学难点：用扬州方言演唱歌曲，感受江苏民歌的风格特点。

教学过程：

一、导入

教师：同学们好，我是张老师，欢迎来到我的音乐课堂。听！上课铃声响了。

$$\underline{\text{×××}}\ \underline{××}\ |\ \underline{××}\ \underline{××}\ |\ ××\ |\ ×.\ \ ×\ |\ \underline{××}\ ×0\ |$$
叮铃铃　上课　铃声　响了，同学　　们　　呀，早上　好。

1. 运用"螺丝结顶"对答方式练习节奏

教师：张老师用这样的方式向大家问好，你们能用老师这样的节奏回答吗？

$$\underline{××}\ ×0\ |$$
① 教师：早上　好。
　　学生：早上　好。

$$\underline{××}\ |\ ×.\ \ ×\ |\ \underline{××}\ ×0\ |$$
② 教师：同学　们　　呀，早上　好。
　　学生：张老　师　　呀，早上　好。

教师：难度升级咯！

$$\underline{\text{×××}}\ \underline{××}\ |\ \underline{××}\ \underline{××}\ |\ ××\ |\ ×.\ \ ×\ |\ \underline{××}\ ×0\ |$$
③ 教师：叮铃铃　上课　铃声　响了，同学　　们　呀，早上　好。
　　学生：叮铃铃　上课　铃声　响了，张老　　师　呀，早上　好。

④ 教师：早上　好。
　　学生：早上　好。

2. 师生填词唱"早上好"

$$\underline{1\ 1}\ \underline{1\ 0}\ |\ \underline{3\ 3}\ \underline{3\ 0}\ |\ \underline{5\ 5}\ \underline{5\ 0}\ |\ \underline{3\ 3}\ \underline{3\ 0}\ |\ \underline{1\ 1}\ \underline{1\ 0}\ |$$

3. 哼唱乐句

教师：现在老师唱旋律，你们能在 ×× ×0 的地方同桌两人轻轻相碰一下紫竹笛吗？（师生互动）

教师：难度继续升级，你能像张老师这样边画图谱边用 lu 哼唱吗？

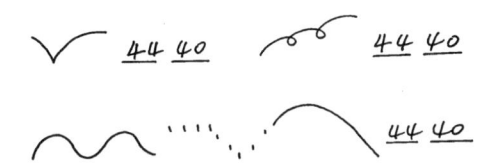

教师：真是了不起，老师把图谱变成了乐谱，听老师吹奏，请同学们在 **4 4 4 0** 的地方演唱，并与同桌两人紫竹笛轻轻相碰。（歌曲 C 调，紫竹笛 G 调转 C 调，筒音作 2 的指法，1 变成 4）

3. 运用吐音演奏 **4 4 4 0**

教师：难度再度升级，**4 4 4 0** 的地方大家能用紫竹笛演奏吗？我们合作看看。

4. 学生自主学习吹奏

教师：难度又升级了，你们能吹奏整段的旋律吗？给大家一分钟自主练习时间，计时开始。（教师引导学生合理运用吐音与连音演奏）

【设计意图：运用"螺丝结顶"对答方式，由简到难，循序渐进，在掌握乐句节奏的基础上叠加音高，辅以紫竹笛吹奏，笛声弥漫，加深对歌曲意韵的体验与感知，为唱会歌、唱好歌奠定基础。】

二、新课教学

1. 初听歌曲

教师：同学们真了不起，短短的时间，就让老师听到如此美妙的笛声！刚才演奏的这段旋律就是我们今天学习的歌曲《杨柳青》中的乐句。下面，请同学们完整聆听歌曲，想一想这首歌曲与我们平时所学的歌曲有什么不同，音乐给你带来怎样的感受呢？

学生：歌曲欢快活泼，感觉很好听。

学生：好像不是普通话唱的。

教师：你有一双音乐家的耳朵，这是一首运用江苏地方方言演唱的江苏民歌。

2. 复听歌曲

教师：我们再来听听歌曲，你最喜欢哪一句？能模仿唱一唱吗？

学生：我喜欢"杨柳叶子……"这一句。（教师唱）

$\dot{1}\ \dot{2}\ \dot{1}\ |\ 6\ 5\ 3\ 2\ |\ 1\ 1\ 1\ 0\ \|$
杨　柳　　叶　　子　青　啊　嘘。）

教师：能接龙唱吗？我唱前半句，你们接"青啊嘘"。

教师：能换过来唱吗？（教师身体动作提示旋律走向，强调"叶"字一字多音的音准节奏）

3. 再听歌曲

教师：其他同学还喜欢哪一句呢？

学生：我喜欢嘣啊嘘，还有松啊嘘等。

教师：这些歌词有点意思，听听老师是怎么唱的，听到熟悉的乐句你们就唱出来。（教师再次范唱第二部分歌词）

【设计意图：从歌曲最具特色的衬词切入，立足聆听，充分发挥民歌的声韵特点，以口传心授的方式让学生反复模仿，不断体验"吴侬软语"的风格特点，为熟悉旋律，尝试用江苏方言演唱歌曲埋下伏笔。】

4. 学唱歌曲

A. 学唱歌曲第二部分

①教师范唱

教师：刚才老师演唱的就是这一段曲谱，请同学们认真看谱，老师唱歌词，你们可以在心里默唱。

```
5 3 5 6 | 1 1 1 0 | 3·5 6 i | 1 1 1 0 | 6i 6 5 | 6i 6 5 |
七搭七呢  嘣啊嘘，  杨柳石子  松啊嘘，  松又松嘘  嘣又嘣嘘

i i i i 6 | 5 3 5 6 | i 2 i | 6 5 3 2 | 1 1 1 0 ‖
松 松 么 青 又  青 哪 哥 哥  杨 柳  叶   子  青 啊 嘘。)
```

②师生接龙唱

教师：现在我们再来接龙唱吧，看看能不能模仿老师刚才的声音演唱衬词部分。

教师：能换过来唱一唱吗？（学生演唱时，教师辅助演唱）

③学生唱歌词

教师：你们能随着音乐完整唱这一段歌词吗？

④学习江苏方言

教师：同学们音准节奏都唱对了，听听范唱中哪些字的发音跟大家不一样呢？（播放范唱音乐）

学生："嘘、石、哥"这几个字不一样。

教师：听听这几个字是怎么读的，niā（嘘）、se（石）、guo（哥）。（教师在曲谱中注上拼音）

教师：这部分的歌词真有意思，你知道它的意思吗？

学生：是衬词。

教师：歌曲中这些没有实际意义的虚词，我们称之为衬词。它的作用是什么呢？

学生：加了衬词，歌曲更有味道了。

教师：歌曲大量使用衬词，我们就能感受到浓郁的民歌韵味了。

⑤学生尝试用方言唱

教师：现在你们能用刚才学习的方言演唱吗？（学生演唱）

⑥对比聆听

教师：除了方言的发音和咬字不同，听听张老师唱的声音有什么特点？

学生：张老师演唱时音色很美，声音不大。

教师：这种温和柔软的音色，正是江苏方言"吴侬软语"的特点，江苏统称"吴"，那儿的人说话语气特别温柔，音色很美。你们能模仿张老师刚才

那样唱吗？（学生演唱）

⑦解决难点

教师：你们对刚才唱的感到满意吗？听张老师唱这一句（教师唱：松松么青又青那哥哥杨柳叶子青啊嘘），你能模仿老师唱吗？

【设计意图：学生在不同要求的反复聆听中，感受江苏民歌独有的咬字发音特点；在哼唱、接龙唱、自我评价等实践活动中感知旋律、熟悉旋律，再通过教师多次范唱，学生始终浸润在江苏民歌浓郁的音乐氛围中，产生积极愉悦的情感体验。】

B. 学唱歌曲第一部分

①聆听方言版范唱

教师：接下来，我们学习歌曲第一部分，请同学们认真听，这一段有哪些衬词？还有哪些字与普通话的发音不一样？

```
  į 6 5 | į 6 5 | 6 į 5 6 | 5 3̇ 1 | 2 3 2 1 | 2 − |
1.早(啊)晨   下(啊)田   露(啊)水 多(嘘)  (嘀嘀 依嘀  嘀)，

  2·3 5 | į 2 6 | 5 5 3 | 2·3 5 | 3·5 3 2 | 1 1 0 |
  点   点   露 水  润 麦  苗   (啊)。(杨柳 叶子  青啊 嘘，
```

学生："晨、水、嘘、嘀、点、麦"。

教师：听听这几个字是怎么读的，cén（晨）、suǐ（水）、niā（嘘）、huō（嘀）、ding（点）、mò（麦）。（教师在曲谱上注上拼音）

②学习方言发音

③聆听教师用方言范唱

教师：听老师唱歌词，熟悉的乐句你们可以唱出来。

④学生尝试用方言唱

教师：你们能随着音乐唱一唱吗？

⑤学生评价

教师：同学们对刚才演唱的感到满意吗？再听听张老师是怎么唱的。

C. 完整演唱

教师：现在请同学们随着音乐完整演唱歌曲，再一次感受江苏民歌的风

格特点。

5. 介绍音乐相关文化

教师：这是一首江苏地区广为流传的民间小调，具有浓郁的地方特点。它以衬词"杨柳叶子青"而得名，歌曲抒发了美好生活带来的喜悦之情和对家乡的热爱。

三、创编体验

教师：现在请大家观看视频，视频里演唱的歌曲与今天学习的歌曲《杨柳青》有哪些相同或不同？

学生：旋律是一样的。

学生：演唱形式不一样，视频里的歌曲是男女对唱，《杨柳青》是女声独唱。

学生：歌词也不一样。

教师：《杨柳青》不仅是一首歌曲名，也是江苏扬州一带流行的曲牌，人们可以根据歌曲旋律创编歌词，你们也试着创编一两句歌词唱唱？

学生：春（啊）天百（啊）花齐（啊）开放嗬嗬依嗬嗬，蝴蝶蜜蜂采蜜忙，春天景色真是美……

【设计意图：观赏不同演唱形式的《杨柳青》，不仅加深音乐旋律记忆，更扩展音乐文化视野，学生在了解曲牌等相关文化后创编歌词演唱，是体验性活动走向表现性活动和创造性活动的转折点，是情韵表达的落脚点。】

四、结课

【教后反思】

《杨柳青》是一首民歌，教学时本人主要采用了口传心授的方法。首先是反复聆听，听音频范唱，听教师范唱，听出歌曲的声韵美，听出喜欢的乐句，听出不一样的发音。每一次聆听都有不同的要求，且遵循了层层递进、从易到难的原则。其次是不断哼唱，在心里默唱，画图谱哼唱，与教师接龙哼唱，自我评价发现问题后再对比聆听、哼唱。

演奏是体验音乐的最好方法之一。《杨柳青》因曲调变化较自由，旋律起伏大，本人运用紫竹笛进课堂辅助教学，先从简单的旋律重复的小节开始，然后与教师接龙吹奏，最后自主学习吹奏，学生在学习吹奏的过程中大大降低了歌曲学习的难度。

歌曲的最后一个乐句是本节课的难点之一。为了突破难点，本人运用"螺丝结顶"对答方式，将难点乐句节奏作为导入环节的师生问好游戏，从一个小节节奏叠加到三个小节、五个小节，然后叠加音高，学生兴趣盎然，在轻松愉悦的氛围中感知了难点乐句的节奏，突破了附点节奏及后十六分音符节奏的难点，为唱会歌、唱好歌做好铺垫。

方言与音乐的完美结合形成了浓郁的地方音乐特色，在学生充分感知音乐中的民族风格和情感后，本人还设计了观赏"民歌新唱"环节。通过对比聆听让学生了解《杨柳青》不仅仅是一首歌曲名，还是江苏扬州一带的曲牌，可以像视频音乐那样改变演唱形式，可以根据旋律填词，还可以进行旋律改编，鼓励学生音乐创造，实现情韵表达。

【专家点评】

本课的教学设计基于学生心理发展水平和音乐学习规律，以学生为主体，音乐为本体，充分发挥音乐音响的声韵弥漫作用，通过教师口传心授，让学生在音乐实践中感受、体验音乐美，理解作品的意韵，外化表现表达情韵之美。本课以"三韵"音乐教学理念为指导思想，遵循"三韵"教学原则，对"三韵"教学基本模式进行有益的探索，取得良好的效果，突出表现以下几点：

一、选材依据教师的专业特长

张文娟老师具备了扎实的声乐演唱技能，曾获福州市教学技能竞赛一等奖。该教师柔美的音色，温婉的教态，切合扬州"吴侬软语"的特点，其声情并茂的演唱是对学生学习民歌的心理总动员，直接关乎教学质量的优劣，特别是民歌教学以口耳相传为主要形式，教师演唱水平的高低决定着学生演唱水平的层次。《杨柳青》一课教学，教师没有传统地让学生一味欣赏音频范唱，而是拓展聆听的渠道，大量增加了教师范唱的次数，以自身范唱特有的音响声韵刺激学生感官，伴随着恰到好处的动作表演，拉近师生之间的距离，唤起了学生的情感共鸣。张老师根据自身特长选择本课教学，充分发挥了自身的资源优势，取得事半功倍的教学效果。

二、导入选择歌曲的难点互动

能够用江苏方言有感情地演唱歌曲是本课的教学难点。为了突破难点，张文娟老师从细处入手，巧妙自然地营造师生问好情境，运用"螺丝结顶"

对答方式，将难点乐句节奏作为导入环节的师生问好节奏，从一个小节叠加到三个小节，再到五个小节……从节奏对答叠加到旋律对答，从口口对答到同桌紫竹笛互碰典型节奏对答，学生兴高采烈，积极参与，在张老师创设的情境中感受着、体验着附点节奏、后十六分音符节奏以及歌曲旋律的韵律。《曹理音乐教育文集》一书在情感领域学习水平分类之一的"感觉"中提到学习水平的具体行为是："在学习音乐的适当环境中感受到音乐学习对象的存在……"[1] 这样的学习环境有效解决了歌曲学习难点，学生学习兴趣被激发，大有迫不及待学习歌曲之势。

三、利用民族民间乐器辅助教学

美国当代著名音乐教育心理学家詹姆士·墨塞尔在谈到器乐教学时指出："器乐教学可以说是通往更好体验音乐的桥梁。"本课教学张老师大胆利用民族民间乐器紫竹笛进课堂辅助教学，是学生理解歌曲意韵的直接手段，也是学生体验音乐、表现音乐的有效途径之一。歌曲C大调，紫竹笛G调转C调，筒音作2的指法，1变成4。在这个过程中，笛声弥漫，学生熟悉了歌曲旋律，为唱会歌打下坚实的基础，特别是在聆听教师吹奏、师生接龙吹奏、学生自主吹奏活动中，实现了学生对歌曲旋律的深层体验与情感升华。乐器进课堂辅助唱歌教学不仅加大课堂教学容量，更让学生在视、听、奏、评等音乐实践活动中直抵作品内涵，有效促升学生的音乐素养。

福建省闽侯县实验小学　林秀芳

---

[1] 曹理著，何瑞碚整理：《曹理音乐教育文集》，上海音乐出版社2009年8月，第191页。

《森林与小鸟》教学案例

执教：仓山区第一中心小学 吴晓红

森林与小鸟
管弦乐合奏

关筑声曲

A

1=C 3/4

欢快、活泼地

【教材分析】

《森林与小鸟》是人教版三年级下册第一单元欣赏内容。这是一首由引子、四支圆舞曲和尾声组成的管弦乐曲，描绘了小鸟在森林里自由自在飞翔嬉戏的情景，表现了一片生机勃勃的景象。

引子由竖琴演奏，表现宁静的大森林。第一圆舞曲欢快、活泼，共四个乐句，附点音符的运用使音乐显得更加活泼。用木琴作为领奏乐器，发挥了木琴清脆、明亮的音色特点，又使音乐独具特色。第二圆舞曲节奏变得紧凑，铜管乐器的加入，把情绪推向了高潮，好像森林里一片热闹的景象。第三圆舞曲舒展、优美，同前两个圆舞曲形成了鲜明的对比，由弦乐演奏出的抒情性旋律，使人联想起小鸟优美的舞姿。第四圆舞曲稍活泼，带有装饰音的旋律，使音乐显得非常轻快。

尾声部分管弦齐鸣，乐队用强的力度全奏出热烈、欢快的旋律。中间夹杂着木管奏出的模仿杜鹃的叫声，好像森林中的小鸟在欢快地竞相鸣叫，此起彼伏，把情绪推向高潮，最后在热烈的气氛中结束。

【学情分析】

三年级的学生好奇心强，善于模仿，所以在教学方法的选择上采用生动、多样的音乐实践活动，通过感受恒拍、音乐力度变化、音乐情绪对比等方式，引导学生主动参与各项音乐活动，以获得对音乐的亲身体验，在反复不断实践的过程中，逐步培养和提高有利于学生终身发展的音乐能力。

【教学设计】

教学内容：

欣赏管弦乐合奏《森林与小鸟》。

教学目标：

1. 欣赏管弦乐合奏《森林与小鸟》，感受乐曲欢快、优美的情绪，感受圆舞曲的风格。

2. 在节拍游戏、身体律动、演唱主题、画图形谱等音乐实践活动中，感受乐曲结构，听辨不同的圆舞曲，能够模唱并记忆第一主题。

教学重点：

1. 听辨乐曲的主题，了解作品的结构。

2. 能哼唱第一主题的旋律。

教学难点：

1. 记忆第一主题音乐。

2. 听辨乐曲的主题，了解作品的音乐结构。

教学过程：

一、导入

1. 师生传球练习恒拍

教师：同学们，欢迎大家来到美妙的音乐课堂，上课前我们先来做个热身游戏——传球，请大家跟着钢琴的节奏进行传球，注意聆听音乐的速度。

2. 生生配合，随音乐进行传球（播放第一主题音乐）

教师：现在加大难度，听到强拍的时候传球。（引导学生观察传球的规律，教师哼唱旋律，学生随音乐传球）

【设计意图：通过传球游戏进行恒拍训练，激发学生学习兴趣的同时感受节拍，为新课教学做好铺垫。】

二、分段聆听

1. 出示课题

教师：这是一支圆舞曲，四三拍子，这支圆舞曲就是我们今天要欣赏的管弦乐合奏《森林与小鸟》中的第一圆舞曲，我们把它称为 A 主题。

2. 欣赏第一圆舞曲

①初听 A 主题音乐

教师：现在我们完整聆听 A 主题音乐，听听 A 主题音乐出现了几次，音乐的力度有什么变化？（教师身体动作提示力度变化）

②学唱 A 主题旋律

教师：先听老师哼唱一遍。（教师用 bong 哼唱旋律）

教师：现在请你们随着音乐哼唱吧！

③表演 A 主题音乐

教师：让我们跟随音乐边哼唱旋律边传球，相同的一、三乐句传球，不同的二、四乐句随音乐摆动身体，注意聆听音乐的速度。

3. 欣赏第二圆舞曲

①初听 B 主题音乐

教师：大家配合得真默契，把 A 主题欢快跳跃的情绪表现得淋漓尽致。下面，我们一起走进第二支圆舞曲——B 主题，请同学们分为 4 个组，当老师面朝你们的时候，你们跟我做同样的动作。（师生互动）

②个别学生上台表演

③表现 B 主题

教师：B 主题有四个乐句，重复两次，由铜管乐小号、圆号、长号、大号等乐器演奏，表现出森林里欢腾热闹的场面。让我们带上动作，随音乐再次感受第二圆舞曲 B 主题音乐欢腾热闹的场面吧！

4. 欣赏第三圆舞曲

①初听 C 主题

教师：同学们，经过 A、B 主题如此高涨的情绪变化，乐曲走进了 C 主题，让我们安静聆听第三圆舞曲——C 主题。

教师：与第一、二主题对比，C 主题带给你怎样的感受？

教师：C 主题是弦乐家族演奏的，由小提琴、中提琴、大提琴、低音提琴演奏出优美、抒情的旋律。

②模仿弦乐演奏动作

教师：请四位小小演奏家带领大家一起演奏优美的 C 主题，女生模仿小提琴、中提琴，男生模仿大提琴、低音提琴的演奏姿势。

③表现 C 主题

教师：真像一群专业的演奏者，让我们一起再次随音乐模仿弦乐组提琴的演奏动作，注意听音乐，跟着音乐的旋律进行演奏。

5. 欣赏第四圆舞曲

①初听 D 主题音乐

教师：大家的演奏伴随着优美的 C 主题让人陶醉，接下来一起走进第四支圆舞曲——D 主题。听听，D 主题音乐发生了怎样的变化？老师今天还带来了手摇铃，想把它加入到音乐中，认真听听老师是在哪些地方加入手摇铃的。（教师表现音乐）

学生：在曲谱中有波浪线的地方加入手摇铃。

教师：对，在乐谱有波浪线的地方加入手摇铃，这波浪线音乐家把它称为波音记号，加上波音的旋律显得更加欢快、跳跃、活泼。

教师：让我们一起听听波音记号的音响效果，请同学们模仿手摇铃演奏，试试在波音记号处加入手摇铃。

②再次聆听，表现音乐

教师：下面请有乐器的同学取出乐器，在波音处配上伴奏，没有乐器的同学模拟表现。

【设计意图：通过传球游戏、体态律动、乐器表演等形式体验音乐，引导学生积极参与演唱、演奏、表现等音乐实践活动。学生在与同伴合作中感受、感知主题的变化，理解作品的意韵，从而更好地听辨主题，记忆主题 A 旋律。】

三、完整聆听

1. 为乐段排序

教师：同学们，我们刚才总共听了几支圆舞曲？

学生：四支。

教师：就是这四支圆舞曲组成了管弦乐合奏《森林与小鸟》，现在请同学们分为四组，一起完整聆听这个作品，当听到 A 主题时第一组的同学举手，B 主题时第二组举手，C 主题第三组，D 主题第四组，老师会根据你们的答案将四支圆舞曲进行排序。（学生聆听）

【设计意图：通过聆听，再一次完整体验音乐作品，了解作品结构的同时加深学生对作品各主题的熟悉程度。】

2. 观看视频

教师：通过排序，同学们了解了作品的结构，对作品的主题更加熟悉了。现在请同学们认真观看演奏视频，再次感受作品的音乐情绪。

四、结课

教师：今天我们聆听了管弦乐合奏曲《森林与小鸟》，这是由我国著名作曲家关筑声创作的管弦乐合奏曲，乐曲由引子、四支圆舞曲和尾声组成。关于《森林与小鸟》的音乐还有很多，比如《森林狂想曲》，同学们可以下载听听，看看作曲家是怎样表现音乐的。

【教后反思】

鉴于作品篇幅长，本人在教学过程中摒弃了"总—分—总"的欣赏教学方法，选择了将第一主题做为教学的切入点，在第一主题音乐音响的声韵弥漫中，利用传球游戏导入新课，让学生在活动中感知体验了 A 主题旋律的情绪、节拍、旋律以及力度的变化等，课堂气氛活跃，学生学习热情被点燃，探究欲望强烈。

本课教学过程中，本人根据四个圆舞曲的不同音乐特点运用不同的教学方法进行教学，有详有略，有轻有重，如第一支圆舞曲是本课教学的重点，本人将侧重点放在第一支圆舞曲 A 主题上，利用传球的方式对学生进行三拍子的恒拍训练，在传球过程中不断地让孩子感受三拍子强弱弱的特点，稳定孩子们的节奏。在哼唱 A 主题旋律上，考虑到三年级学生的认知规律与学情特点，本人没有要求学生演唱 A 主题的旋律（虽然演唱旋律没有难度），而是选择用 bong 和 la 进行旋律哼唱，以确保孩子深层次地感知音乐、体验音乐、表现音乐。在传球的过程中，一部分的孩子可能会因为传球而忽视了哼唱旋律，但是他们能心情愉悦地和着节拍传球，也是一种情韵表达。B 主题则选择运用律动的方式以乐句的形式通过分组进行表演，让孩子们感受乐句以及力度的变化。C 主题重点是让孩子们模仿弦乐组提琴的演奏姿势感受优美、抒情的旋律。D 主题利用手摇铃，让孩子们在波音记号处配上伴奏，感受波音记号的音响效果。最后让孩子们安静聆听全曲，分组听辨 4 支圆舞曲，完成作品结构顺序的排列，实现完整感知的同时也是课堂教学效果的检阅。学生能够记忆第一主题，并正确听辨出四支圆舞曲的主题音乐，较好地完成本课教学目标。

拓展环节，本人还设计了安静地观赏演奏视频，让学生再一次完整感知作品的同时，初步了解管弦乐合奏的主奏乐器，为进一步聆听管弦乐作品打下坚实的基础。

【专家点评】

本节课吴老师关注了音乐本体，从学生的聆听、体验、听辨入手，培养了学生安静聆听的良好习惯，将音乐审美贯穿于教学之中，课型特色鲜明，是一节值得推荐的好课。

一、以游戏方式引入教学

新课伊始，吴晓红老师就以传球的游戏方式引入，在音乐音响的声韵弥漫中，从有节奏的传球到听强拍时传球，让学生反复进行恒拍训练，感受三拍子的强弱规律，直至准确地进行传递。这种简单的游戏式恒拍练习非常吸引学生的兴趣，促使他们积极主动参与其中。心理学家研究指出：小学生的认知活动具有随意性，无意注意占主导地位。因此在音乐教学中应该注重学生学习兴趣的培养，引导他们主动参与。吴老师采用传球游戏的方式，非常符合小学生的心理生理发展特点，能激起学生们的主动参与，使他们在愉悦的气氛中学习。而且游戏由简到繁，从最简单的无意识传球到有节奏的传球再到三拍子的传球，学生在不知不觉中学会了较复杂的节奏，享受快乐的同时习得知识，理解作品的意韵，体现了奥尔夫教学理念中所提倡的教学要遵循"小苗长成大树"的教学原则。

二、以体验活动贯穿教学过程

在教学过程中，吴老师非常注重学生的音乐体验，安排了学生喜欢的练习活动环节。这些练习是考虑了学生生理、心理发展特点和现有的知识能力设计的，符合"感知→体验→认知→表现→创造"的"三韵"教学模式。比如，聆听 C 主题时模拟弦乐演奏动作，引导四位小小演奏家带领同学们一起模拟演奏优美的 C 主题，女生模仿小提琴，男生模仿大提琴的演奏姿势等。都说演奏是走进音乐的最直接方式，那么也可以说模拟演奏是学生逐步走进音乐的方式之一。吴老师设计的模拟乐器演奏活动，让学生在模拟演奏过程中熟悉音乐，直抵音乐内涵，"进入"音乐内部，实现深层次的音乐体验和意韵理解。

在本节课教学中，吴老师还运用了体态律动和声势教学法。小学生本来就好动，他们亲自参与体验的音乐活动会诱发学习兴趣，提高学习效率。如在 B 主题旋律学习时，吴老师引导学生通过体态律动表现音乐的力度变化，极大提高了学生的学习兴趣，为感知、熟悉主题音乐直至记忆主题音乐，实现主题音乐的听辨做好铺垫。

四、以扎实基本功驾驭课堂

纵观这一节课，我们不难看出，吴晓红老师的教学基本功扎实，驾驭课堂能力较强。她的肢体语言、声音面貌和专业技能都与教学情境高度融合，恰到好处，为课堂增色不少。首先，教师语言简练，以听为主，没有非音乐的教授，却能在关键处激起学生探究的欲望，引导学生积极参与音乐活动。其次，问题的设置立足音乐本体，针对性强。如 D 主题的听赏，吴老师这样说："老师今天还带来了手摇铃，我想把它加入到音乐中，认真观察我都是在哪些地方加入手摇铃的?"看似简单的问题,却给学生聆听的方向,问题设计为教学目标服务。其三,教师的演唱技能较强,每一次不同形式的唱,均可感受到教师演唱的感染力,给予学生学习音乐的心理总动员。

《森林与小鸟》这一课,学生始终沉浸在音乐的弥漫中,传球、律动、哼唱、演奏……兴趣盎然,乐此不疲,做到了积极参与体验、大胆表现音乐、个性创造音乐。课堂气氛活跃,学生实际收获良多,圆满完成教学任务。

福建省福州市仓山区第一中心小学　李征

《小雨沙沙沙》教学案例

执教：闽侯县实验小学 谢秀容

小雨沙沙沙

1=F 2/4

中速 活泼地

童谣
金月苓曲

1. 春天来了 春天来了，小雨沙沙沙，落在花园里，花儿乐得张嘴巴。
2. 春天来了 春天来了，小雨沙沙沙，落在鱼池里，鱼儿乐得摇尾巴。

【教材分析】

《小雨沙沙沙》是人教版一年级下册第二单元的唱歌内容。这是一首情绪活泼、意境优美的儿童歌曲，歌词使用拟人化手法生动地表达出"花儿""鱼儿"在春雨沐浴和滋润下的快活情景，展现了春天充满生机的美好景象。全曲四个乐句，单乐段结构，节奏规整，旋律采用级进、同音反复、小跳、变化重复等手法发展全曲。其中，一、三乐句相同，二、四乐句相似，歌曲每个乐句开始时均采用下行旋律与紧接着同音重复的八分音符节奏相结合，映衬出一种轻巧活泼的情绪。

【教学设计】

教学内容：

1. 学唱歌曲《小雨沙沙沙》。
2. 学习用沙锤、串铃为歌曲伴奏。

教学目标：

1. 能够用自然流畅的声音演唱歌曲《小雨沙沙沙》。
2. 在聆听、律动、画图谱、哼唱等音乐实践活动中，感受歌曲的节拍特点、乐句异同以及歌曲欢快活泼的音乐情绪，能够积极参与音乐体验。
3. 探索学习运用沙锤、串铃编创节奏为歌曲伴奏。

教学重点：能够用欢快活泼的声音演唱歌曲。

教学难点：积极参与音乐体验，探索运用沙锤、串铃编创节奏为歌曲伴奏。

教学过程：

一、创设情境，体验雨声（播放动态课件及歌曲伴奏）

教师：春天来了，大地一片生机盎然。听，调皮的小雨点唱着歌儿，沙沙沙，沙沙沙下起来了……

5 5 3 3 | 1 - |
沙沙 沙沙 | 沙 - |　　（教师唱）

教师：你们能像老师这样模仿小雨点的歌声吗？（旋律模进，师生接龙唱）

教师：小雨点还会这样唱，你会模仿吗？（旋律模进，师生接龙唱）

1 1 3 3 | 1 - |
沙沙 沙沙 | 沙 - |

【设计意图：结合动画课件用形象生动的语言创设情境，激发学生学习兴趣，引导学生在模拟小雨"沙沙沙"的情境中调整演唱姿势，学会用自然亲切的声音演唱雨滴声，同时感知 5 3 1 的音高，为歌曲学唱做好铺垫。】

二、聆听感受，学习歌曲

1. 感知情绪节拍

①教师做拍手拍腿动作，学生聆听

教师：同学们模仿的雨滴声真好听！下面，让我们一起走进春天，听一听春天带给我们的美妙音乐，请小朋友听音乐，看看老师是怎样表现音乐的。（播放伴奏音乐）

②学生聆听律动

教师：你们能模仿老师刚才那样边听音乐边做动作吗？听完告诉老师音乐的情绪是怎样的。

学生：音乐很欢快，很活泼。

③自主体验音乐

教师：赞同你的观点。你能用其他动作表现音乐吗？（学生聆听并用自己喜欢的动作表现音乐）

教师：这位小朋友的动作与音乐的节拍特别吻合，我们一起模仿他的动作来体验音乐吧。

2. 感知乐句异同

①教师：现在难度加大了，老师这样表现音乐，请认真观察，看看哪位小朋友模仿得最像。（播放歌曲，教师律动，相同乐句相同动作）

②师生共同表现音乐，体验乐句

教师：现在请小朋友和老师一起随着音乐律动，想一想我们一共做了几组动作？每一组动作都一样吗？

学生：我们做了四组动作，有两组是一模一样的。

学生：还有两组动作前一半是一样的，后一半有变化。

教师：哪两组动作是一样的呢？我们再来体验一次。（学生聆听律动）

学生：第一组动作和第三组动作是一样的。

③学生独立体验乐句

教师：你们观察得很认真，老师为你们点赞！你们能和着音乐做这样的动作吗？音乐变化了，注意听！（播放伴奏版音乐，学生体验）

④感知乐句

教师：你们知道刚才律动的音乐有几个乐句吗？

学生：四个乐句。

教师：你们有一双小音乐家的耳朵，刚才律动的音乐有四个乐句，有两句是一模一样的，另两句有变化。这个音乐作品就是我们今天要学习的歌曲《小雨沙沙沙》。

【设计意图：学生在律动中感受体验音乐的情绪、节拍、乐句异同等。进阶式的交流互动，让学生朦胧地感受感知音乐的意韵美。】

3. 学习歌曲

①初听歌曲

教师：这么欢快活泼的歌曲都唱了些什么呢？我们一起安静听一听。

学生：歌曲唱了"春天来了，小雨沙沙沙"。

学生：还有"落在花园里，花儿乐得张嘴巴……"

②有节奏读歌词

教师：你们能不能像老师这样读歌词呢？（出示曲谱，教师点谱读词，学生模仿）

③复听歌曲

教师：小朋友们读得真不错！下面，请你们安静聆听音乐，张嘴不出声，心里默唱歌曲。

④接龙唱歌词

教师：老师想和你们合作了，我唱一、三两个乐句，你们唱二、四两个乐句，注意聆听音乐。（教师利用柯尔文手势及时解决音准问题）

教师：唱得不错！交换乐句，我们再来接龙唱一唱。

⑤完整演唱

教师：小朋友安静聆听音乐的习惯真好！下面，你们能不能随着琴声轻声唱一唱呢？

教师：刚才的演唱你们满意吗？听听老师唱的跟你们唱的有什么不一样？（引导学生注意发声方法）

⑥背唱歌曲

教师：小雨沙沙沙地下着，悄悄地落到小朋友们的心里了，你们能把她唱出来吗？（隐去曲谱，播放伴奏音乐）

⑦模唱曲谱

教师：歌词会唱了，能模仿老师唱曲谱吗？（教师点谱，学生模唱）

【设计意图：引导学生入情入境，通过聆听、朗读、默唱、演唱、评价、记忆歌词、模唱曲谱等一系列音乐实践活动，让学生学会歌曲演唱，学会用声音表达情感。】

三、编创活动

1. 认识沙锤

①体验沙锤

教师：今天谢老师还为小朋友们带来一个这样的打击乐器，哪位同学愿意上来试试它的演奏方法？（个别学生探究体验）

②讲解示范

教师：这个打击乐器叫沙锤，通过刚才这位小朋友的演示，我们知道了沙锤的演奏方法是这样的（教师示范），你们模仿这个动作吧！（学生练习）

③编创节奏为歌曲伴奏

教师：你们觉得怎样使用沙锤为歌曲伴奏呢？（学生编创，教师选择）

× ×｜× × ｜× × ｜× ×｜

④学生利用沙锤为歌曲伴奏

2. 认识串铃

①体验串铃

教师：这儿还有一种打击乐器，它能发出什么样的声音呢？（个别学生探究体验）

②讲解示范

教师：它叫串铃，通过刚才的演示，我们知道了串铃的演奏方法（教师示范），你们能模仿这个动作吗？（学生练习）

③编创节奏为歌曲伴奏

教师：你们觉得怎样使用串铃为歌曲伴奏呢？（学生编创，教师选择）

× 0｜0 0｜× 0｜0 0｜

3. 合作表现音乐

教师：春天的音乐会就要开始了，让我们随着音乐唱起来、奏起来吧！请看任务单：第一组和第二组演唱歌曲，第三组用沙锤伴奏，第四组用串铃伴奏。（播放音乐，学生合作表现）

【设计意图：沙锤、串铃的学习是本节课的一个重要内容，通过探究学习、讲解示范、个别练习、集体练习、徒手练习到实物操作，让学生逐步掌握打击乐器的演奏技能，培养学生的手眼协调能力与合作学习能力，发展学生的内心听觉，为提高学生的音乐意韵理解能力和情韵表达能力打好基础。】

四、拓展聆听

1. 初听音乐

教师：春天的小雨是音乐家创作的素材，这里还有一首《小雨沙沙沙》，我们一起听听，你感觉两首歌曲有哪些相同和不同的地方？（播放歌曲）

学生：歌词都是跟小雨有关系的，音乐不一样。

2. 复听音乐

教师：你能用自己喜欢的动作表现音乐吗？

3. 师生齐唱

教师：同学们表现得真不错！请看曲谱，跟着老师一起唱吧。（师生随乐齐唱）

小雨沙沙沙

1=C 2/4
天真的
许 竞词
王天荣曲

4. 结课

教师：一样的小雨，不一样的音乐。今天这节课我们聆听了两首《小雨沙沙沙》，让我们边哼唱音乐边离开教室吧！

【设计意图：结合"春天""春雨"单元主题，拓展聆听同课题的不同音乐。不同的听觉刺激和对比聆听体验能给学生带来不一样的音乐感受，既充实课堂教学内容，又帮助学生积累音乐经验，并在体验中感受不同音乐带来的快乐，激发学生学习兴趣的同时升华情感。】

【教后反思】

这节课的教学设计立足于一年级学生已有生活经验及音乐经验，密切围绕教材单元主题内容《春天来了》进行教学。教学中本人重在积累各种音乐感性体验，让学生积极参与聆听、对比、观察、思考、模仿、律动、演唱、演奏等音乐实践活动，从而获得音乐基本知识技能及审美体验。以下本人就教学过程做个反思：

导入环节的设计，注重情境创设，拉近生活与音乐的距离，引导学生在模拟小雨"沙沙沙"的听音练耳中，调动学生学习积极性，调整好正确的演唱姿势、发声状态，时刻关注音准及聆听习惯，为演唱歌曲做好铺垫。

新课教学环节，遵从"感知→体验→认知→表现→创造"的"三韵"教学模式。以音乐为本，发挥学生主体能动性，在教师的循循善诱及音乐音响声韵的弥漫中，围绕音乐核心要素节拍、情绪、节奏以及乐句等进行聆听感受与音乐体验，帮助学生建立四二拍的稳定拍概念以及整体乐感的感知。在聆听、律动、对比中发现乐句的相同与不同。在朗读歌词中体验规整的节奏，在不同形式的演唱中提高音准能力、歌唱能力、识谱能力、评价能力、合作能力，转单一教唱为一件件具有挑战性的体验性活动。

编创环节的设计体现学习的过程与方法，针对一年级学生学习特点，以讲解示范、练习操作、和乐实践为主，进一步激发学生表现音乐的愿望。打击乐器伴奏活跃课堂气氛，也调动学生用乐器伴奏实现另一种情韵表达，丰富了教学内容。

拓展聆听环节选择教材外同一曲名不同版本的《小雨沙沙沙》，既符合学科审美、人文特征，又对学生音乐学习能力（感受力、理解力、表现力）做了进一步的提升。通过对比聆听，链接了生活与音乐的关系，让学生从小知道"音乐源于生活"，不同音乐家有不同的音乐感受理解，以及不同的音乐表达，树立"大音乐观"。

本节课较好地达成了教学目标，但由于个体差异以及大班额教学，本人未能更好地关注到个别学生的需要以及实际表现，如果有机会再次执教本课，将针对学情因材施教。

【同行观课】

《小雨沙沙沙》这一节课从设计到课堂实施，符合音乐学科的课程特点，遵循音乐学习的规律，根据"三韵"教学模式组织教学活动，较好地达成教学目标。值得关注的有以下几点：

一、注重音乐审美感知

教师能够以音乐为本体，以"春雨"情境为主线，大量运用丰富多样的感性实践体验为教学手段，培养学生音乐学习的兴趣，开发学生音乐感知力。在活动过程中强调学生聆听音乐的要求，通过对比、思考、实践练习获得相关音乐经验，而不是自上而下、简单乏味的教唱。这首歌曲内容简单，生动形象，富有情趣，教师在新课导入时就巧妙地迁移学生的生活经验，在声情并茂模拟雨声的情境中进行发声练习，深受学生喜欢。音乐的弥漫及蕴含情韵的语言诱导，大大丰富了学生对音乐文本声韵、意韵、情韵的理解与表达。

二、注重音乐情感表现

整节课贯穿"春天""春雨"主题，条理清晰，环节紧凑。从导入伊始的趣味练声，到新课教学的朗读歌词、演唱、演奏、模唱曲谱、乐器伴奏都体现递进式的教与学，在这个过程中及时强调聆听状态和声音呈现以及其他音乐表现形式，凸显了学生的"意韵"理解与"情韵"表达。教师的引导合理，富有启发性，教学语言清晰有针对性，引发学生对"春雨"的喜爱之情，进而声情意浓表现音乐，表达情感。

三、注重音乐能力培养

本节课谢秀容老师关注到低段歌唱教学的课程标准要求，关注学生音乐学习能力的培养。有别于传统一课一曲自上而下灌输式的教学，充分展现"三韵"教学理念指引下学生音乐核心素养培养的过程。不求一步到位，但求细致入微、紧凑相连、循序渐进。以兴趣（情感态度）为导向，牢牢把握住一年级学生活泼好动好模仿的心理特点，抓住核心音乐要素，通过各种形式多样有趣又富有挑战性的实践活动，动静交替，多感官刺激，提高学生听、唱、动、奏、创等音乐学习能力，并积累对"春天"这一主题音乐的感性经验。教与学的过程充分体现了以学生为主体，指向于音乐感知力、理解力、表现力、创造性的培养，对知识与技能的学习能力培养也无形地渗透其间。反观学生的行为表现，能够安静聆听思考、积极参与互动交流、大胆表现、自主评价等，是对教师注重音乐能力培养的检阅。

福建省福州市长乐区吴航中心小学　张少白

《爱唱歌的小杜鹃》教学案例[①]

执教：闽侯县青口中心小学　黄莎灵

[乐谱：1=G 4/4 中速稍快 奥地利民歌

1 爱唱 歌的小杜鹃，"咕咕"每天唱着快乐歌。"咕咕"一天
2 (爱唱) 歌的小杜鹃，"咕咕"每天唱着幸福歌。"咕咕"一天
飞到我窗前，"咕咕"我们唱起快乐歌。"咕咕"一天
飞到我身旁，"咕咕"我们唱起幸福歌。"咕咕"一天
飞到我窗前，"咕咕"我们唱起快乐歌。"咕咕"
飞到我身旁，"咕咕"我们唱起幸福歌。"咕咕"
1. 咕"！ 2 爱唱 咕"！]

【教材分析】

《爱唱歌的小杜鹃》是人教版三年级上册第一单元的唱歌内容。这是一首奥地利民歌，G大调，四四拍。它结构短小，旋律优美流畅，情绪活泼，略带俏皮，非常适合孩子们演唱。歌曲中带有特色的"咕咕"声，让整首歌曲充满了童趣，使学生能较快地进入情境，感受鸟儿可爱的音乐形象，从而增强对音乐的喜爱。

---

① 本课例曾在中央电教馆数字教学点教育资源全覆盖平台上展播。

【教学设计】

教学内容：学唱歌曲《爱唱歌的小杜鹃》。

教学目标：

1. 能用轻松自然的声音演唱歌曲《爱唱歌的小杜鹃》。

2. 在聆听、哼唱、律动、图谱等音乐实践活动中感受歌曲欢快活泼的音乐情绪，并积极参与音乐体验；能与同伴合作表演歌曲，产生进一步学习奥地利民歌的愿望。

教学重点：能够正确有感情地演唱歌曲《爱唱歌的小杜鹃》。

教学难点：能积极参与音乐体验，并与同伴合作表演歌曲。

教学过程：

一、导入

1. 初听歌曲

教师：同学们，今天黄老师为大家准备了一首很有趣的歌曲，我们一起来听一听，在这首歌曲中有哪种声音反复出现了很多次呢？

学生：鸟叫声"咕咕"出现了好多次。

2. 复听歌曲

教师：大家都听得很认真，这首歌曲里出现了很多次"咕咕、咕咕"这样的声音，你能和老师一起模仿一下吗？老师用这样的动作表示。（学生模仿）

教师：当听到歌曲中出现"咕咕"声时，你能和着音乐边做这样的动作（教师做动作）边唱吗？（学生听音乐唱"咕咕"做动作）

3. 聆听伴奏音乐

教师：难度升级，你能和着音乐唱出"咕咕"吗？（学生听音乐唱"咕咕"做动作）

【设计意图：从歌曲突出特点象声词"咕咕"切入，从易到难，层层递进聆听。不同要求的聆听，让音乐音响声韵不断弥漫，学生反复感受歌曲情绪、节奏、旋律等，为唱好歌曲做足准备。】

二、新课教学

1. 初听歌曲

教师："咕咕"是小杜鹃的叫声，这只爱唱歌的小杜鹃是我们今天要认识的新朋友。（板书课题）老师告诉大家一个小秘密，这只小杜鹃"咕咕"声的出现是有一定规律的，请你们边听音乐边认真观察，"咕咕"声是按照什么样的规律出现的呢？（播放音乐，教师画图谱）

学生："咕咕"声都是出现在乐句的后面。

2. 教师范唱

教师：真是这样吗？我们来验证一下，伸出你们的小手，边画图谱边听老师唱。

3. 师生接龙唱

教师：我们边画图谱边接龙唱，杜鹃鸟叫声"咕咕"由你们唱。

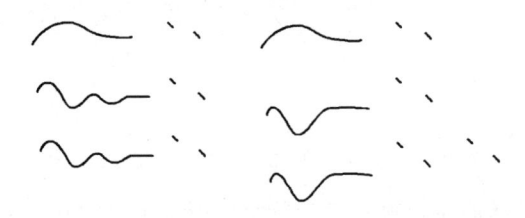

【设计意图：旋律图谱是学生理解歌曲意韵的有效途径之一，利用旋律图谱引导学生直观感受体验乐句特点，既渗透了乐句的概念，也加深了学生对旋律的感知。】

4. 找相同乐句

教师：刚才我们反复聆听了这首歌曲，同学们对旋律不再陌生了吧？现在请同学们边听音乐边观察图谱，你能听出哪些乐句是相同的吗？

学生：第一、二乐句相同，第三、四乐句和五、六乐句相同，第六乐句多了一组"咕咕"。

教师：我们一起用 lu 来接龙哼唱旋律吧，老师唱一句，你们唱一句。（第二次学生先唱）

教师：难度升级，老师先唱，你接唱相同的乐句。

5. 学唱歌词第一段

教师：很多同学在哼唱的时候都忍不住把歌词给唱出来了。请看曲谱，聆听音频范唱，同学们可以张嘴不出声，在心里默唱。（出示曲谱，播放范唱，教师点谱）

①接龙唱歌词

教师：我们接龙唱歌词吧。

②解决难点（在接龙过程中，教师采取柯尔文手势以及对比聆听的方法让学生唱好音准，特别是 $\underline{5\ 5}$ 的音准）

③体验顿音

教师：同学们的音准、节奏都唱对了，听听老师唱的与你们唱的有什么不一样。（教师唱两个乐句，突出顿音的表现）

学生：老师唱"咕咕"时特别轻巧。

教师：你有一双小音乐家的耳朵，老师唱"咕咕"时特别轻巧、短促，看看音乐家用什么记号表示轻巧短促呢？（出示顿音记号）

④随乐唱歌词第一段

教师：现在请同学们随着伴奏音乐演唱第一段歌词，注意唱好顿音记号。

【设计意图：一切音乐的学习都是建构在听觉基础上的，顿音记号是本课的新知，结合歌曲学习，通过对比聆听，让学生亲身参与体验，获得对音乐的直接体验后才能真正习得音乐知识与技能。】

6. 学习歌词第二段

①教师范唱

教师：我们已经学会了演唱第一段歌词，相信很快就能学会演唱第二段歌词了。听老师唱一遍，你们在心里默唱。

②学生随乐唱歌词

7. 完整演唱

①全班演唱

教师：现在我们可以完整演唱歌曲了，认真听音乐，做好演唱准备。

②个别演唱

教师：刚才我们齐唱了这首歌曲，哪位同学愿意单独唱给大家听呢？

【设计意图：指名独唱既是对唱歌教学目标达成的检阅，更是对学生独唱能力的培养。】

8. 视唱乐谱

①教师边点谱边唱乐谱。

②学生随钢琴伴奏与教师一起视唱乐谱。

三、活动拓展

1. 节奏听辨

①教师拍打，学生模仿

教师：今天同学们都表现得特别好，现在老师想考考你们的耳朵，能模仿老师这样拍打节奏吗？

x x | x　x　x　x | x　x　x ‖

②出示节奏

教师：请看我们刚才拍打的这一条节奏，"x"的名字叫四分音符，读 da，"x"的名字叫八分音符，读 di，我们一起用它们的名字把这条节奏读一遍吧。

2. 节奏练习

教师：认识了"x"和"x"这两个新朋友，同学们能用 da 和 di 读出下面的节奏吗？分小组练习，看看哪一组小朋友最快学会。（学生分组练习，教师巡辅）

① x　xx | xx　x | x　x | x - ‖

② xx | x　x　xx　x | xx　xx　x　x | xx　x - ‖

3. 节奏听辨

教师：同学们表现得真不错，现在老师又想考考你们的耳朵，听，老师敲击的节奏是下面的哪一条呢？

A　x　xx | x　x | x　x | x - ‖

B　x　x | xxx | xx　x | x - ‖

C　xx | x　x | xx　xx | x - ‖

4. 节奏游戏

教师：现在，同桌一起做节奏游戏吧，你创造一条节奏拍给同桌听，看看同桌能不能拍出来，有点难哦。友情提醒小音乐家们：创造的节奏短句不要太长，记住自己创造的节奏短句。（学生练习，教师巡辅）

教师：哪一桌的小朋友愿意表现给同学们看呢？（个别展示）

【设计意图：学生在学唱歌曲过程中感知体验四分音符和八分音符，在节奏听辨过程中认知，然后在编创活动中表现与创造，整个学习过程符合"感知→体验→认知→表现→创造"的"三韵"教学模式。】

5. 聆听《杜鹃圆舞曲》

教师：今天，我们学习了奥地利民歌《爱唱歌的小杜鹃》，接下来请你们听一首音乐作品，你能在这个作品中听到杜鹃鸟的叫声吗？音乐是如何表现杜鹃鸟的？

【设计意图：拓展聆听《杜鹃圆舞曲》，既加大唱歌教学的课堂容量，又链接起音乐与生活的关系，既可以用演唱表现杜鹃鸟的形象，也可以用演奏表现杜鹃鸟的形象，罗列类似主题音乐作品并有侧重地聆听，能有效提高学生音乐作品的意韵理解能力。】

四、结课

教师：同学们学会了演唱《爱唱歌的小杜鹃》，还聆听了《杜鹃圆舞曲》，下课后继续聆听《杜鹃圆舞曲》，看看你能记住这首作品的哪一段主题音乐。

【教后反思】

本人多次分别在不同学校执教过《爱唱歌的小杜鹃》，不同学情的教学促进这节课的不断思考与成熟，反思教学过程，本人较为满意的有如下几点：

一、用多听多唱解决知识点

这首歌曲中出现了弱起节奏、顿音记号、反复记号、四分音符、八分音符等许多音乐知识，这些知识的学习应贯穿在音乐实践活动中，因此本人在教学一开始便设计了听唱的环节，让学生通过反复的、多样的聆听，自己去感受和体验音乐，从而解决知识点的学习。首先让学生们带着简单的问题——"发现音乐中有趣的声音"开始，有目标地、集中注意力地去聆听音乐，在认真聆听的过程中，音乐的情绪与课堂的基调已经形成。复听时，让学生们带上自己喜欢的声势动作参与音乐表现，从而对音乐的情绪产生更加立体的感受。第三次聆听时用伴奏版音乐，体现层层递进的聆听原则。

二、用旋律线条突破教学难点

这首歌曲的乐句虽然运用了重复的创作手法，但是由于速度较快、旋律起伏较大，学生在学唱过程中，音准把握有一定难度，于是本人设计了直观形象的旋律线条，让学生边划旋律线条边哼唱，用自己的肢体动作去体会音高的起伏，感受乐句的异同，课堂教学重点突出，且有效突破了歌曲教学难点。

三、用拓展活动丰富情感体验

当学生学会了演唱歌曲，本人还设计了拓展活动，以丰富学生的情感体验。其一，尝试了节奏的编创。本曲主要由四分音符与八分音符节奏组合而成，该节奏的认知是在歌曲学习后，学生对节奏已有充分的感知与体验，再通过聆听习得新知，在此基础上创编节奏短句，既巩固新知，又培养音乐创造能力。其二，拓展聆听同一主题的不同乐曲《杜鹃圆舞曲》，帮助学生积累听觉经验，拓宽音乐视野，丰富情感体验。

当然，这节课也有许多不足之处，如学生识读乐谱活动还很欠缺，如何让学生正确有感情地演唱歌曲是本人反复思考的问题，如果再次教学还需优化调整教学环节。

【同行观课】

黄老师的这节《爱唱歌的小杜鹃》，能抓住作品中的主要音乐要素，突出旋律（乐句）、节奏、音高（杜鹃鸟叫）进行深入浅出的教学引导，注重学生的音乐实践体验，让学生们在轻松愉快的情境中聆听体验，感受歌曲的声韵美和意韵美，最终实现情韵表达。

课堂一开始，黄老师便以作品特有声韵刺激感官，从杜鹃鸟的"咕咕"声切入引导学生积极聆听，设计师生共同表演、学生自主表演等，动静结合模仿杜鹃鸟叫"咕咕"，既满足学生活泼好动的心理特点，又富有音乐审美情韵。简单的音响互动，一下子拉进了学生与陌生歌曲之间的距离，为后面的歌唱教学做足铺垫。

在反复聆听之后，黄老师抓住了"乐句"这个要点进行学习。因为"咕咕"声出现在每一个乐句的句末，这正是乐句划分的一个标志。"'咕咕'声是按照什么样的规律出现呢？"黄老师这个问题抛得巧妙，很自然地引导学生进入对乐句的认知层面。通过画直观的旋律线，视听结合，动静结合，将连音与顿音、旋律高低起伏、相同乐句等——呈现，让学生清晰地感受、感觉、感知到乐句划分、旋律走向、相同乐句等。

这节课黄老师能根据歌曲中乐句重复的创作手法选择教学策略，大量使用了师生接龙、生生接龙的方法来学习歌曲，融洽了师生情感。在多次有效聆听的基础上，相同旋律乐句的接龙演唱对学生而言完成起来易如反掌。同时，黄老师时刻注意提醒学生的演唱姿势、发声方法，为学生的情韵表达（有感情演唱）做了很好的示范。

最后拓展环节，黄老师还提炼音乐知识，并将音乐知识学习融入创编活动中，这样的拓展活动提高了学生音乐学习力、创编力。拓展聆听了契合主题的欣赏作品《杜鹃圆舞曲》，让学生进一步聆听感受同主题作品不一样的音乐表现，拓宽音乐视野，丰富了意韵审美体验，为今后相关作品的音乐学习积累了经验。

虽然黄老师在体验乐句环节有效地运用了旋律线条，但是在后续的环节没有利用好图谱进行深层次的体验，如果能够用足旋律线条引导学生体验旋律走向、音高起伏等，相信孩子们的演唱会更上一个境界。另外，建议适当增加设计背唱的环节，让孩子们尝试背唱歌词，对歌曲整体的感知和表现会有更大的帮助。

福建省闽侯县实验小学　谢秀容

《小蜻蜓》教学案例[①]

执教：闽侯县实验小学　杨芳

小 蜻 蜓

1=F 3/4　　　　　　　　　　　　　周康明词
中速 优美地　　　　　　　　　　　钟立民曲

| 3　-　5 | 2　-　- | 6̣　-　1 | 5　-　- |
| 小　　蜻　蜓　　　　　　是　　益　　虫，

| 5　-　3 | 2　-　1 | 6̣　-　1 | 2　-　- |
| 飞　　到　西　　来　　飞　　到　　东，

| 3　-　3 | 2　-　3 | 1　1　2 | 6̣　-　- |
| 不　　吃　粮　　食　不　吃　　菜，

| 5　-　1 | 2　3　5 | 2　-　3 | 1　-　- ‖
| 是　　个　捕　蚊　的　小　　英　　雄。

【教材分析】

《小蜻蜓》选自人教版一年级上册第四单元《音乐中的动物》的唱歌内容，是一首抒情优美的儿童歌曲。四三拍子，五声宫调式，由四个乐句构成的一段体结构。歌曲以舒展的节奏、流畅起伏的旋律，刻画了小蜻蜓飞来飞去捕蚊忙的情景。歌曲第一、第二乐句节奏比较舒缓，旋律以五声音阶级进为主。第三乐句节奏发生变化，旋律进行与语言结合紧密。第四乐句上行四度后又连续上行，最后稳定地结束在主音上。

【教学设计】

教学内容：

[①] 本课例曾在中央电教馆数字教学点教育资源全覆盖平台上展播。

1. 能够正确演唱歌曲《小蜻蜓》。

2. 能够选择合适的打击乐器为歌曲伴奏。

教学目标：

1. 能够用柔和的声音演唱歌曲《小蜻蜓》，感受歌曲的声韵美。

2. 在聆听、律动、哼唱、表演等音乐实践活动中感受四三拍歌曲的节拍韵律，初步感受乐句的变化。

3. 能够选择合适的打击乐器编创节奏为歌曲伴奏，并乐于参与表现音乐。

教学重点：

能够用柔和的声音演唱歌曲《小蜻蜓》，用身体动作感受、表现音乐形象。

教学难点：

能够用正确的姿势、自然的声音唱足每个音的时值，唱准第三乐句一字两音的节奏。

教学过程：

一、律动导入

1. 体验节拍

教师：小朋友们好，今天杨老师和大家一起来玩动作游戏。我们和着音乐做，看谁模仿得最像。（播放歌曲，教师和乐左右摆动身体）

教师：好多小朋友都在模仿了，现在我们自己做一遍，好吗？（播放歌曲，学生和乐左右摆动身体）

教师：小朋友们真可爱，现在难度加大了，你还能像刚才那样和乐摆动身体吗？（播放伴奏音乐，学生和乐摆动身体）

【设计意图：身体动作是低年级学生体验节拍的最好方法之一，在音乐音响的声韵弥漫中，用身体动作感受四三拍的强弱规律，从聆听歌曲到聆听伴奏音乐，层层递进，为歌曲教学埋下伏笔。】

2. 体验乐句

教师：小朋友的模仿能力可真强！现在我们继续加大难度。杨老师这样表现音乐，你能模仿吗？（播放歌曲，教师做蜻蜓飞行动作，每三拍走一步，每一个乐句走的方向不同）

教师：现在，你们能像老师这样表现音乐吗？（播放歌曲，师生律动同上）

教师：难度升级，看看哪个小朋友表现得最好。（播放音乐，学生律动）

教师：小朋友们真了不起！刚才我们像小蜻蜓一样飞行，飞了几个不同的方向呢？

学生：四个方向。

教师：是啊，我们律动的音乐也是四个乐句。

【设计意图：通过模拟小蜻蜓四个不同方向的"飞行"体验乐句，不经意间向学生渗透了乐句的概念，初步感知了歌曲的结构，形成朦胧的意韵理解。】

二、新课教学

1. 出示课题，聆听范唱

教师：刚才我们律动的音乐就是我们今天要学习的歌曲《小蜻蜓》（出示课题），听老师唱一遍，小朋友边听边摇晃身体表现音乐，听听歌曲都唱了些什么呢？（教师范唱）

学生：歌曲唱了小蜻蜓是益虫，飞到西来飞到东。（教师以歌声回应并辅以身体动作）

学生：小蜻蜓是个捕蚊的小英雄。

2. 按节奏朗读歌词（出示曲谱）

教师：现在我们一起看曲谱，有没有不认识的字呢？（教师指点歌词）听老师朗读一次。

教师：现在请小朋友像老师这样美美地朗读一次吧！可以边读边摇晃身体，注意朗读的姿势。

3. 复听

教师：很多小朋友忍不住想唱歌词了。不急，听听其他小朋友是怎么唱的？你们张嘴不出声，在心里默唱。

4. 接龙唱

教师：小朋友表现得真不错，为了奖励大家，我们来做一个接龙游戏！老师唱一句，你们唱一句，杨老师先唱，注意唱歌的姿势。（师生接龙唱，教师钢琴伴奏）

教师：交换一下，你们先唱，好吗？

教师：你们对刚才唱的感到满意吗？特别是第三句，（出示第三乐句）听听老师是怎么唱的。（教师范唱第三句，辅以身体动作）你们也像老师这样唱一遍吧！

```
3 - 3 | 2 - 3 | 1  1 2 | 6 - - |
不   吃 粮   食 不  吃 菜，
```

【设计意图：出示这样的曲谱，旨在让学生从视觉上感受"吃"字的一字两音，再通过听觉体验，不仅加深印象，更有效解决演唱的难点。】

教师：这一次唱得真不错，现在我们再来接龙唱，还是你们先唱。

5. 学生演唱

教师：现在可以跟着钢琴伴奏演唱吗？注意用自己喜欢的动作表现音乐。（学生随钢琴伴奏唱）

教师：音准节奏都唱对了，如果像老师这样，腰板子挺直，面带微笑，像说话一样轻声唱，一定更好听！随着音乐伴奏唱一遍吧！（学生随乐演唱）

教师：老师又想挑战你们了，屏幕上没有歌词，你们能背唱吗？（学生背唱歌词）

6. 模唱与听辨旋律

教师：歌曲学会了，我们来唱唱旋律吧！老师唱一句，你们跟一句。（学生跟唱，教师点谱）

教师：现在考考大家，看看哪个小朋友的耳朵最灵敏！（出示题目，每题听两次）

第一题：你能听出红色部分是什么音吗？从下面的三个答案中选择一个。

$1=F \ \frac{3}{4}$

```
3 - 5 | 2 - - | 6 - 1 | 5 - - |
5 - 3 | 2 - 1 | 6 - 1 |        |
```

A. 1 - -   B. 2 - -   C. 5 - -

第二题：你能听出红色部分是什么音吗？从下面的三个答案中选择一个。

```
1=F 3/4
3 - 3 | 2 - 3 | 1 ⌒ 2 | 6̣ - - |
5̣ - 1 | 2 3 5 | 2 - 3 ‖
A. 3 - -      B. 1 - -      C. 5̣ - -
```

【设计意图：歌曲学习环节依然立足聆听，在对比聆听基础上接龙唱，随钢琴伴奏唱，随音频伴奏唱，模唱旋律，听出唱名。学生积极参与体验，不断丰富情感，当学生熟悉音乐后，对歌曲意韵的理解自然体现在情韵表达中。】

三、编创活动

1. 选择打击乐器为歌曲伴奏

教师：小朋友唱得真好听！我们能不能给音乐添加点音效，比如选择一个打击乐器为歌曲伴奏，让音乐更加丰满呢？听一听，哪种打击乐器与音乐情绪最吻合。

学生：我选择双响筒。

学生：我选择三角铁。

学生：我选择串铃。

教师：能不能演奏一下，看看哪种乐器伴奏最好听！（学生分小组探讨选择打击乐器，教师引导）

教师：现在，请各小组派个代表分享一下你们探讨的结果吧。

学生：我们选择三角铁，感觉三角铁的声音加入歌曲最好听。

学生：我选择串铃，我可以在每一句末尾长音的地方加入串铃。

2. 学习三角铁和串铃的演奏方法（学生探索演奏方法，教师示范引导）

①选择三角铁的节奏型为歌曲伴奏

```
3/4  × - - | × - - ‖
```

②选择串铃的伴奏方法（在歌曲的长音处加入）

3. 合作表现歌曲

教师：现在，我们合作表现吧。第一组、第二组同学演唱歌曲，第三组同学用三角铁伴奏，第四组同学用串铃伴奏，注意听音乐！

【设计意图：分小组探索打击乐器的音色、演奏方法，选择打击乐器及节奏型为歌曲伴奏。学生在这样的音乐实践活动中产生了积极愉悦的情感体验，兴趣倍增，不仅有效达成教学目标，还为进一步探索学习打击乐器打下坚实的基础。】

四、结课

教师：今天我们学习了歌曲《小蜻蜓》，音乐家经常把小动物作为创作歌曲的素材，就像我们这个单元学习的《小青蛙找家》《野蜂飞舞》《小蜻蜓》等，你们还听过哪些以小动物为主题的歌曲呢？下一节课分享给伙伴们。

【教后反思】

《小蜻蜓》是一首抒情优美的儿童歌曲。在教学过程中，本人以"三韵"教学理念为指导，立足聆听，依托实践，让学生始终沉浸在音乐音响的声韵中感知音乐、体验音乐，以直观形象的音乐活动带领他们实现音乐的意韵理解与情韵表达，有效达成了教学目标。反思做课过程，本人较为满意的有如下几点：

一、导入环节以律动切入

本人引导学生用身体动作体验节拍，感受三拍子歌曲的节拍韵律，继而模拟小蜻蜓四个不同方向的飞行体验乐句。这个新颖的教学策略充满童真童趣，符合一年级学生的身心特点，学生参与活动积极性高，初步感知了歌曲的结构，实现兴趣体验与知识技能的有效整合。

二、关注学生听觉能力的培养

音乐是听觉艺术，一年级的学生处于听觉培养的关键期，形成敏锐的听觉能力是将来音乐学习的基点。因此，在教学过程中，本人总是以"听"为先导，如听老师怎么唱，听同伴怎么唱，听音频怎么唱，就连一字两音的演唱难点也是在反复聆听教师的演唱中得以解决。学生在聆听中体验音乐情绪，在聆听中建立音高概念，在聆听中表达情感。其次，本人还设计了听音乐选择唱名练习，在聆听中建构音高与符号的关系，为培养学生良好的听觉能力奠定基础。

三、编创活动合理有效

在探索打击乐器为歌曲伴奏环节，本人为学生提供了探索学习的平台，分小组探索三角铁、双响筒、串铃的演奏方法、音色特点等，引导学生选择合适的乐器创编节奏为歌曲伴奏，大部分学生选择了三角铁和串铃，由此可见学生对作品意韵的理解已然实现。学生在这样的音乐实践活动过程中产生了积极愉悦的情感体验，兴趣倍增，不仅有效达成教学目标，还为进一步探索学习打击乐器打下坚实的基础。

这是一节一年级上学期的唱歌课，一课一首歌曲。本人在多次执教该课后思考良多，特别是关于课堂容量问题，是否可以改变一节课一首歌曲的状况，适当增加学习内容，本人将在下一次执教中拓展其他相关资源，尝试增加教学内容以拓宽学生的听觉经验，积累听觉作品，切实为提升学生的音乐素养服务。

【同行观课】

"新课标"指出："音乐课的全部教学活动应以学生为主体，师生互动，将学生对音乐的感受和音乐活动的参与放在重要的位置。"杨老师执教的《小蜻蜓》一课正是面向全体学生，以体验为重点，让学生始终徜徉在美妙的音乐音响声韵中，兴致勃勃地感受着、体验着。可以说，这是一节朴实有效、回归生本的音乐课，值得借鉴推广。

一、紧扣音乐要素体验

在这节课中，我们看到教师立足学生实际经验，围绕音乐节拍、节奏、旋律等突出要素，展开生动多样的音乐体验活动。充分发挥作品"声韵"之美，立足聆听体验，让学生在愉悦的聆听、模仿、表现等音乐实践活动中体验四三拍的韵律感，感知乐句结构、旋律特点，化抽象的音乐理解为丰富的审美体验，提高学生的音乐感知力。

二、彰显"三韵"教学思维

杨老师针对一年级上学期的学生学业水平情况，运用感性体验为主的教学策略，以亲切的教学语言和体态律动营造优美的音乐环境，让学生在轻松愉悦的环境中获得审美体验，积累感性认知。从课堂组织结构上看，"律动导入—新课教学—编创活动"三个环节紧密相扣，围绕音乐主题前后衔接，并坚持聆听为主。在过程与方法中体现了"感知→体验→认知→表现→创造"的"三韵"教学模式，激发学生学习音乐的兴趣，培养学生感知音乐、表现音乐、创造音乐的能力。

三、重视探究与合作能力的培养

杨老师重视学生自主学习的探究过程，善于引导学生参与探究与创作活动，创设学生密切合作的情境，以增强学生的协调能力和集体意识。如在编创活动环节，杨老师让学生分小组"把玩"打击乐器，探索打击乐器的音色和演奏方法，然后再选择合适的打击乐器编创节奏为歌曲伴奏，在这个生生互动的过程中，学生一方面要完成自己声部的演唱或演奏，另一方面还要关注他人的唱或奏，学生的合作意识在音乐实践活动中逐渐增强，为今后进一步学习音乐、享受音乐奠定基础。

福建省闽侯县实验小学　谢秀容

附录

遇见守望者

林 琴

何谓守望？我无法以自己的语言能力一言以蔽之，却在纷繁的现实生活中逐步感悟到守望是一种信念、守望是一种热爱、守望是一种渴求……十多年前不期遇到这样一位事业守望者。她以"既然选择远方，便只顾风雨兼程"为座右铭执着坚守、勤耕不辍、一往无前，实现了自己平实而不平凡的人生价值。她就是现任闽侯县实验小学校长、福建省特级教师林秀芳。

初识林秀芳，是在 2007 年福建省乡村骨干教师培训的时候。我正站在台上讲座，低眉抬头间，总能被一双灼热的眼睛"戳"到，那是一双闪着求知若渴光芒的眼睛，紧紧地跟随着我的身影移动，如一部忠实的摄影机。那一刻，我牢牢记住了拥有这样一双眼睛的脸庞。一个县城小学的音乐教师，整场讲座聆听之专注不能不让人对她印象深刻。培训结束时，她跟了过来："林老师，我想跟着您学习，能时常打扰您吗？"我既诧异，却又似乎在意料之中，而她坚定的眼神与语气让我明白：这是一个执着的人，是个可塑之材。那一刻，我没有拒绝。

她的拜师学艺并不是心血来潮，更不是随口一说。从那以后，她经常主动找我，聊一些教学困惑，谈一些学习心得，然后聆听我的看法。依然是那一种熟悉的眼神，让我即使再忙再累，都不忍拒绝。有时，为了磨一节公开课，她来来往往到我学校四五趟。我问她累不累，她总是莞尔一笑："我每来一次都有收获，只要师父不嫌累，我永远不会累。"这让我不能不在心里暗叹一句：这种执着，定会成就精彩！

我印象最深的是第一届福州市音乐学科名师大讲堂活动中她上示范课——

事，那一次的名师讲堂活动聘请了省外专家与名师做课讲座，规格高，参与人数多！林秀芳代表福州市林琴名师工作室与他们同台献课。当时，她已经小有名气，以校长与特级教师的身份上公开课完全可以以粗线条的方式展开，在体现自身个性化教学思想基础上纵横捭阖即可，无须在结构、环节与语言方面多下功夫。而她却一反常态，以坚韧不拔的意志精心打磨每个教学环节，让同行肃然起敬。前期的教学内容选择、教学目标定位、教学策略使用，一切都在预设中进行，紧接着开始试教，按常理试教两三次即可大功告成。第一次试教，她自己不满意，工作室团队提了一些中肯的建议；第二次试教，大家对她教学策略的调整表示赞许，但是她自己并不满意；第三次试教，"三韵"氤氲的音乐课堂已然凸显，她却提出必须经历不同的生情方可完善教学设计。于是，有了第四次异校试教，我问："今天的课堂自己满意了吗？"她摇摇头说："还得再磨！好课不厌其磨，预设多了，生成就精彩，我还要去另一所学校上。"第五次、第六次……十五天时间，她到不同学校累计上了11次！据闽侯实小的老师透露，那一段时间她白天忙着学校的各项事务、上课，晚上总是加班修改教学设计和课件到十一点多。每当我打开邮箱接收她发给我的教案时，看到邮件发送的时间都在夜晚十二点左右！

这就是林秀芳，对教学的严谨与追求时常让我感动。有时，她为了抠一个小细节，甚至要半夜"骚扰"我，对于她所不明白的，更是要打破砂锅问到底，直磨到她心目中更好的课堂样子方才罢休。她说："对于教学，在我心中永远没有完美，没有最好，只有更好。"一个并不年轻的教师好学至此，我身为导师除了欣慰，还有敬佩。有时，她的执着也会让我们彼此为一个教学问题而反复切磋，她会引经据典，找出很多证据来佐证，以让我认同她的某些观点。她一步一步走过的足迹，深深浅浅，都用尽她每一个阶段的每一分心力。有时，我会故意打击她："妹啊，在专业的道路上，你已经到达顶峰了，再这么拼着，没必要了吧？"她反驳："师父您不也一直在拼吗？您把小茉莉合唱团打造成福州的一张名片，您什么时候停止过前进的脚步呀？"听着她透着坚定与倔强的回答，我再次忍不住暗叹：这妞，未来可期！

果然，她的成长是有目共睹的迅速，我很清楚这其中没有任何捷径，唯有靠她自己的努力与执着。对于专业成长，她近乎执拗的自我苛求让她开始从一个授课型骨干教师向研究型教师华丽转身：她阅读大量专业书籍，参加各级培训提升专业素养，虽然身处行政位置却依然坚守一线，只为了不荒废自己的专业……随着我们交往的日益深厚，我们成了无话不谈的朋友，我才有机会一次次聆听到她心底最深层的声音：19岁走上工作岗位，完整学习的时间太少，所以还有很多专业上的空洞需要去填补，她深感时间的紧迫，不能等待时间把自己"养"成一个老资历的教师，然后坐享其成资历带给自己的优厚待遇，她要与时间赛跑，让自己成长为一位可以与时俱进、思想不落伍、行动不疲沓的学究型教师，可以一直行走在学习路上，然后觉得自己一直不老。

是的，一直不老，这是林秀芳给我的又一个很深的印象。她的心理年龄永远都那么年轻有朝气，说她善于保养护肤，其实她更善于保养心灵。一个人是否真的年轻除了从容颜上可以看出，更是从心态上呈现，衡量标准就是她是不是真的爱学习。而秀芳就是真的爱学习，从来没有因为年龄、因为身体、因为职务繁忙而停下她的学习之路，更不因此而停止她对教育朝圣般的追求。譬如研究"三韵"教学，她带着团队从最初的调查生情、学情和音乐教育现状，到后来的摸索创立教学模式，实践落地，总结经验推广全都亲力亲为，照样像以前一样一次次请教我，却又与我展开"唇齿之争"，让我一次次见识她现在的教育教学理念高度，这是唯有教育朝圣者最虔诚的追求才能企及的高度。我们的思想碰撞从最初的"师生"到现在的"研究伙伴"关系，愈发感受到知音般的身心愉悦和棋逢对手的畅快。而为师者，还有什么比让学生如此迅速的成长更幸福的呢？

从一个普通的一线骨干教师到如今学者型的教育研究者，我见证了她所有的成长，有惊叹，有敬佩，更有感慨：水滴石穿，守望的力量如此强大。英雄从来不问出处，唯守望者不敢小觑。邂逅这样的守望者是我一生的荣幸！

2020.1 于福州